U0470849

南极治理机制变革研究

王婉潞 ◎ 著

时事出版社
北京

本书受国家社科基金重大项目"新时代中国特色大国外交能力建设研究"(项目编号:19ZDA135)资助

拓展研究的视野
——《南极治理机制变革研究》序
王逸舟

王婉潞博士的这本书终于出版了。对此,我想一是表示衷心的祝贺,二是借机说一点想法。

婉潞这部作品的风格一如她的为人,既严谨可靠又细致平和。根据我的有限阅读与评估,在中国国际关系学界有关南极问题的研究里,《南极治理机制变革研究》作为一部专著,无论是资料的丰富性或分析的逻辑缜密程度,都有其独到的价值和分量。它也验证了一种传统看法:经过缜密设计、包含充实材料、结构层次清晰的博士论文,是打磨出一部优秀学术著作的坚实基础。我希望更多的年轻学者能从婉潞的努力中得到借鉴,要耐住性子、甘于寂寞,与其做那些热闹抢眼的选题和项目,不如把博士生阶段花几年心血完成的毕业论文修改成书。

极地问题长期是国际上一个重要研究的分支领域,但仅是最近的十余年才进入中国研究者的视野。它是一个信号或者说象征,表明中国作为一个新兴的全球大国有了新的兴趣与追求。中国领导人近年提出的"人类命运共同体"概念绝非偶然,它与我们国家与外部世界全新的互动实践密不可分。这当然是一个好的趋势。不过,我想指出的是,需要认真研判新局面下存在的各种难题与挑战,深刻理解中国作为一个新加入全球俱乐部角色的动力和弱点;不要一味讲成绩、唱高调,尤其应避免在我们不太熟悉的领域,做力所不逮、容易诱发国际疑虑与反弹的事情。中国利益如何向全球拓展,从此同时防止战略冒进和透支,是今后很长一段时期须特别留意的课题。在此意义上讲，对南极治理机制的持续追踪分析，包括婉潞书中指出的很多问题，值得我们更多的关注。

是为序。

2021 年 7 月记于北大

目　录

导　论 …………………………………………………………（1）
　一、问题的提出 ………………………………………………（1）
　二、文献回顾 …………………………………………………（5）
　三、研究方法、研究意义与创新点 …………………………（14）
　四、本书结构 …………………………………………………（18）

第一章　南极治理机制：问题领域、机制类型与机制运作 ……（21）
　第一节　南极治理的问题领域 ………………………………（21）
　　一、领土主权 ………………………………………………（23）
　　二、环境问题 ………………………………………………（25）
　　三、科研合作与信息交流 …………………………………（27）
　　四、资源开发问题 …………………………………………（30）
　第二节　南极治理机制的分类 ………………………………（33）
　　一、南极治理机制的定义 …………………………………（33）
　　二、南极治理机制的类型划分 ……………………………（36）
　　三、南极治理各问题领域所对应的机制类型 ……………（40）
　第三节　各种类型机制的运作 ………………………………（47）
　　一、协商会议制的运作 ……………………………………（48）
　　二、委员会制的运作 ………………………………………（58）
　　三、行业协会制的运作 ……………………………………（71）
　小　结 …………………………………………………………（73）

第二章　南极治理机制变革的分析框架 ………………………（75）
　第一节　南极治理中的权力结构 ……………………………（79）
　　一、南极政治性权力的扩散 ………………………………（80）

　二、南极社会性权力的诞生 ·················· (85)
第二节　南极治理中的显要规范 ·················· (86)
　一、科研合作规范 ·························· (89)
　二、资源利用规范 ·························· (90)
　三、环境保护规范 ·························· (91)
第三节　南极治理机制变革的逻辑 ·················· (93)
小　结 ······································ (94)

第三章　南极治理机制的第一次变革 ·················· (96)
第一节　权力结构：非政府组织打破协商国垄断 ········· (96)
　一、20世纪60年代：协商国垄断南极治理权力 ······· (96)
　二、20世纪70年代：非政府组织打破协商国的垄断 ··· (104)
第二节　显要规范：从科研合作到资源获取 ············ (109)
　一、20世纪50年代末：南极和平与安全成为显要规范 ·· (110)
　二、20世纪60年代：科学研究与国际合作成为显要规范 · (118)
　三、20世纪70年代：资源获取成为显要规范 ········ (119)
第三节　权力结构与显要规范共同作用 ··············· (121)
　一、《南极海洋生物资源养护公约》的出台 ·········· (123)
　二、《南极矿产资源活动管理公约》的出台 ·········· (127)
小　结 ······································ (132)

第四章　南极治理机制的第二次变革 ·················· (134)
第一节　权力结构：协商国权力受到冲击 ············· (134)
　一、20世纪80年代：国际社会质疑协商国的治理权威 ·· (134)
　二、20世纪80年代末：非政府组织的权力进一步增加 ·· (140)
第二节　显要规范：从资源获取转向环境保护 ·········· (142)
　一、20世纪80年代：资源获取规范 ··············· (143)
　二、20世纪80年代末：环境保护规范 ············· (144)
第三节　权力结构与显要规范共同作用 ··············· (146)
　一、从委员会制向协商会议制的回潮 ··············· (146)
　二、行业协会制的诞生 ························ (153)
小　结 ······································ (162)

目 录

第五章　当前南极治理机制的最新发展 ……………………(163)
　第一节　当前南极治理中的权力变化与规范竞争…………(163)
　　一、权力变化：协商国收束权力 ………………………(164)
　　二、规范竞争：商业利益规范与科研合作规范…………(171)
　第二节　当前南极治理的焦点议题 …………………………(174)
　　一、南极保护区 …………………………………………(174)
　　二、南极旅游 ……………………………………………(190)
　　三、生物勘探 ……………………………………………(192)
　小　结 …………………………………………………………(199)

结　论 ……………………………………………………………(201)

参考文献 …………………………………………………………(205)

附　录 ……………………………………………………………(224)
　附录1　《南极条约》（中译本）……………………………(224)
　附录2　《南极海洋生物资源养护公约》（中译本）………(229)
　附录3　《关于环境保护的南极条约议定书》（中译本正文）……(241)

专用术语简称表 …………………………………………………(252)

专用术语中英文参照表 …………………………………………(253)

后　记 ……………………………………………………………(255)

导 论

一、问题的提出

南极偏居世界一隅，长久以来远离国际政治视野。然而，《南极条约》却是冷战期间达成的第一个国际协议。1959年，由美国牵头、12个国家签署《南极条约》，这成为南极国际治理的起点。《南极条约》有效地限制与引导各国的南极行为，是南极国际治理的起点。经过60年演进，南极治理发展出复杂的治理机制，同时出现一个现象：在协商国希望南极保持现状之时，南极治理机制发生变革；在人们期待机制改革之际，南极治理机制却难以变革。本书的核心问题是：南极治理机制发生了怎样的变革？哪些因素引发南极治理机制变革？

在《南极条约》签订之前，南极治理无从谈起，冷战初期的领土主权争端更令南极陷入"安全困境"（security dilemma）。从1908年至1943年，英国（1908年和1917年）、法国（1924年）、澳大利亚（1933年）、新西兰（1923年）、挪威（1939年）、阿根廷（1943年）和智利（1940年）七个国家先后以发现、占有、"扇形原则"等理由提出对南极大陆的主权要求。第二次世界大战结束后，这些国家重返南极。与此同时，美国和苏联这两个二战后诞生的超级大国同样对南极产生浓厚兴趣。在1959年前，超级大国的涌入以及南极领土主权声索国之间的主权争端，导致南极地区"安全困境"难以解决。由于各国怀疑美国在南极领土主权上的动机，美国设想的多种方案均遭否决。

《南极条约》致力于解决南极安全困境这一紧急问题，《南极条约》第四条冻结南极领土主权，这已是原始缔约国在当时所能达成的最大妥协。在冻结南极领土主权的前提下，《南极条约》有效地限制与引导各国的南极行为，提倡开展南极科学合作，创造南极地区的和平，一度被誉为"国际治理的典范"。不过,冻结南极领土主权并没有彻底解决南极政治难题,而只是将其拖延。我们所称的南极治理,原本意为各国在冻结南极领土主权的前提下进行治理,这是南极治理的大前提与思考南极政治的出发点。

《南极条约》建立在所有国家都会同意的两个条件之上:和平利用与科研自由。这两个因素成为领土主权冻结下治理南极的基础。各方同意和平利用南极,美国和苏联担心南极成为新世界大战的爆发点,而中小国家,尤其是领土主权声索国担心超级大国的竞争将会危害本国的国家安全。各方亦支持科研自由,大国可以通过科研自由,随心所欲到达南极任何一个地区,不受领土主权声索的限制,中小国则通过科研合作获得科研成果,这是仅依靠其自身实力无法达成的。

协商国通过缔结《南极条约》,成功地将国家之间竞争的主题从争夺领土主权转移到国家间的科研活动。不仅如此,《南极条约》的意义还在于其创造新价值理念,仿佛在一夜之间,南极从各方担心的"第三次世界大战的导火索",变成非核化、非军事化、世界上首个科学家人数超过军事人员的大陆。《南极条约》亦开创一系列先例,1967年签署并生效的《外层空间条约》的诸多条款直接来源于《南极条约》。1980年出台的《南极海洋生物资源养护公约》首创"生态系统养护"原则,随后这一原则推广至全球海域。

在迄今为止60年的南极治理中,南极治理的组织结构和治理方式都发生显著变化。从组织结构上看,在南极条约体系运行的早期,南极事务完全由12个协商国在协商会议上秘密讨论与决策。1959年10月,在讨论《南极条约》的华盛顿会议上,一位阿根廷代表认为"(《南极条约》)没有建立任何组织,条约的使命是不改变任何现状"[1]。1961年第1届协商会议中,智利代表亦明确表示"不建议成立任何机构,以免成为超国家管理机构"[2]。在南极条约体系运行之初,《南极条约》协商国垄断南极权力,除协商会议之外的任何组织机构的介入是不可想象的,更不用说任何由

---

[1] Robert D. Hayton, "The Antarctic Settlement of 1959," *The American Journal of International Law*, Vol. 54, No. 2, 1960, p. 355.

[2] 1961年第1届协商会议《最终报告》,第25页。

非协商国主导的南极治理机制。然而，从20世纪80年代开始，南极治理的组织结构出现显著变化，各种机制及相关组织相继建立，对南极不同领域进行治理。南极治理首先出现南极条约体系"局部组织化"现象，① 即体系中出现由特定公约建立的国际组织。其后在南极条约体系外出现由企业建立的行业协会，南极事务不再完全由协商会议直接管理与决策，在这个过程中，协商会议机制由唯一机制变为南极治理中的中央决策机制。

协商国对南极治理中新问题的处理方式亦出现显著变化。在最初20余年的南极治理中，协商国预见南极治理中即将出现的种种问题与危机，采取"预防式"措施来解决问题。所谓"预防式"，是指在可能的问题出现之前，推出条约或措施，在问题还未引发更多利益冲突、尚且容易解决的时候处理问题。比如，1964年，针对挪威可能开展商业捕捞海豹，协商国开始制定条约来加以约束。1972年的《海豹公约》称，"在一个产业兴起之前处理问题，比在发展壮大之后处理要容易得多"。协商国认为提前制定条约是保护南极条约体系最好的方法。

在20世纪80年代，协商国在"预防式"之外，采取"回应式"的处理方式。即在新问题刚刚出现后，快速采取行动，及时处理问题，以维持体系的正常运行。20世纪80年代，协商国面临两个主要问题：一是需要为可能到来的南极矿产资源开发预先制定一个机制；二是第三世界以联合国为平台，向南极条约体系发起挑战，试图建立以联合国为核心的全球性机制来替代南极条约体系。制定矿产资源开发机制仍属于"预防式"，而面对联合国的冲击，协商国采取"回应式"的方式来处理。针对联合国的挑战，协商国快速推出一系列措施加以应对，包括门户开放、吸纳部分第三世界国家成为协商国，公开协商会议《最终报告》，以显示条约体系治理南极的合理性与有效性等。

然而，自进入21世纪以来，"预防式"与"回应式"相继失效，协商国应对新问题严重滞后，这表现在南极治理出现新问题，甚至已经引发严重后果后，协商国却仍未推出专门机制。人类在南极活动大规模增长，南

---

① 陈力、屠景芳：《南极国际治理：从南极协商国会议迈向永久性国际组织？》，《复旦学报（社会科学版）》，2013年第3期，第149页。

极治理需求增加，南极治理机制供给不足，这引发众多学者的担忧。

南极治理机制的反复变化不仅导向不同的治理方向，而且引发认知上的矛盾。《南极条约》率先在国际上倡导非军事化、核不扩散、冻结主权、国际科学合作、海洋生态系统保护等规范与理念，开辟出一系列全球治理的新路径，南极机制被视为国际合作的典范，[1] 国际治理的完美标准。[2] 而1991年以来的新状况引发众多学者的担忧，[3] 有学者认为南极条约体系越来越"空洞"（hollowing out）、[4] 南极条约体系患上"成功综合症"（success syndrome），[5] 甚至将无法继续有效治理南极，新的治理机制将取而代之。[6]

南极治理机制需要变革的呼声甚高，然而，当前南极治理尚未出现变革。因此，有必要全面分析南极治理的变革，探寻影响南极治理机制变革的因素及其作用机理，以此作为判断南极治理走向的基础，亦为我国深入参与南极治理提供理论参考。

---

[1] 陈力：《南极治理机制的挑战与变革》，《国际观察》，2014年第2期，第96页。

[2] Oran R. Young, "Governing the Antipodes: International Cooperation in Antarctica and the Arctic," *Polar Record*, Vol. 52, No. 2, 2016, p. 237.

[3] Ruth Davis, "The Durability of the 'Antarctic Model' and Southern Ocean Governance," in T. Stephens et al., *Polar Oceans Governance in an Era of Environmental Change*, Edward Elgar, 2014, pp. 287 – 307; Alan D. Hemmings, "From the New Geopolitics of Resources to Nanotechnology: Emerging Challenges of Globalism in Antarctica," *Yearbook of Polar Law*, Vol. 1, No. 1, 2009, pp. 55 – 72.

[4] Alan D. Hemmings, "After the Party: The Hollowing of the Antarctic Treaty System and the Governance of Antarctica," Conference Paper, Symposium on Antarctic Politics, University of Canterbury, Chirstchurch, New Zealand, July 8 – 9, 2010.

[5] Kees Bastmeijer, "Introduction: The Madrid Protocol 1998 – 2018. The need to address 'the Success Syndrome'," *The Polar Journal*, Vol. 8, No. 2, 2018, p. 230.

[6] Jane Verbitshy, "Titanic Part II? Tourism, Uncertainty, and Insecurity in Antarctica," in Anne-Marie Brady ed., *The Emerging Politics of Antarctica*, Routledge, 2013, pp. 220 – 241.

导 论

二、文献回顾

(一) 关于南极条约体系形成与发展的研究

南极治理机制与南极条约体系（Antarctic Treaty System，ATS）[①]是两个不同的概念。简单地说，南极治理机制来源于南极条约体系，由南极条约体系确定的南极治理的原则、规范、规则与决策程序被称为南极治理机制。

在南极研究中，相当长的一段时期内，学者们将南极治理机制等同于南极条约体系。这来源于南极研究的国际法传统，绝大多数的南极研究由国际法学者完成。众多学者针对南极条约体系的发展进行深入且具体的研究。南极条约体系在20世纪80年代发生实质性改变，于此期间学术界涌现大量研究著作，集中讨论南极条约体系的产生与发展。其中的开山之作是智利法学家、南极协商会议代表维库纳（Francisco Orrego Vicuna）于1983年编著的《南极资源政策：科学、法律及政治议题》。[②] 该书出版后，

[①] 1991年出台的《关于环境保护的南极条约议定书》（简称《议定书》）给出南极条约体系的正式定义，南极条约体系由四部分组成，包括《南极条约》、根据《南极条约》实施的措施和与条约相关的单独有效的国际文书和根据此类文书实施的措施。具体地说，南极条约体系包括1959年的《南极条约》、1972年的《南极海豹保护公约》（简称《海豹公约》）、1980年的《南极海洋生物资源保护公约》（简称《养护公约》）、1988年的《南极矿产资源活动管理公约》（未生效）、1991年的《议定书》等国际协议和由南极协商会议通过的200余条措施或建议、决定以及决议等。参见《关于环境保护的南极条约议定书》第1条第4款，南极条约秘书处网站，http://www.ats.aq/documents/keydocs/vol_1/vol1_4_AT_Protocol_on_EP_e.pdf，第36页；陈力：《南极治理机制的挑战与变革》，《国际观察》，2014年第2期，第95页。

[②] Francisco Orrego Vicuna ed., *Antarctic Resources Policy: Scientific, Legal and Political Issues*, Cambridge University Press, 1983.

一系列同类研究相继问世。① 这股研究热潮在1988年《南极矿产资源活动管理公约》(简称《矿产公约》)签订前后达到顶峰,研究的焦点是南极条约体系以及可能出现的矿产机制。1991年《议定书》取代《矿产公约》后,关于矿产机制的讨论研究骤减,关于南极条约体系的研究也开始大幅度减少,不过仍有一些学者跟进研究。②

自1991年开始,随着全球化的发展,南极治理中出现新议题,这些议题对南极治理产生冲击,南极条约体系进入停滞阶段,这亦导致学者态度发生变化。1991年之前,南极条约体系得到盛赞,而在1991年后,南极条约体系引发一系列担忧。南极治理的巨大反差促使众多学者开始研究南极条约体系的困境与发展趋势。

在1991年之前,学者们进行探索性研究,这部分研究主要由国际法学者完成,他们研究南极条约体系的发展,论证其是否具有合法性与正当性。不过,在1991年后,随着南极治理的大转向,研究重心亦发生转移,大多数学者将南极条约体系的治理困境作为研究重点,指出南极条约体系所面临的挑战,包括南极治理制度的隐患、南极海域主权要求、南极法律

---

① National Research Council Staff, *Antarctic Treaty System: An Assessment*, National Academies Press, 1985; Peter J. Beck, *The International Politics of Antarctica*, 1986; Jeffrey D. Myhre, *The Antarctic Treaty System: Politics, Law and Diplomacy*, Boulder: Westview Press, 1986; Deborah Shapley, *The Seventh Continent: Antarctic in a Resource Age*, Washington, D. C., Resources for the Future Inc., 1985; Lewis M. Alexander and Lynne Carter Hanson eds., *Antarctic Politics and Marine Resources: Critical Choices for the 1980s*, Center for Ocean Management Studies, 1985; Gillian D. Triggs ed., *The Antarctic Treaty Regime: Law, Environment and Resources*, Cambridge University Press, 1987; Anthony Parsons, *Antarctica: The Next Decade*, Cambridge University Press, 1987; M. J. Peterson, *Managing the Frozen South: The Creation and Evolution of the Antarctic Treaty System*, University of California Press, 1988.

② 陈力:《南极治理机制的挑战与变革》,第95—109页;陈力、屠景芳:《南极国际治理:从南极协商国会议迈向永久性国际组织?》,第143—155页;Klaus Dodds, "Governing Antarctica: Contemporary Challenges and the Enduring Legacy of the 1959 Antarctic Treaty," pp. 108 – 115; Steven Blumenfeld, "The Creation and Evolution of the Antarctic Treaty System: A Model for International Cooperation and Governance," *Yale Economic Review*, Winter/Spring, 2010, pp. 28 – 55; Karen Scott, "Institutional Developments within the Antarctic Treaty System," *The International and Comparative Law Quarterly*, Vol. 52, No. 2, 2003, pp. 473 – 487.

执行困难以及商业与资源挑战等。① 其中，最大的挑战是南极治理的资源与商业化挑战，典型代表是南极旅游与生物勘探活动。②

在南极旅游方面，30余年来，赴南极旅游人数猛增，从1980—1981年度的780人次激增至2018—2019年度的55489人次，③ 南极旅游已经成为南极主要的商业活动。南极旅游涉及游客的人身安全、南极的科研以及南极的环境保护等诸多问题。越来越多的旅游观光可能会导致船只事故、人员伤亡、影响南极生态系统（如南大洋中的浮游生物）、④ 国家的科研活

---

① 陈力：《南极治理机制的挑战与变革》，第103—108页；张林：《南极条约体系与我国南极地区海洋权益的维护》，《海洋开发与管理》，2008年第2期，第69—74页；Donald R. Rothwell, "Law Enforcement in Antarctica," in Alan D. Hemmings, Donald R. Rothwell and Karen N. Scott eds., *Antarctic Security in the Twenty - First Century: Legal and Policy Perspectives*, Routledge, 2012, pp. 90 - 153; Daniela Liggett, "An Erosion of Confidence? The Antarctic Treaty System in the Twenty - First Century," in Rebecca Pincus, Saleem H. Ali eds., *Diplomacy on Ice: Energy and the Environment in the Arctic and Antarctic*, Yale University Press, 2015, pp. 61 - 62; Joanna Mossop, "The Security Challenge Posed by Scientific Permit Whaling and Its Opponents in the Southern Ocean," in Alan D. Hemmings, Donald R. Rothwell and Karen N. Scott eds., *Antarctic Security in the Twenty - First Century: Legal and Policy Perspectives*, Routledge, 2012, pp. 307 - 327.

② Sanjay Chaturvedi, "The Antarctic 'Climate Security' Dilemma and the Future of Antarctic Governance," in Alan D. Hemmings, Donald R. Rothwell and Karen N. Scott eds., *Antarctic Security in the Twenty - First Century: Legal and Policy Perspectives*, Routledge, 2012, pp. 257 - 283; Julia Jabour, "Biological Prospecting in the Antarctic: Fair game?" in Anne - Marie Brady ed., *The Emerging Politics of Antarctica*, Routledge, 2013, pp. 242 - 257; Tina Tin, Daniela Liggett, Patrick T. Macher, Machiel Lamers eds., *Antarctic Futures: Human Engagement with the Antarctic Environment*, Springer, 2014.

③ 2018—2019年度游客总数，国际南极旅游者协会网站，https://iaato.org/documents/10157/2895202/2018 - 19 + Tourists + by + Nationality + Total/f539090f - 78eb - 470e - 8092 - 7acf2039e7a1。（访问时间：2020年5月4日）

④ Michele Zebich - Knos, "Managing Polar Policy through Public and Private Regulatory Standards: The Case of Tourism in the Antarctic," in Rebecca Pincus, Saleem H. Ali eds., *Diplomacy on Ice: Energy and the Environment in the Arctic and Antarctic*, Yale University Press, 2015, p. 94.

动等。① 自20世纪90年代开始，协商国开始重视南极旅游问题，但至今几乎没有出台有力的管理措施。有学者将阻碍协商国制定南极旅游机制的原因归结为结构和程序两方面。结构上，南极主权被冻结；程序上，协商一致的决策程序以及国家私有利益和公共利益之间的紧张关系，② 导致协商国难以推出有效机制。

在生物勘探问题上，南极生物遗传资源利用与保护的法律规制成为研究热点，有学者分析了当前与南极生物勘探活动管理相关的法律制度的利弊。③ 南极生物勘探的地理范围不断扩大、种类数量不断增加、专利申请量不断增加，有学者提议将行业认证（industry accreditation）运用到生物勘探中，来解决生物勘探中的规制不确定，④ 也有学者探讨专利法应用于生物勘探的可能性。⑤ 亦有学者主张发挥联合国的作用，在国际法和南极条约体系的协调和融合下寻求解决之道。⑥

关于南极条约体系的未来发展，学者们的观点出现分歧。一部分学者对南极条约体系持积极态度，他们回顾南极治理的历史，肯定了南极条约体系曾经应对危机的能力，以此推测未来，认为条约体系可以应对当前及

---

① Haase, Lamers, Anelung, "Heading into Uncharted Territory? Exploring the Institutional Robustness of Self-regulation in the Antarctic Tourism Sector," *Journal of Sustainable Tourism*, Vol. 17, No. 4, 2009, p. 418; Daniela Haase, Bryan Storey, Alison McIntosh, Anna Carr, Neil Gilbert, "Stakeholder Perspectives on Regulatory Aspects of Antarctic Tourism," *Tourism in Marine Environments*, Vol. 4, No. 2-3, 2007, p. 171.

② Jane Verbitsky, "Antarctic Tourism Management and Regulation: The Need for Change," p. 278.

③ 刘云涛：《南极生物勘探管理法律制度研究》，中国海洋大学硕士学位论文，2013年。

④ Melissa Weber, "Accreditation as a Regulatory Option for Antarctic Bioprospecting," *Polar Record*, Vol. 42, No. 223, 2006, pp. 349-357.

⑤ Morten Walloe Tvedt, "Patent Law and Bioprospecting in Antarctica," *Polar Record*, Vol. 47, No. 240, 2011, pp. 46-55.

⑥ 刘惠荣、刘秀：《国际法体系下南极生物勘探的法律规制研究》，《中国海洋大学学报（社会科学版）》，2012年第4期。

未来的挑战。① 比如，有学者从反应力、特殊性、凝聚力、权威性四个因素考察南极条约体系，认为体系十分牢固并且能够应对未来的挑战。② 与此相反，另一部分学者认为南极条约体系过去的成功不能保证未来也行得通，③ 当前的南极是自《南极条约》实行以来最不稳定的时期。④ 南极治理体系部分功能缺失以致无法有效应对新形势下的各种威胁。如果南极条约体系拿不出一个有效的规制框架，其治理南极的合法性与有效性将遭受质疑，⑤ 并且将会被新的全球机制所取代，⑥ 甚至有学者称"留给南极条约体系的时间不多了"⑦。

南极条约体系面临的困境促使一些学者研究其困境的成因，学者找到不同的原因，比如"南极例外论"的终结、⑧ 全球变暖、⑨ 人类南极活动从

---

① 陈力：《南极治理机制的挑战与变革》，第108页；陈力、屠景芳：《南极国际治理：从南极协商国会议迈向永久性国际组织？》，149页；Gillian Triggs, "The Antarctic Treaty System: A Model of Legal Creativity and Cooperation," in *Science Diplomacy: Antarctica, Science, and the Governance of International Spaces*, Smithsonian Institution Scholarly Press, 2011, pp. 39 – 49.

② Ruth Davis, "The Durability of the 'Antarctic Model' and Southern Ocean Governance," pp. 287 – 307.

③ 陈玉刚：《试析南极地缘政治的再安全化》，《国际观察》，2013年第3期，第59—61页。

④ Alan D. Hemmings, "From the New Geopolitics of Resources to Nanotechnology: Emerging Challenges of Globalism in Antarctica," pp. 55 – 72.

⑤ Jane Verbitsky, "Antarctic Tourism Management and Regulation: The Need for Change," *Polar Record*, Vol. 49, 2013, pp. 278 – 285.

⑥ Alan D. Hemmings, "Beyond Claims: Towards a Non – Territorial Antarctic Security Prism for Australia and New Zealand," *New Zealand Yearbook of International Law*, Vol. 6, 2008, pp. 77 – 91.

⑦ Jane Verbitsky, "Antarctic Tourism Management and Regulation: The Need for Change," pp. 278 – 285.

⑧ Alan D. Hemmings, "After the Party: The Hollowing of the Antarctic Treaty System and the Governance of Antarctica," pp. 1 – 19; Klaus Dodds, "Governing Antarctica: Contemporary Challenges and the Enduring Legacy of the 1959 Antarctic Treaty," *Global Policy*, Vol. 1, No. 1, 2010, pp. 108 – 114.

⑨ Ruth Davis, "The Durability of the 'Antarctic Model' and Southern Ocean Governance," pp. 287 – 307.

科学合作转向商业利益、①协商一致的原则阻碍新制度的产生,②等等。另有一批学者致力于研究如何解决困境,他们给出的解决方案包括:再回到"南极例外论";③改变规制,④尤其是需要改变体系中的协商一致原则以适应未来治理中的挑战;⑤在南极事务协商中采用"互利"(logrolling)战略,⑥等等。

(二)关于南极治理机制变革的研究

目前,学术界对南极治理机制的变革及其成因进行了一些研究。大多数研究止步于描述现象,缺乏理论上的解释。相关研究大致分为两种研究路径。第一种是国际法研究路径,如前所述,众多国际法学者对南极治理机制的产生和演进进行描述。这些研究从国际法角度全面介绍南极治理机制的产生与发展历程,给出法律上的解释,具有相当的价值。然而,这些研究专注于具体法律条文的描述与分析,并没有从理论上对变革进行解释。他们认为,在体系外国家的质疑与挑战的压力下,南极治理机制出现

---

① Alan D. Hemmings, "Globalisation's Cold Genius and the Ending of Antarctic Isolation," in Lorne K. Kriwoken, Julia Jabour and Alan D. Hemmings eds., *Looking South: Australia's Antarctic Agenda*, Federation Press, 2007, pp. 287 – 307.

② Marcus Haward, Julia Jabour, "Environmental Change and Governance Challenges in the Southern Ocean," in Tim Stephens, David L. Vander Zwaag eds., *Polar Oceans Governance in an Era of Environmental Change*, Edward Elgar, 2014, pp. 21 – 41; Melissa Weber, "Power Politics in the Antarctic Treaty System," pp. 86 – 107.

③ Denzil G. M. Miller, "Antarctic Marine Living Resources: The Future Is Not What It Used to Be," in Tina Tin, Daniela Liggett, Patrick T. Macher, Machiel Lamers eds., *Antarctic Futures: Human Engagement with the Antarctic Environment*, Springer, 2014, pp. 253 – 271.

④ Melissa Weber, "Power Politics in the Antarctic Treaty System," in Tim Stephens, David L. Vander Zwaag eds., *Polar Oceans Governance in an Era of Environmental Change*, Edward Elgar, 2014, pp. 86 – 107.

⑤ Marcus Haward, Julia Jabour, "Environmental Change and Governance Challenges in the Southern Ocean," pp. 21 – 41; Melissa Weber, "Power Politics in the Antarctic Treaty System," pp. 86 – 107.

⑥ Jeffrey McGee, Bruno Arpi, Andrew Jackson, "'Logrolling' in Antarctic governance: Limits and opportunities," *Polar Record*, Vol. 56, 2020, pp. 1 – 11.

导 论

变革。^①但是这只能解释部分变革,即南极条约体系为应对生存危机而发生的变革,而无法解释在此之前所发生的变革。除了应对生存危机,南极条约体系还为优化南极治理而变革治理机制。第二种是国际政治研究路径。陈玉刚等将南极地缘政治发展归纳为领土驱动、科考与资源驱动、环境生态驱动三个阶段。用批判地缘政治学解释发展阶段的转变,认为不同认识主体制造出不同意义的南极概念,各种新的南极意义被不断构建并且相互竞争。^②该研究分别分析了每个转折阶段,认为世界政治的转折、体系外国家的冲击,以及环境运动的兴起等引发变革,为解析南极问题提供新的观察视角,但是没有给出统一的分析框架。

美国学者皮特森(M. J. Peterson)提出一个包含议题显著度、利益、联盟(即权力分配)三个因素的分析框架,认为三者在不同阶段的变化可用来解释南极治理机制的产生、建立、维持和变更。^③这个解释框架具有一定的说服力,可以用来解释任何国际机制的生成与变化,为研究南极治理规则的形成提供启发。不过,这一研究存在三点不足:第一,该分析框架秉持后果性逻辑,强调权力与利益的重要性,正是对权力与利益的着重

---

① 陈力:《南极治理机制的挑战与变革》,第 101—102 页; National Research Council Staff, *Antarctic Treaty System: An Assessment*, National Academies Press, 1985; Peter J. Beck, *The International Politics of Antarctica*, 1986; Jeffrey D. Myhre, *The Antarctic Treaty System: Politics, Law and Diplomacy*, Boulder: Westview Press, 1986; Deborah Shapley, *The Seventh Continent: Antarctic in a Resource Age*, Washington, D. C., Resources for the Future Inc., 1985; Lewis M. Alexander and Lynne Carter Hanson eds., *Antarctic Politics and Marine Resources: Critical Choices for the 1980s*, Center for Ocean Management Studies, 1985; Gillian D. Triggs ed., *The Antarctic Treaty Regime: Law, Environment and Resources*, Cambridge University Press, 1987; Anthony Parsons, *Antarctica, The Next Decade*, Cambridge University Press, 1987; Klaus Dodds, "Governing Antarctica: Contemporary Challenges and the Enduring Legacy of the 1959 Antarctic Treaty," pp. 108 – 115; Steven Blumenfeld, "The Creation and Evolution of the Antarctic Treaty System: A Model for International Cooperation and Governance," *Yale Economic Review*, Winter/Spring, 2010, pp. 28 – 55; Karen Scott, "Institutional Developments within the Antarctic Treaty System," *The International and Comparative Law Quarterly*, Vol. 52, No. 2, 2003, pp. 473 – 487.

② 陈玉刚、周超、秦倩:《批判地缘政治学与南极地缘政治的发展》,《世界经济与政治》,2012 年第 10 期,第 116—131 页。

③ M. J. Peterson, *Managing the Frozen South: The Creation and Evolution of the Antarctic Treaty System*, London: University of California Press, 1988.

强调，导致该框架存在边界，即其将重点放在体系内国家尤其是协商国的利益选择，忽视了规范的作用。在该书出版后的一年内，南极治理出现了后果性逻辑难以解释的变化。1991年《议定书》将南极界定为"自然保护区"（nature reserve），这一理念超越了单纯的权力与利益，表明完全基于理性主义的利益选择理论并不能充分说明南极治理机制的变革。第二，该框架虽能有效地解释南极条约体系每一个机制的产生和变革，但是其前提假设是将南极治理机制视为线性发展，只能解释时间上先后相邻的两个机制的变化。事实上，南极治理并非呈线性发展，其发展有回潮亦有突变，同时南极治理中各种机制并存，一种机制的出现并非是替代原有机制。第三，该研究将重点放在体系内国家尤其是协商国，忽视了体系外国家与非国家行为体的作用。实际上，后两者在南极治理机制发展中发挥了不可忽略的作用。1991年，协商国正式将南极界定为"自然保护区"。在该理念确立过程中，非政府组织释放巨大的能量，超越了该框架的解释范围。

在《议定书》出台后，霍莉·坦纳（Holly M. Tanner）采取一种新的分析方法来解释机制的形成，将机制的形成原因分为深层因素与直接因素，这两类因素在不同阶段分别发挥不同作用。深层因素作用于议题启动阶段，直接因素作用于议题协商阶段。深层因素包括国家利益汇合、存在可供选择的方案；直接因素包括问题的识别与定义、问题的可协商性、解决问题的催化因素。她将一系列的潜在变量进行系统分类，研究得出的结论是，国家利益汇合、存在可供选择的方案、协商国确认问题这三个因素是形成南极机制的必要因素，一旦这些条件存在，协商国便可达成一致，出台新的南极机制。与皮特森的研究相似，该研究的重心是研究每个机制的形成，其对机制形成的考量是独立的，无法关照长时段的机制变革。此外，这一研究的不足之处主要包括以下三方面：第一，没有说明利益认知的来源，也因此无法解释各国利益为什么会"汇合"。第二，可供选择的方案通常不是先在的，而是在确认问题后经过大量协商讨论而得出的。该研究认为，只有当国家利益汇合、存在方案时才能进入协商阶段。但是在实际的南极治理中，国家不需要存在方案便可能开始协商，协商时可能并无方案，方案是在不断的讨论中逐渐出现的。第三，将变量与过程阶段相混淆。比如，问题确认是政策过程的一个阶段，在研究中则作为一个变量出现。① 不过，该研究提出的一系列因素，如利益汇合、权力分配、问题确认、可供选择的解决方案、催化因素等为进一步的研究提供启发。

（三）现有研究的理论视角、研究方法与研究不足

综合来看，现有研究对南极治理机制的发展与变革进行的探索具有重要价值，不过，现有研究存在四处不足。

第一，现有研究绝大多数遵循后果性逻辑，后果性逻辑是指行为体以工具理性的方式对手段—目的进行计算，并利用利益和权力来实现目标。② 现有研究过于强调南极中的大国力量、国家利益，尤其是超级大国在南极治理机制的建构和变革中所发挥的重要作用。这种视角具有一定解释力，但太过倚重大国的作用，而忽视体系中的中小国家、体系外国家，以及非国家行为体。事实上，这些行为体在南极治理机制变革中的作用同样不可忽视。另外，20世纪80年代末，南极治理出现重大转向，环境保护被置于首位，这是秉持该逻辑者所无法解释的现象。现有少数研究注意到观念、价值、规范的作用，但是没有加以系统解释。

第二，部分研究概念混乱，将"南极治理机制"称为"南极条约组织"或者"南极条约体系"。从法律上看，"南极条约组织"是不存在的。关于如何定义国际组织，学者们普遍认为，国际组织至少包含三个因素：（1）是根据国家间协定建立的；（2）至少有一个机构独立于成员方，并且能够据此行事；以及（3）根据国际法建立。③ 根据这一标准，协商会议仅属于政府间论坛，不属于南极条约组织。

从研究实践看，大多数学者将南极治理机制等同于南极条约体系，相当数量的南极治理机制研究以南极条约体系为对象。不过，这样的处理并不准确。一方面，南极条约体系并不等同于南极治理机制。南极条约体系是《南极条约》及其衍生的众多法律文书的集合，由南极条约体系确立的南极治理的原则、规范、规则以及决策程序被称为"南极治理机制"。另

---

① Holly M. Tanner, "Regime Formation and the Antarctic Treaty System," 1995.
② 袁正清、李志永、主父笑飞：《中国与国际人权规范重塑》，《中国社会科学》，2016年第7期，第192页。
③ [美]何塞·E. 阿尔瓦雷斯著，蔡从燕等译：《作为造法者的国际组织》，北京：法律出版社，2011年版，第9页。

一方面，南极条约体系与南极治理机制的涵盖范围不同。两者范围等同只存在于特定时间区间内，该区间以《南极条约》产生为起点，以 1991 年为终点。对于南极治理来说，1991 年是重要年份。在 1991 年发生两件大事：一是《议定书》出台；二是国际南极旅游组织协会（International Association of Antarctica Tour Operators, IAATO）诞生。旅游协会是南极旅游治理的主体，其诞生终结了南极条约协商国的垄断治理。

第三，现有研究呈现两个极端：一个极端是从整体上大而化之，对南极治理机制泛泛而谈，缺少对具体治理领域的关照，由此得出的结论不具有指导意义。另一个极端是专注某一具体的治理领域，忽视其他领域，由此得出的结论不具有普遍意义，导致南极治理机制研究呈现碎片化。南极治理中存在不同的问题领域，其中一些领域的治理较好，而另一些领域的治理出现了问题。现有研究的一个典型缺陷是忽视南极治理存在不同问题领域这一事实，而用一种领域的治理效果来概括整个南极治理，这样处理的方法是不恰当的。

第四，缺少分析南极机制变革的统一分析框架。众多国际法学者从国际法角度全面介绍南极治理机制的产生与发展历程，给出法律上的解释。不过国际法学者专注于具体法律条文的描述与分析，没有从理论上对变革进行解释。个别国际政治学者尝试对南极机制的形成与变革进行解释，给出分析框架。不过现有研究热衷于解释每一个治理机制的诞生，不能将所有机制统合起来。这种研究的前提假设是将南极治理机制视为线性发展，只能解释时间上先后相邻的两个机制的变化。事实上，南极治理并非呈线性发展，其中既有回潮又有突变。同时南极治理中各种机制并存，后来出现的机制与原有机制共同发挥作用。现有研究未能为南极治理机制的变革提供统一的分析框架，也就无法为未来南极治理提供有效判断的依据。

三、研究方法、研究意义与创新点

（一）研究思路

1. 研究范围

本书的核心研究问题是南极治理机制发生了怎样的变革、哪些因素引发南极治理机制变革，研究对象是南极治理机制。南极治理机制起始于

《南极条约》，因此，本书的研究范围是自 1959 年《南极条约》签订至今的南极治理机制。南极治理机制主要来源于南极条约体系，南极条约体系的发展主要体现在 1964 年的《南极动植物保护议定措施》、1972 年的《南极海豹保护公约》、1980 年的《南极海洋生物资源养护公约》、1988 年的《南极矿产资源活动管理公约》（未生效）、1991 年的《关于环境保护的南极条约议定书》。不过，促使体系发生实质性变革的是 1980 年的《养护公约》、1988 年的《矿产公约》、1991 年的《议定书》，以及在南极条约体系外，企业组成行业协会对南极旅游领域进行治理。

2. 案例选择

本书研究的主要目的是探寻南极治理机制变革的动因，将案例确定为《南极条约》确立的治理机制、《养护公约》确立的机制、《议定书》确立的机制，以及旅游协会确立的机制。选择这些机制出于以下原因：

第一，这些机制分别属于不同的治理领域。比如《南极条约》机制处理的是南极领土主权问题、科学合作问题；《养护公约》处理海洋生物资源问题；《议定书》处理环境保护问题、企业管理南极旅游问题，具有广泛的代表性。

第二，这些机制在南极治理机制变革的过程中具有重要的"节点"意义，通过对节点机制的分析，有助于理解南极治理机制的变革。《南极条约》确立的机制是南极治理中最传统的机制，《养护公约》和《矿产公约》确立的新机制打破这一传统机制的垄断，南极治理机制发生实质性的变化。《议定书》确立的机制回归到传统机制，与此同时，私人企业确立的机制又令南极治理机制再次出现新变化。

3. 研究方法

本书采用分析折中主义的研究路径，选取历届南极协商会议的报告和会议上各国提交的文件作为分析和研究的基础。在分析这些一手材料的同时，本书还利用南极研究专家的研究文献等二手材料加以补充。在综合利用这些材料的基础上，本研究将运用文献分析法、文本分析法、案例分析法进行研究。

第一，文献分析法。本书的南极治理机制研究建立在阅读与梳理已有文献的基础之上，通过文献梳理来了解南极治理的历史，同时结合南极治理中的实际，提出自己的分析框架。本书从国际机制的本质和概念两个维度找寻出影响南极治理机制变革的因素。

第二，文本分析法。本书主要资料来源是南极条约秘书处官方网站中历届南极协商会议的最终报告与各国提交的工作文件、信息文件等原始材料。运用文本分析法对这些一手材料进行解读。协商会议报告和文件不仅反映出各国的南极政策，而且通过这些报告和文件还可以分析出南极治理机制在不同时期的发展。

第三，案例研究方法。案例研究的目的是检验理论分析和文本分析中所获得的结论。在提出南极治理机制变革分析框架后，运用案例对其进行检验。南极治理机制的两次变革有三个案例，它们发生在不同的时空领域，影响南极治理走向。通过解析这些案例，展现权力因素和规范因素在不同时间段中的交互作用，全面理解南极治理机制的变革。

另外，笔者就南极治理相关问题对国内部分学者和参与南极治理的一线工作者进行访谈。同时，还利用赴新西兰坎特伯雷大学访学的机会，对数位澳大利亚和新西兰的南极研究专家进行访谈，结合中外专家的观点和建议对本书部分表述进行调整。

（二）研究意义

本书尝试对南极治理机制进行分类，清晰标定何谓南极治理机制的变革，来展现南极治理机制所发生的两次变革。继而，提出一个包含权力因素和规范因素的分析框架，重新解释南极治理机制的变革。本书的理论思考来源于国际机制理论与国际规范理论。本书是根据南极治理的独有特点，通过自己对南极治理的思考而建构一种全新的分析框架，而不是直接将现有的解释框架套用在南极治理上。具体来看，本书有以下研究意义。

1. 理论意义

首先，本研究明确界定南极治理机制的概念。目前的南极治理研究呈现概念混乱的状态，本研究从国际政治中的国际机制概念出发，给出南极治理机制的明确定义，为南极治理研究提供可供借鉴的基础。

其次，本研究对南极治理机制进行类型学上的划分。南极治理中存在着不同的议题与治理机制，大多数研究将这些治理机制混为一谈，干扰了进一步的思考。尽管一些研究已经注意到这个现象，但是目前还没有提出可供参考的分类标准。鉴于此，本研究对南极治理机制进行划分，使之形成独立的研究体系,为学界进一步研究各领域的治理机制提供分析基础。划分类型还显示出当前南极治理研究的一个误区,即当前的南极治理并非所有机制都出现相同的问题,而是每个机制存在不同的问题。

最后,本研究借鉴分析折中主义,遵循争论性逻辑,提出一个包含权力因素与规范因素的分析框架。南极治理实践表明,南极治理中不仅存在后果性逻辑,也存在恰当性逻辑。本研究超越后果性逻辑与恰当性逻辑之争,遵循争论性逻辑,提出一个兼具现实主义与建构主义的分析框架,避免现有南极治理研究过于依赖现实主义的弊端,亦丰富国际机制与全球治理的研究议程。

最后,南极治理是全球治理的重要组成部分,来自南极机制变革的案例可以丰富和完善国际机制变革的分析议程,为国际机制变革的研究提供新的案例。从权力因素和规范因素两个方面来理解南极治理机制的变革,促进对国际制度演变的理解。另外,本书研究南极治理中面临的实际问题,为新疆域治理研究提供更为务实和微观的视角,对全球治理研究亦具有启发性。

2. 现实意义

首先,南极在全球气候变化与环境保护中处于核心地位,破坏南极环境所带来的后果是全球性的,直接关乎人类的生存环境,可能比局部战争对人类的影响更大。然而,国内鲜有国际政治学者注意到这个问题,或对其表现出研究兴趣。从国际关系与国际政治的角度来分析南极治理不仅是可行的,也是必要的。

其次,在对南极治理机制分类的基础上解释南极治理机制的变革,力图从整体上研判南极治理。将南极治理机制进行分类,不仅能够清晰显示南极治理机制的发展与变革,且能从变革中推导出未来的趋势,为解决南极问题提供新思路。同时,也能为其他新疆域问题的解决提供思路,为全球性问题的解决提供借鉴方案。

最后,对于我国来说,探究南极治理机制的变革、各种治理机制类型的运作方式和特点也对我国参与南极事务、制定南极政策具有参考价值,为国家参与南极治理规则竞争提供理论指引。作为世界大国的中国需要在全球做出更大的贡献,了解南极治理机制才能优化南极治理,进而为全球提供有益的公共产品,成为一个真正负责任的大国。

（三）创新点

本书的主要创新之处为提出新观点和新理论，具体来说包括以下四点。

首先，提出将南极治理机制分类的新观点。本研究注意到目前南极研究中将南极治理机制混为一谈的现象，尝试对南极治理机制进行类型学上的划分。结合南极治理实践，将治理机制分为协商会议制、委员会制以及企业规制型。这是本研究的第一个创新点。

其次，在对机制分类后，南极治理清晰地展现为两次变革，由此提出一组新的问题：为什么由协商会议制主导转向委员会制分治？为什么委员会制向协商会议制回潮？以及为什么企业规制得以产生？这是本书的第二个创新点。

再次，提出规范竞争与机制变革的新理论。本书借鉴分析折中主义的研究路径，遵循争论性逻辑，提出新的解释南极治理机制变革分析框架。这个框架包括权力和规范两个因素。一些研究已经注意到利益认知的重要作用，但是未能给出利益认知的来源。实际上，规范决定利益认知，在南极治理中，规范发挥了重要作用。南极地区不仅有权力竞争，也有规范竞争。权力与规范的双重竞争导致南极治理机制出现变革，这是本书的第三个创新点。

最后，笔者在案例分析中参考与引用了在新西兰坎特伯雷大学访学期间收集的大量资料，为我国的南极研究提供新材料。本书的不足之处是缺乏其他语种第一手资料。由于南极治理涉及国家数量较多，且涉及不同语种，包括俄文、法文、西班牙文等，难以收集完整的第一手文献。针对这一问题，本书充分借鉴各国学者的著作等二手材料，以弥补无法利用第一手资料的不足。

四、本书结构

本书研究的思路是首先对南极治理机制进行分类，清晰展示南极治理机制的两次变革。继而结合南极治理的历史，探寻出影响机制变革的因素。按照这一思路，本书分为七个部分，除导论和结论外，主体部分由五章组成。主体章节按照以下思路展开：第一章对南极治理机制的类

导　论

型进行划分，结合南极治理的主要领域讨论各个领域中不同机制的运作，为后文提供分析基础。第二章提出南极治理机制变革的分析框架及假设。第三章、第四章是案例研究部分，分析权力结构与显要规范如何共同作用导致南极治理机制变革。第五章介绍南极治理机制的最新发展，以及对我国参与南极治理进行深入思考。下面对主体章节和结论的具体内容进行介绍。

第一章属于南极治理的背景介绍与分析思路。第一节对南极治理的问题领域进行详细分类。第二节为本研究创新点，对南极治理机制进行类型学上的划分，将治理机制类型的变化作为评定机制变革的标志，为全书提供分析基础。根据这一分类，第三节分别描述各种类型的机制的运作。

第二章提出一个新的分析框架来解释南极治理机制的变革，是本书另一个创新之处。借鉴分析折中主义的研究路径，遵循争论性逻辑，本书提出一个包含权力结构与显要规范的分析框架。南极治理的权力由国家行为体向非国家行为体扩散。南极治理的显要规范，发生了由科研合作到资源获取再到环境保护的转变，在此基础上提出假设。

第三章对南极治理的第一次变革进行案例研究，解释1972年至1988年期间，南极治理机制如何从协商会议制垄断转变到委员会制分治。在权力结构上，非政府组织打破协商国的权力垄断；南极治理的显要规范从科学合作转移到资源利用。在二者的作用下，《养护公约》出台，标志着委员会制机制的诞生。

第四章对1988年至1991年期间南极治理的第二次变革进行案例研究。在权力结构上，非政府组织结成跨国倡议网络，获得更多的南极治理权力；在显要规范上，20世纪80年代末90年代初，南极治理的显要规范从资源获取转变为环境保护。在权力结构与显要规范的共同作用下，委员会制机制的发展趋势停滞，而向协商会议制回潮，同时企业规制出现，构成南极治理机制的第二次变革。

第五章梳理南极治理机制的最新发展，通过协商会议议事规则变化与各国在南极旅游、生物勘探问题的交锋，来展现当前南极治理中的权力结构与规范异动。在当前的南极治理中，权力结构发生变动，规范陷入竞争，这一变化导致南极治理陷入不稳定。

最后的结论部分对本研究进行简要总结。权力结构与显要规范导致南极治理机制的变革。来自南极治理的经验表明权力与规范存在联系。在此基础上，本研究的结论为思考国际机制的变革乃至国际秩序提供思考。

第一章

南极治理机制：问题领域、机制类型与机制运作

南极治理呈现多领域的特征，各个治理领域拥有完全不同的治理主体、治理对象、治理范围以及治理机制。尽管一些研究已经注意到这个现象，但是未能提出可供参考的分析框架，绝大多数研究依然将各种机制混为一谈，阻碍有效的南极治理研究。将南极治理机制进行分类是研究南极治理机制变革的基础。鉴于此，本章对南极治理机制进行分类，明确南极治理中不同领域所运用的不同治理机制，为进一步分析机制变革提供基础。

第一节 南极治理的问题领域

南极治理是指治理主体通过施加具有法律约束力或准法律约束力的规则、措施等来处理南极各个领域的事务，以规范各行为体在南极的活动。按照这个定义，在1959年《南极条约》签订之前，南极治理是不存在的。这出于两个原因：一方面，在《南极条约》之前，南极地区没有各国共同制定的相关法律或者规则，各国但凭自身实力开展南极考察与探索活动，这些活动不受任何限制与约束；另一方面，20世纪四五十年代，领土主权声索争端导致南极陷入安全困境，各参与国无法制定出一个令各方满意的方案，没有达成任何治理共识，南极呈现乱象。

《南极条约》冻结南极领土主权，禁止军事活动、禁止核爆炸，规定南极用于和平目的，仅允许开展科学考察活动，成为南极治理的起点。为实现上述目标，协商国在《南极条约》中设立一系列的保障措施。其中，协商会议这一平台作为最重要的制度保障出现在南极治理中。随着时势的发展，协商会议所要解决的主要问题不断发生变化。南极协商会议早期的职能是创造南极地区的和平与安全，而不是对未来的资源开发做规划。这一功能定位决定了南极协商会议早期的权能局限于信息交流与合作、国际

科研合作等有限的领域。随着人类南极知识的增加以及经济社会的发展，科研合作作为最主要议题的地位很快被取代，各类议题开始涌现在南极事务中。

根据《南极条约》第9条，协商国召开协商会议是为了交换情报、共同协商有关南极的共同利益问题。由于协商会议是南极治理中的决策机制，统计历届协商会议议程中各议题出现的时间和频次，可以清晰显示出南极治理的主要议题及其发展变化。

表1-1 南极治理中的主要议题

议题名称	首次出现时间	出现次数
信息交流与科研合作（实质性议题）	1961年	145
组织安排与体系运行（非实质性议题）	1961年	299
会议程序说明（非实质性议题）	1961年	246
南极旅游（实质性议题）	1966年	38
环境保护（实质性议题）	1970年	52
矿产资源（实质性议题）	1972年	13
南极安全（实质性议题）	1987年	26
生物勘探（实质性议题）	2004年	16

资料来源：笔者根据历届协商会议《最终报告》而制得。

如表1-1显示，从1961年第1届协商会议到2019年第42届协商会议，协商会议共有835个议程，其中主要分为：信息交流与科研合作、组织安排与体系运行、会议程序说明、环境保护、南极旅游、矿产资源、南极安全、生物勘探八类议题。

其中，"组织安排与体系运行"，以及"会议程序说明"这两大类议题是非实质性议题，即这类议题的讨论不能解决南极治理中实质性问题，有关这类议题的讨论与处理，不直接对南极治理的某领域事务产生影响。"会议程序说明"是典型的非实质性问题，在于其仅仅起到提示该届及下届会议流程的作用，比如会议开幕、选择官员、致开幕词、确定下届会议的时间和地点、通过会议最终报告等，而不是解决南极国际治理中的某个问题。相比"会议程序说明"这一议题，"组织安排与体系运行"是更难辨认的非实质性议题。这一议题难以辨认之处，在于其所讨论协商会议的安排和南极条约体系的运行直接与会议治理相关,即该议题处理的是会议本身存在的问题。而将其定性为非实质性议题,在于本研究将协商会议作为主体,将南极事务中出现的问题作为对象进行审视,协商会议的运行与改进虽然重要,但是其属于协商会议内部的调整,不直接对南极治理某领域的事务产生直接的效用。同样重要的是,"组织安排与体系运行"议题共出现299次,这其中大多数是检验南极条约体系的运行、与其他组织的关系、新条约的产生与实施等,也就是说,这其中的绝大部分内容是其他治理领域的成果,而不是治理的措施。

这样,协商会议的实质性议题可被确定为科研合作与信息交流、环境保护、南极旅游、矿产资源、生物勘探、南极安全。其中,1991年《议定书》明确规定禁止开发南极矿产资源,"矿产资源"议题此后从协商会议议程中消失。"南极安全"则是从"人的安全"层面而言,并非是"国际安全",强调的是在南极科考、后勤、旅游等活动中的人员安全,涉及人员营救、后勤保障等信息和数据的共享。从这个角度看,"南极安全"属于信息交流范畴。需要说明的是,《南极条约》的创立目标是解决南极领土主权争端问题。虽然领土主权议题从未直接出现在协商会议的议程上,但整个南极条约体系建立在领土主权冻结的基础上,协商国通过其他议题来隐秘地触及领土主权问题。鉴于此,南极治理的主要议题可以确定为:领土主权、信息交流与科学合作、南极旅游、环境保护、矿产资源、南极安全、生物勘探。而这七大议题正是南极治理的主要方向与关注焦点。进一步将这七大议题归类,可以归为五类,即领土主权、科研合作与信息交流、资源问题、环境问题、安全问题。

一、领土主权

领土主权问题关涉着国家的安全、资源获取、名誉声望,以及对该地区的管辖权。从最初人类踏上南极大陆到如今南极商业活动的兴起,领土主权问题一直是南极国际政治的核心问题。在20世纪上半叶,占领南极领土是各国南极活动的主要目的,对此,各国就南极不同的地区筹划或提出主权要求。

从1908年英国声索主权开始至1941年,阿根廷、澳大利亚、智利、法国、新西兰、挪威、英国这七个国家先后根据先占等原则对南极大陆

83%的土地提出领土主权要求。不过,这七个国家仅对部分领土提出主权要求,美国与苏联则试图占有整个南极大陆。直到1959年,美国出于至少以下两点考虑而放弃要求主权:一是担心苏联效仿美国,亦对南极大陆提出主权要求;二是担心引发盟友的反对,因为七个领土主权要求国全部是美国同盟体系中的成员。对南极领土主权的争夺直接导致南极陷入混乱之中。

虽然《南极条约》通过冻结领土主权的方式化解了安全困境,但它并没有从根本上断绝各国对南极领土的争夺。进入21世纪以来,人类在南极的活动剧增,导致南极治理中出现一系列新问题,比如由南极微生物资源引发的生物勘探问题、由南极在全球气候变化中的核心作用而引发的环境保护问题、全球气候变暖及科技发展带来南极旅游人数激增的问题,等等。然而,协商国并没有推出解决这些问题的制度,致使南极条约体系的有效性与合法性备受质疑。这些问题之所以难以解决,很大程度上在于它们都触及一个根本性问题,那就是"南极属于谁"。由于《南极条约》冻结南极领土主权要求,南极各地区管辖权的行使受到极大约束,导致涉及具体事宜时没有国家有资格进行管理。《南极条约》采取的办法是冻结争议、科学合作。

实际上,领土主权问题不仅塑造南极条约体系,其亦主导南极参与国的政策形成,也决定了南极治理的决策方式。一方面,对于主权要求国来说,它们时刻关注领土主权问题,如澳大利亚的南极政策是以保护其领土主权为中心而制定的。[①] 与此相反,非声索国极力淡化领土主权问题,同时为了在未来谈判中获得优势,普遍利用考察站、特别保护区、管理区等形式来获得领土管辖权。[②] 另一方面,为了保证领土主权维持现状,协商国采用一致同意的决策方式,任何对条约的更改都需要全体一致才能通过,以此来保证领土主权的条款难以被动摇。

---

① Donald R. Rothwell, "Middle Powers and Oceans Policy: Australian Perspectives on Antarctic Competition and Cooperation," in Tim Stephens and David L. Vander Zwaag eds., *Polar Oceans Governance in an Era of Environmental Change*, Edward Elgar 2014, p. 275.

② 潘敏:《国际政治中的南极:大国南极政策研究》,上海:上海交通大学出版社,2015年版,第67—107页。

第一章 南极治理机制：问题领域、机制类型与机制运作

二、环境问题

当前，有关南极治理讨论是在气候变化这一大背景下进行的。人类对南极认识的加深与全球气候显著变暖有关，使得南极生态环境保护成为当前南极事务中最为重要的议题。南极在地球系统中的作用至关重要。这一重要性至少体现在：第一，南极与北极同为地球的冷源，调节着地球的气候平衡。第二，南极冰盖、南大洋、大气三者之间相互影响、相互作用，影响着全球的气候环境和海洋系统。南极冰盖和冰架占南极大陆面积的97.6%，南极冰盖所含冰量约占地球总冰量的88%，若全部融化将会使海平面上升56.6米。① 南大洋占地球海洋面积的20%，是将地球上三个大洋连通成为一个整体的唯一海区，吸收二氧化碳的能力占世界大洋的30%以上，是全球最重要的碳汇，有力地调节着气候系统。此外，它也是全球大洋重要的氧化亚氮源。② 南极绕极流是全球最大的环流，对大洋冷热平衡起着调节作用。第三，南极可能蕴含着全球性气候变化的最关键因素。首先，南极冰盖对全球气候变化具有驱动作用，影响全球水汽输送格局以及全球气候系统。③ 其次，南极海冰对于全球气候变暖具有"放大"效应，微小的增暖幅度可以通过海冰的"正反馈"效应在极区海洋得以放大。国际南极研究科学委员会（Scientific Committee on Antarctic Research，SCAR）认为，在全球变暖背景下，南大洋物理环境的改变会对全球气候系统造成根本性的，甚至是不可逆转的影响。④ 气候变化甚至还有可能引发南极出

---

① 张林：《南极冰盖物质平衡与海平面变化研究新进展》，《极地研究》，2010年第2期，第296—302页。
② 陈瑜：《在南极——为全球气候变化找注脚》，《科技日报》，2011年3月22日，第3版。
③ 秦大河：《揭示气候变化的南极冰盖研究新进展》，《地理学报》，1995年第2期，第180页。
④ Mayewski P A, Meredith M P, Summerhayes C P, et al, "State of the Antarctic and Southern Ocean Climate System," *Reviews of Geophysics*, 2009, p. 47.

现一些目前尚无法预知的严重后果。①

南极是地球上唯一没有受到污染的大陆，极为敏感与脆弱，南极地区出现任何污染都很难治理。比如，南极大陆的低温、干燥使物质不易被降解，建立于20世纪初期的科考站，其燃料溢出物和化学溢出物至今依然存留在土壤中。②南极环境的敏感与脆弱因其在地球系统中的重要地位而对地球环境影响更大。

在《南极条约》出台后，科考与科研活动成为人类在南极最主要的活动方式，科研活动会对南极环境造成一定程度的损害。然而，自20世纪90年代开始，赴南极旅游人数已经超过科学家人数。南极旅游一方面可以提高人们对南极独特性的认识，另一方面也成为南极环境保护的最大威胁，为南极环境带来负面的、不可逆转的影响。③南极旅游季从当年的11月持续到来年3月，而此段时间正是南极海洋生物繁殖高峰期，游客的频繁往来对景点内的生物繁殖造成压力，而且日益增加的游客量增加了交通事故的风险。

科考和旅游等为南极环境带来诸如废气、废水，人类足迹与交通工具压迹，造访者和车辆对野生动植物的扰动与破坏，以及物种引入等问题。④因此，南极环境问题可细分为两部分：一是南极旅游问题；二是南极环境

---

① 以南极的致命病毒为例。冰冻了数百万年的南极大陆冰盖中包含有许多史前细菌，随着全球气候变暖，许多古老的细菌、病毒也随之解冻。2001年，南极科考人员在南极永久冻土带发现了一种前所未见的致命病毒，目前地球上尚没有任何一种动物可以对这种病毒具有免疫性。随着全球气候变暖，南极冰川融化加剧，美国科学家发出警告，一旦这种病毒复苏扩散，地球上将没有哪种生物可以幸免于难。《科学家警告：南极神秘病毒扩散将无人幸免》，中新网，http://www.chinanews.com/n/2003-01-27/26/267907.html，2014-08-24。

② Tina Tins, Machiel Lamers, Daniela Liggett, Patrick T. Maher, Kevin A. Hughes, "Setting the Scene: Human Activities, Environmental Impacts and Governance Arrangements in Antarctica," In Tina Tin, Daniela Liggett, Patrick T. Macher, Machiel Lamers eds., *Antarctic Futures: Human Engagement with the Antarctic Environment*, Springer, 2014, p.9.

③ Jillian Student, Bas Amelung, Machiel Lamers, "Towards a Tipping Point? Exploring the Capacity to Self-Regulate Antarctic Tourism Using Agent-Based Modelling," *Journal of Sustainable Tourism*, Vol.24, No.3, 2006, p.413.

④ 凌晓良、温家洪、陈丹红、李升贵：《南极环境与环境保护问题研究》，《海洋开发与管理》，2005年第5期，第3页。

第一章 南极治理机制：问题领域、机制类型与机制运作

保护问题。

三、科研合作与信息交流

科学研究是决定南极未来的因素之一。[①] 一方面，南极蕴藏丰富的科学资源，具有极大的科研价值。科学家在南极的发现增加了人类对南极的理解，也加深了人类对整个地球系统的理解。另一方面，南极参与国可以通过科学研究来获得进入南极的资格、参与南极事务的权利，以及国际威望。

南大洋、冰山、雪雾等将南极与世隔绝，除了海水和空气将临近国家的污染物传播至此，相对于世界其他地区来说，南极尚没有遭到工业文明的破坏，依然保持着纯净的原始风貌。因此，南极是全球污染研究的参照组，也为一些科学研究提供理想的研究条件。南极是地球环境健康的指标，是地球系统运动和变化的重要动力来源，可以帮助我们理解大范围的地球系统与过程，如板块构造论、大洋环流，以及全球气候类型的形成等等。[②] 南极是全球一些生物难题研究的最佳场所，[③] 很多来自南极的科学数据可以为自然和宇宙起源提供新的基础概念。[④]

南极拥有独特的生态系统，忠实地记录了古气候和地质演化和变迁的过程，又是研究外层空间的"窗口"。南极的岩石和化石是古陆变迁的重要证据，南极陨石是研究太阳系和地外生命的珍贵资料，南极冰盖是记录古气候变化的档案库。南极还是研究全球变化的关键地区，是诸如大气臭氧减少、全球变暖、海平面变化等全球环境现场进行监测的天然实验室。因此，研究的意义远不在于对南极本身的认识，而是通过这座特殊的"平台"，寻求人类所面临的诸如气候变化、生物多样性和可持续发展等重大

[①] Roberto E. Guyer, "Antarctica's Role in International Relations," in Francisco Orrego Vicuna ed., Antarctic Resources Policy: Scientific, Legal and Political Issues, p. 268.

[②] R. Tucker Scully, Lee A. Kimball, "Antarctica: Is There Life after Minerals?" *Marine Policy*, Vol. 13, No. 2, 1989, p. 87.

[③] R. M. Laws, "Scientific Opportunities in the Antarctic," in Gillian D. Triggs eds, *The Antarctic Treaty Regime: Law, Environment and Resources*, Cambridge University Press, 1987, p. 28.

[④] Dean Rusk, "United States Policy and International Cooperation in Antarctica," Department of State Bulletin, July 31, 1964, p. 407.

问题的科学答案。①

科学是参与南极的"资本"。《南极条约》第 9 条第 2 款规定，只有在南极开展实质性科学研究的条约成员国，才有条件被赋予协商国资格。在南极开展实质性考察的南极条约协商国才有发言权和表决权。同时，科研亦是一国在南极治理中位次上升的决定性因素。各国都可以对南极事务进行一般性和原则性的讨论，但是一旦深入某一具体问题，就必须有相关信息的支持，而这信息正是通过科考与科研而获得。那些没有实质考察过南极，或者是南极考察实力较弱的国家根本无法获取相关数据、也无法对其进行研究而提出有说服力的信息，因而也就没有发言权。即使是曾对体系合法性产生极大冲击的联合国，也因为无法联合建立科考站、无法获得南极第一手资料而作罢。与全球其他地区相似，南极地区遵循的最根本逻辑是实力逻辑，但不同的是在南极的实力只有科学才能赋予。

有效的南极科研是南极治理的基础。② 科研赋予南极条约体系治理南极的合法性，并且确保南极治理一路沿着和平与合作方向发展。在南极，各参与国之间的竞争暗流汹涌、从未停止，但是这种竞争更多表现在科考与科研上，而科考与科研活动本身是中性的，甚至带有积极性质，能够促进文化、经济、政治取向不同的国家进行合作。

不过，与全球其他地区不同的是，南极地区的气候条件极端严酷恶劣，大多数国家难以单独进行有效的科学研究与科学考察，只有在彼此合作中才能得以完成。在 20 世纪上半叶，只有政府才能为南极活动提供大量基础设施支持。③ 为此，《南极条约》特别强调了国家间在南极科研合作与信息交流中的重要性。《南极条约》第 2 条强调了合作的重要性，第 3 条则对交流的方式和内容作出规定。④ 由于南极特殊的气候条件，任何一个国家都无法独自完成在南极的科考与科研，而国家间合作能够最大程度地

---

① 吴依林：《南极研究及其趋势展望》，《中国科学技术大学学报》，2009 年第 1 期，第 11 页。

② David W. H. Walton, "The Scientific Committee on Antarctic Research and the Antarctic Treaty," *Science Diplomacy*, 2011, p. 78.

③ Roberto E. Guyer, "Antarctica's Role in International Relations," in Francisco Orrego Vicuna ed., *Antarctic Resources Policy: Scientific, Legal and Political Issues*, p. 269.

④ 《南极条约》，国家海洋局极地考察办公室网站，http://www.chinare.cn/caa/gb_article.php? modid = 07001。

第一章 南极治理机制：问题领域、机制类型与机制运作

利用人员与设备，因此得到各国的认可与支持。而且，国际地球物理年的经验表明合作能够产生高水平的科研成果。在《南极条约》产生后，合作在更大程度上得到推广，这是因为中小国家没有超级大国的实力与财力，它们依赖合作才能完成运输与后勤保障，并且，中小国家通过科研合作，还能获得单凭自己无论如何也无法得到的材料与信息。[1] 由于南极极端的环境气候条件，任何国家都无法独自完成科学研究、后勤保障等，必须展开合作才能如期完成，而这又间接达到了国际合作与和平的目的。

与科研活动同等重要的是后勤保障。南极地区极端恶劣的气候条件对各种仪器、设备要求极高。对人员身体素质、耐力和能力亦有极高要求。相关的科研活动只有在基础设施建设和后勤保障都十分充分的条件下才能展开。科研活动与后勤保障是相辅相成的，后勤保障方面的合作可以避免由技术上的失误而造成的人员伤亡。[2]

国家在南极的合作既是必要也是必然的。在20世纪50年代末60年代初，只有超级大国美国和苏联有能力开展大型科考项目。在1946—1947年南极夏季期间，美国发起南极历史上规模最大的考察活动，海军考察队配备13条军舰、4000余人。[3] 苏联则于1955年筹划建立南极科考站、开启南极的常规科研活动。[4] 拥有丰富的北极科考和探险经验的苏联迅速成为南极科考的领先国家。与此相反，中小国家没有如超级大国般足够的财力支撑，只能实施小项目。比如，在1956年前后新西兰的南极考察队需要美国海军的帮助才能到达南极；南非的南极科学研究只能靠其他国家的人力和经济上的支持才能完成。[5] 而且，中小国家只有依赖合作才能完成运输与后勤保障。[6] 不过，即使科技和财政实力雄厚的美苏也无法单独完成所

---

[1] Truls Hanevold, "The Antarctic Treaty Consultative Meetings: Form and Procedure, Cooperation and Conflict," Vol. 1, 1971, p. 186.

[2] 1961年第1届协商会议《最终报告》，第21页。

[3] V. E. Fuchs, "Antarctica: Its History and Development," in Francisco Orrego Vicuna ed., *Antarctic Resources Policy: Scientific, Legal and Political Issues*, p. 17.

[4] V. V. Lukin, "Russia's current Antarctic policy," *The Polar Journal*, Vol. 4, No. 1, 2014, p. 201.

[5] Robert D. Hayton, "The Antarctic Settlement of 1959," p. 356.

[6] Truls Hanevold, "The Antarctic Treaty Consultative Meetings: Form and Procedure, Cooperation and Conflict," p. 186.

有的科考任务，需要合作来共同完成。合作的好处也是显而易见的：一是大国可以在合作中掌握对方的动态，中小国家可以通过与大国的合作来获得自己无法得到的材料与信息。① 二是在科研合作过程中，南极的合作还具有特殊的意义，由于南极气候多变、极端恶劣，而南极大陆地域广袤，一旦遭遇突发事件将很难依靠一己之力脱险，南极合作能够在紧急情况下提供联合行动，② 确保国家南极活动的安全。

此外，合作是超级大国施加影响的方式，中小国家若不积极参与则有将自己排除于南极事务的危险。③ 在南极科研合作中，交流是主要方式，交流内容包括科研项目交流、共享科研成果和数据、科研人员交换等，这是在国际地球物理年时期确立的传统，比如在 20 世纪 50 年代冷战正酣时，美国的气象学家可以考察俄罗斯的和平站，而俄罗斯也有一流的气象学家去美国科考站交流。④《南极条约》将这一传统确立下来。直到今日，国家依然需要合作与交流来提升南极科研水平、增强对南极的认识。在气候变化的大背景下，各国更需加强南极科研合作，共同努力找到南极所蕴藏的气候变化的答案。

四、资源开发问题

起初，对南极资源的幻想吸引欧洲探险家赴南极寻找宝藏。从 18 世纪开始，源源不断的捕捞者来到南极地区捕捞海狗和海豹，20 世纪鲸成为主要的捕捞对象。人类早期的过度捕捞严重破坏了南极的生态系统。随着人类对南极的认识增加，越来越多的南极资源进入人类视野。概括来说，南极资源分为三部分，即生物资源、矿产资源、微生物资源。因此，南极资源问题可进一步细分为生物资源养护、矿产资源开发与管理、生物勘探三个问题。

---

① Truls Hanevold, "The Antarctic Treaty Consultative Meetings: Form and Procedure, Cooperation and Conflict," p. 186.

② Peter J. Beck, *The International Politics of Antarctica*, p. 98.

③ Truls Hanevold, "The Antarctic Treaty Consultative Meetings: Form and Procedure, Cooperation and Conflict," p. 187.

④ Laurence M. Gould, *Antarctica in World Affairs*, New York: Foreign Policy Association, 1958. p. 49.

第一章　南极治理机制：问题领域、机制类型与机制运作

在生物资源方面，目前最受瞩目的海洋生物资源是磷虾。通常所称的南极磷虾一般指的是生活在南纬50°以南、环南极海域的南极大磷虾（Euphausia superba Dana）。① 作为海豹、鲸和企鹅的食物，磷虾是整个南大洋生态系统能量和物质流动的关键环节。② 据估计，其资源量为1.25亿—7.25亿吨，蕴藏量巨大。③ 磷虾不仅是潜在的巨大渔业资源，④ 而且近年来成为食品科学、医学、营养学和药学等学科的研究热点之一，具有产生新型生物活性物质的巨大潜力。⑤ 有许多未知或未深入开发利用的生物活性物质，如共附微生物、抗冻蛋白以及褪黑素等未知功能性物质。对于南极磷虾生物活性物质进行深入研究，亦会获得有益于人类生产和生活的资源。⑥

在南极海洋生态系统中，南极磷虾是南极海洋食物网的中心，是海豹、鲸和企鹅等南极绝大多数生物的直接食物来源。磷虾的这一特殊地位使得过度捕捞磷虾会破坏整个南极生态系统，对全球生态系统带来消极影响。

在矿产资源方面，自20世纪70年代开始，科考者在南极陆续发现铁、煤、石油、天然气等矿产资源及潜在资源。⑦ 南极蕴藏有220多种矿产资

---

① 孙松:《南极磷虾》，《极地研究》，2002年第4期，第58页。

② 刘志东:《南极磷虾生物活性物质的研究进展》，《天然产物研究与开发》，2012年第10期，第1491页。

③ 吴伟平、谢营襟:《南极磷虾及虾渔业》，《现代渔业信息》，2010年第1期，第10—13页。转引自杨洋、刘晓芳:《南极磷虾主要营养成分及保健机能研究进展》，《大连医科大学学报》，2014年第2期，第186页。

④ 孙松:《南极磷虾》，《极地研究》，2002年第4期，第58页。

⑤ Zhang QS, Wang Y. Antarctic Research Progress of China in the Past 28 Years. Chinese Journal of Nature, 2008, 30: 252-260. 刘志东:《南极磷虾生物活性物质的研究进展》，《天然产物研究与开发》，2012年第10期，第1491页。

⑥ 刘志东:《南极磷虾生物活性物质的研究进展》，第1494页。

⑦ 当时已有的发现如1966年，苏联地质学家在鲁克尔山北部发现了厚70米的带状富磁铁矿岩层，岩石的含铁量较高，平均为32.1%；1977年，在鲁克尔山以西的冰盖下发现号称"铁山"的查尔斯王子山铁矿。参见邹克渊:《南极矿物资源与国际法》，北京：北京大学出版社，1997年版，第24页；萧方:《"石油饥渴"危及地球最后的处女地》，《第一财经日报》，2006年7月18日，第A02版；吴庐山、邓希光、梁金强、付少英:《南极陆缘天然气水合物特征及资源前景》，《海洋地质与第四纪地质》，2010年第2期，第96页。

· 31 ·

源和能源，有可供全世界开发利用200年的"世界铁山"和总蕴藏量居世界第一的约5000亿吨的巨大煤田。据调查，南极地区的石油储存量约500亿至1000亿桶，天然气储量约为3万至5万亿立方米。而在冰盖之下和周边海底中的可燃冰的埋藏量远远超过了地球上现存的所有化石燃料的总和，是能够替代石油或煤炭的清洁能源。此外还有巨大的风能、潮汐能和地热能等能源。

在微生物资源方面，随着科技的发展，近年来南极微生物成为生物勘探的热点。南极的生物勘探活动包括在南极开发、搜集生物和基因资源。南极微生物是生物遗传、物种及生理类群多样性的资源宝库，又因两极地区的微生物未受到污染，几乎保留着原始状态，因而具有极高的研究价值。科研人员从冰芯、雪样、水样、土壤、沉积物、岩石、海洋生物等各类样品中发现了数量众多的微生物种群，其中以嗜冷、耐冷微生物为优势。科研人员甚至在南极大陆最古老的冰层中发现了封存800万年，却仍然具有活性的远古微生物。[①]

在这三类资源中，生物资源和微生物资源是可以利用的资源，而南极的能源和矿产资源则不能取用，这主要出于以下三方面的原因：首先在法律上，《议定书》禁止南极的矿产资源活动有效期为50年，直接决定矿产资源是不可以开发的；其次在政治上，能源和矿产资源直接与领土主权问题挂钩，如果开采极有可能带来政治上的纷争，将对世界的和平与发展造成不良影响；最后在环境上，南极还有许多科学上的未解之谜，矿产资源开采是否会破坏南极地区的生态环境结果还未可知，在尚不了解的情况下盲目、短视地开采，其所造成的后果很可能导致整个南极系统的崩溃，进而影响到整个地球系统。[②] 不过，虽然矿产资源被禁止开发，但是由矿产资源引发的问题曾一度影响了南极治理的走向，因此矿产资源问题也算作南极治理中的重要议题。

---

① Bidle KD, Lee S, Marchant DR, et al. Fossil genes and microbes in the oldest ice on earth. Proc Natl Acad Sci USA, 2007, Vol. 104, No. 33, pp. 13455 – 13460. 转引自曾胤新、陈波、邹扬、郑天凌：《极地微生物——新天然药物的潜在来源》，《微生物学报》，2008年第5期，第695页。

② 陈玉刚、王婉潞：《试析中国的南极利益与权益》，《吉林大学社会科学学报》，2016年第4期，第101页。

第一章　南极治理机制：问题领域、机制类型与机制运作

南极资源利用问题之所以重要，是因为资源问题牵涉资源分配与领土主权两个问题。领土主权声索国利用一切机会要求南极主权，控制资源成为维护主权要求的有利依据，其将域内资源视为本国的私有财产，不容许他国利用；非领土主权要求国则将南极视为全球公地，要求自由进出南极，平等获得在南极科学考察的权利，领土主权声索国并无特殊权益。资源利用问题难以解决，亦因其触碰"南极属于谁"这一核心问题。领土主权地位不明，领土主权声索国之间、领土主权声索国与非声索国之间长期博弈至今没有达成共识，导致资源利用问题只能在冻结主权的前提下解决。

第二节　南极治理机制的分类[①]

一、南极治理机制的定义[②]

在研究之前，我们首先对"南极治理机制"进行定义。在汉语中有两种不同含义的机制。一种是普通意义上的"机制"（mechanism），是指系统的内在工作方式，是系统在发展变化过程中表现出来的内部各要素的相互关系及其规律。[③] 另一种是国际关系理论美国学派提出的"国际机制"（international regime）概念。斯蒂芬·克拉斯纳（Stephen D. Krasner）曾经提出一个经典定义，"机制是国际关系特定领域里隐含或者明示的原则、规范、规则和决策程序，行为体的预期围绕着它们进行汇集"。[④] 本书所称的机制是后者，即国际机制。

学术界对南极治理机制的理解存在分歧，出现两种定义方式：一是从

[①] 本节内容曾以《南极治理机制的类型分析》为题，发表于《太平洋学报》，2016 年第 12 期，第 77—84 页。

[②] 本小节部分内容曾以《南极治理机制的内涵、动力与前景》为题，发表于《极地研究》，2019 年第 2 期，第 198—208 页。

[③] 庄平：《社会规范系统的结构与机制》，《社会学研究》，1988 年第 4 期，第 12 页。

[④] Stephen D. Krasner, *International Regimes*, Cornell University Press, 1983, p. 2. 薄燕、高翔：《原则与规则：全球气候变化治理机制的变迁》，《世界经济与政治》，2014 年第 2 期，第 52 页。

学术角度下定义,认为南极机制是由南极条约体系所确立的南极治理的原则、准则、规则以及决策程序。① 该定义与克拉斯纳对国际机制的定义基本相吻合。二是从内容上进行标定,将南极条约体系视为南极治理机制。② 实际上,这两种用法有不同的来源。第一种用法来源于理论分析,第二种用法来自于南极治理研究的国际法传统。

从理论上看,目前的学术研究中,国际机制与国际制度两个概念互相包含。最典型的代表是克拉斯纳和罗伯特·基欧汉(Robert O. Keohane)分别为国际机制和国际制度所下的定义。克拉斯纳认为"机制是国际关系特定领域里隐含或者明示的原则、规范、规则和决策程序"。基欧汉则认为国际制度包括国际机制。其中,国际机制是指得到政府一致同意的、涉及国际关系特定问题的有明确规则的制度。③ 也就是说,基欧汉所指的机制实际上是规则,这就削弱了国际机制本身的厚度。克拉斯纳所称的国际机制,不仅包括指令性的规则,还包括价值维度的原则与规范。根据研究的需要,本研究以克拉斯纳关于国际机制的定义为分析基础。

从南极治理研究传统上看,学者们几乎一致将"南极条约体系"称为"机制",实际上这源于南极治理研究的国际法传统。与国际关系学界对机制的定义不同,国际法学界是在"国际法中明确的规则和程序"这个意义上使用机制的概念。④ 国际法学家通常使用"机制"来描述由国际条约或公约而形成的制度安排。⑤ 但是,国际法与国际政治关于机制的认识存在区别。国际法中是按照理想状态来定义国际机制。但是在实践中,国际法

---

① 陈力:《南极治理机制的挑战与变革》,第95页。

② 石伟华:《既有南极治理机制分析》,第90—91页;M. J. Peterson, *Managing the Frozen South: The Creation and Evolution of the Antarctic Treaty System*, 1988; Holly M. Tanner, *Regime Formation and the Antarctic Treaty System*, 1995; Steven Blumenfeld, "The Creation and Evolution of the Antarctic Treaty System: A Model for International Cooperation and Governance," pp. 28 – 55; Karen Scott, "Institutional Developments within the Antarctic Treaty System," *The International and Comparative Law Quarterly*, Vol. 52, No. 2, 2003, pp. 473 – 487.

③ 杨光海:《论国际制度在国际政治中的地位和作用——与权力政治之比较》,《世界经济与政治》,2006年第2期,第48—53页。

④ 刘宏松:《正式与非正式国际机制的概念辨析》,《欧洲研究》,2009年第3期,第92页。

⑤ 同上,第92页。

第一章 南极治理机制：问题领域、机制类型与机制运作

中的制度安排的作用力并不是全部有效，许多国际条约对国家行为没有影响力。与国际法中的定义不同，国际政治是按照实际状态对国际机制进行定义，克拉斯纳提出"预期汇聚"的概念，正是将国际法中那些无实质作用的条约排除在外。①

本研究采纳克拉斯纳的定义，认为南极治理机制是指南极治理中为治理特定的问题领域所制定的原则、规范、规则和决策程序。其中，原则和规范具有价值维度，规则和决策程序是根据原则和规范而制定出来的指示和律令。② 南极治理机制是南极治理的核心。不过，南极治理机制并不是某一个或某几个机制，而是机制复合体（regime complex）。机制复合体是指"在某一领域内，一系列相互关联的机制形成一个相对松散的整体，它不是有意的制度安排，而是一系列政策选择的结果。"③ 作为机制复合体的南极治理机制通过"增生"与"裂变"的方式产生出现不同领域的治理机制，而这些机制相互关联，共享核心的原则。

在内容上，现有研究一般将南极条约体系视为南极治理机制。"南极治理机制"这个用法最初产生自20世纪80年代。当时"南极条约体系"尚未被正式提出，国际上使用"南极条约机制"（Antarctic Treaty Regime）来指代南极条约体系。如吉莉安·瑞格（Gillian Triggs）曾经编辑一部名为《南极条约机制》的论文集。④ 随着时代的发展，南极治理机制的范围已经逐渐超越南极条约体系所包含的机制。本研究所称的南极治理机制不仅包括南极条约体系下建立的机制，也包括体系外非国家行为体所确立的治理机制。

---

① 刘宏松：《正式与非正式国际机制的概念辨析》，《欧洲研究》，2009年第3期，第93页。
② 薄燕、高翔：《原则与规则：全球气候变化治理机制的变迁》，《世界经济与政治》，2014年第2期，第53页。
③ Robert O. Keohane, David G. Victor, "The Regime Complex for Climate Change," *Perspectives on Politics*, Vol. 9, No. 1, 2011, pp. 7–23. 张发林：《全球金融治理体系的政治经济学分析》，《国际政治研究》，2016年第4期，第63—85页。
④ Gillian D. Triggs ed., *The Antarctic Treaty Regime: Law, Environment and Resources*, Cambridge University Press, 1987.

二、南极治理机制的类型划分

自1961年《南极条约》生效以来,随着南极与世界的变化,南极不同的领域出现了不同的治理问题,因而出现不同类型的治理机制。我们根据南极治理的自身特点对治理机制的类型进行划分。《南极条约》第9条规定,南极条约协商国通过协商会议对南极事务进行安排是南极事务的决策者。从法律和治理实践看,协商国是南极治理中最重要的行为体。因此,以协商国在机制的产生和决策中所发挥的作用对南极治理类型进行划分。划分标准包括两个方面:一是机制是否由协商国创立;二是机制产生后协商国是否具有决策权。据此,目前的南极治理机制呈现出以下三种类型:协商会议制、委员会制、行业协会制。

一般来说,国际机制的创立者相应地拥有该机制的决策权,但是在南极治理中,机制的创立者并不必然拥有该机制的决策权。在南极治理机制中,协商会议制是南极治理的中央机制,其统辖并指导其他南极治理中的各类机制。协商国创造协商会议制,同时具有机制的决策权。委员会制是指协商国在协商会议上创造某个机制,但是在运行中,该机制拥有独立机构进行决策,协商国不再拥有决策权。行业协会制是指企业创立机制,在机制的运行中企业按照协商会议的指导原则进行自我规制,协商国不参与机制的创立与决策。这样,在不同领域中,协商国对机制的控制程度不同。控制程度最强的是协商会议制,其次是委员会制,最弱的是行业协会制。具体如表1-2所示:

表1-2 南极治理机制的类型

		协商国是否主导机制的产生	
		是	否
协商国对机制是否具有决策权	是	协商会议制	
	否	委员会制	行业协会制

(注:斜线表示协商国没有创立机制,但是却拥有机制的决策权。在目前的南极治理机制中,该机制类型尚未存在。)

资料来源:作者自制。

第一章　南极治理机制：问题领域、机制类型与机制运作

不过，以上的分类无法清晰显示协商国对不同机制的实际控制权。为进一步细化治理机制的类型，我们使用政策过程阶段来标定协商国在每种类型中的参与度。根据南极治理自身的特点，我们将政策过程阶段确定为：问题确认、议程设置、决策制定和政策执行。

第一，问题确认。问题确认是指协商国共同确认某一议题是南极治理中的重要问题。这是协商会议解决某一议题的第一步，构成各协商国讨论的基础，完成这一阶段并非易事。

首先，对于什么问题是南极治理中的"重要问题"，各个协商国拥有不同的国家利益，因而对问题的看法不一。协商国大致可以分为三类：领土主权声索国（七个国家），保留领土主权声索的国家（美国和苏联/俄罗斯），以及非声索国。这三类国家在领土主张上的利益是相互冲突的，《南极条约》冻结了领土主权，暂时冻结了这三类国家的分歧。但是，冻结并不意味着问题的解决，相反，正因为《南极条约》的冻结处理，导致各类国家想方设法来加强或争取自身的领土主权权利，以占得参与南极事务的优势。三类协商国的南极利益是不同的，甚至有时是相互冲突的，这就导致各个国家关注的问题有所不同，乃至于相互矛盾。"问题确认"这一阶段确保协商会议乃至整个条约体系的利益平衡。

其次，协商国在南极事务中存在利益分歧，而协商国能够就某个议题达到共同确认，表明该议题在南极治理中的紧迫性，需要协商国快速且有效地解决这些问题，以确保南极条约体系的稳定运行。随着全球化的发展以及人类南极活动的增加，不同的问题在南极治理中一一出现，成为协商国的关注焦点。比如，在20世纪50年代，协商国集中关心的问题是领土主权与安全问题；20世纪60年代是科学合作与交流问题；20世纪70年代是生物资源开发问题；20世纪80年代是矿产资源开发问题；20世纪90年代是环境保护问题；21世纪初为生物勘探等商业开发问题。[①]

可以看出，南极治理中的不同时期存在不同的焦点议题，这些议题得到协商国的共同关注。而对于那些不是南极治理中的焦点，而协商国存在不同利益取向的议题，需要达成一致而确认为问题，则需要更多的时间，

[①] 王婉潞：《南极治理机制的类型分析》，《太平洋学报》，2016年第12期，第78—79页。

以及更成熟的条件。比如设立南极条约秘书处的问题。在签订《南极条约》时，秘书处是避而不谈的话题，《南极条约》中没有任何关于秘书处的提法。在协商会议中，协商国设立"大会秘书处"来完成秘书处的职责和功能。"大会秘书处"由协商会议的主席国组织成立，负责当届协商会议上的文件记录、整理、传递等事务，在协商会议结束之后，秘书处也随之解散。这就出现一系列问题，如不同的大会秘书处很可能采取不同的记录方式，导致会议文件记录不连贯。常设秘书处的缺失也导致信息和文件的传递不及时，这些问题阻碍南极治理。

在很长一段时间内，出于领土主权上的考虑，为了维持协商国之间的利益平衡，《南极条约》并未设立相应的秘书处。不过，20世纪80年代，协商国遭受来自联合国的冲击使得协商国采取一系列措施以获得治理南极的正当性与有效性。其中的一个举措就是尝试建立南极条约秘书处。1983年的协商会议上，建立秘书处的提议首次没有遭到反对。从1987年第14届协商会议开始，各国就建立秘书处问题进行讨论，虽然讨论没有达成一致，但是在协商会议上的公开讨论，表明协商国已经将"建立秘书处"确认为协商会议上需要解决的问题。

第二，议程设置。在南极治理中，出于外交折冲、回避敏感话题等复杂考虑，并非每一个得到确认的问题都能自动上升为南极协商会议的议题。为了促使各国在决策时达成一致，协商国常常回避容易产生分歧的问题。因此，很可能出现以下情况，即真正重要问题无法被设置为议程，而一些议程则是次要或者细枝末节的问题。对于存在问题的领域，将问题上升为议题是重要的一个过程阶段。[①]

在南极治理早期，协商国在协商会议的预备会议上确定议程。确定好的议程草案在协商会议上稍加讨论后直接使用。在协商会议的预备会议消失、环境保护委员会建立以后，环境保护委员会发挥部分原先预备会议所发挥的作用，即确立协商会议的议程。协商国首先在环境保护委员会会议上确认问题并进行讨论，其中重要的问题提交到协商会议上，由协商国在协商会议上讨论并解决。

---

① 王婉潞：《南极治理机制的类型分析》，《太平洋学报》，2016年第12期，第78—79页。

第一章　南极治理机制：问题领域、机制类型与机制运作

第三，决策制定。南极条约协商会议采用的决策机制是协商一致。根据《南极条约》第9条第4款，"在协商会议上所讨论的建议只有在所有的协商国都批准之后才能生效"。此后，这一机制推广至整个南极条约体系，在体系的各个机制中，重要问题皆以一致同意的方式进行决策。一致同意虽然被指责为效率低下，但反过来看，一旦一致同意达成，决议将难以被推翻，这就避免了可能的争端，从而有效地维持体系的运转。需要说明的是，协商会议的一致同意是现场一致，即出席协商会议的协商国达成一致，未出席协商会议的协商国之意见无效。

《南极条约》是利益协调的产物，而利益协调作为一项传统，被协商国所继承。尽管美国是南极事务中的"全部价值"国家，[①] 是《南极条约》的设计师，拥有对南极国际规则毋庸置疑的影响力。不过，在南极治理中，一致同意的决策方式导致霸权国也无法随心所欲地推行规则。一致同意使得各国都有一票否决权，这就为国家间的权力博弈和利益交换留下空间。

在体系运行初期，南极协商会议形成的实质性决定被称为"建议"（recommendation），重要决议以各国代表向本国代表进行建议的方式发布，而这些建议需要各国国内立法通过才能生效。从1995年第19届南极协商会议开始，实质性决定分为"措施"（measure）、"决定"（decision）和"决议"（resolution）三类。其中有法律约束力的是"措施"，而"决定"和"决议"并不具有强制性。与"建议"类似，"措施"获得法律效力的前提是其内容得到所有协商国政府批准或同意。

第四，政策执行。协商会议推出的决策被称为"建议"或"措施"，它们需要经过协商国政府批准或同意方可生效，这就导致决策难以被执行的难题。对于国际体系中的大多数国家而言，南极并非是国家事务中的优先选项。协商会议上通过的建议与措施很难及时获得批准，这就导致通过的措施难以生效。比如，在2002年的第25届协商会议上，英国提出建议与措施的低通过率问题，指出自《南极条约》生效以来，仅有58%的建议生效，而这些建议全部是在1991年之前生效的。最近一个全部生效的建议

[①] 陈玉刚、秦倩编著：《南极：地缘政治与国家权益》，北京：时事出版社，2017年版。

是1981年第11届协商会议上的建议。自此之后,唯一生效的是第16届协商会议的"建议16-10"(Recommendation XVI-10)。在2003年的第26届协商会议上,英国再次指出,通过的措施与生效的措施之间存在巨大的差距。

由于建议与措施难以生效,协商国采用视察的方式来部分地解决这一问题。为保障《南极条约》的规定得到遵守和有效执行,《南极条约》赋予各协商国以视察的权利。协商国通常利用视察权来监督其他国家的南极活动,但是这个方法也有显而易见的局限,那就是对于体系外国家和非政府组织的行为无法进行强制执行。

协商会议上任何规则的制定都大致依照问题确认、议程设置、决策制定、政策执行这四个步骤来完成。这四个步骤的存在,确保了协商会议乃至整个南极条约体系的利益平衡。这是因为,即使某个问题是超级大国的关注焦点,但若无法得到其他协商国的认可与同意,该议题甚至无法完成"问题确认"这一步骤,而后的"决策制定"也就无从谈起了。或者即使完成"问题确认"与"议程设置"这两个步骤,但是进展难以推进。协商会议上任何规则的制定,都需要完成问题确认、议程设置、决策制定和政策执行这四个步骤。

结合政策过程阶段的划分可以更为细致地描述三种机制类型。在协商会议制中,协商国对某一治理领域中长久存在或新出现的问题进行确认,将之上升为议题在协商会议上进行讨论,讨论结果若达成一致、获得所有参加协商会议的协商国同意后,出台相应的机制,在机制运行中协商国具有机制的决策权。委员会制机制分为两部分来看,其创立过程与协商会议制相同,即协商国对治理中的问题进行确认,作为议题在协商会议上进行讨论,协商国一致同意后出台相应的机制。通常该机制创立时会配备相应的委员会,这些委员会拥有机制的决策权。在行业协会制中,协商国完成了问题确认阶段,并在问题确认之后将之上升为议题在南极协商会议上讨论。不过,协商会议并不能就此议题达成共识,协商国迟迟无法推出解决机制。这一未完的工作由企业继续完成,企业在行业间达成共识进而成立组织、推行政策。

三、南极治理各问题领域所对应的机制类型

根据上文所述,自《南极条约》产生以来,决定南极政治走向的主要

第一章　南极治理机制：问题领域、机制类型与机制运作

议题包括领土主权、科研合作与信息交流、生物资源养护、矿产资源开发与管理、环境保护、南极旅游。在南极治理中，这些问题的处理方式分别属于不同的机制类型。

从定义上看，机制是"原则、规范、规则和决策程序"的集合，是抽象的、无形的。因此，一些研究认为国际机制的概念不包括国际组织的含义。[①] 根据这种逻辑，机制本身并不拥有行动的能力，而组织则可被看作一个机构、一个决策单位，具有行动的能力。这样的划分促进了理论的发展，不过，在国际关系的现实中，机制与机构或组织是无法割裂开的。机制不等于国际组织，但是机制的运行是以机构或组织为载体。在南极各个领域的治理中，治理机制皆依托于核心机构或组织而运行。因此，本研究以各机制的核心机构或组织为切入点来分析机制。这样做不是在理论上将国际机制等同于国际组织，而只是结合南极治理的实际，更加有效地分析其治理机制。

（一）领土主权、科研合作与信息交流、环境保护的治理机制属于协商会议制

根据《南极条约》第9条规定，协商国通过协商会议对南极进行治理。自《南极条约》生效、条约体系产生以来，领土主权问题、科研合作与交流、环境问题、安全问题四个核心议题由协商国全权治理，治理机制属于协商会议制。其中，领土主权问题、科研合作与信息交流并不是由问题的性质决定其机制类型。相反，正是为了解决领土主权问题、确保南极的科研合作与信息交流才创立《南极条约》，这些领域天然归属协商会议机制。

对领土主权问题的处理直接导致《南极条约》的出台。20世纪40年代末50年代初，南极出现安全困境，[②] 解决南极安全困境成为各国的共同议程。1957—1958年由科学家倡议召开的国际地球物理年（International

---

① 苏长和：《全球公共问题与国际合作：一种制度的分析》，上海：上海人民出版社，2009年版，第63页。
② 陈玉刚：《试析南极地缘政治的再安全化》，《国际观察》，2013年第3期，第58页。

Geophysical Year, IGY) 提供了解决南极问题的新思路，即冻结领土主权、进行国际科学合作。在 1958 年末国际地球物理年即将结束时，各国决定继续在南极进行科学考察活动。国际地球物理年使各国看到了解决南极问题的希望。借助于国际地球物理年期间形成的良好氛围，美国开始主导制定条约。经过长时间的谈判，各国达成共识，于 1959 年在美国华盛顿召开会议并签订《南极条约》。《南极条约》第 4 条冻结主权，解决了南极的安全困境。[①] 若无第 4 条，主权声索国不会允许其他国家进入南极活动，而其他国家也不会承认主权声索，争端与冲突不可避免。在此后的南极治理中，主权冻结原则实行于南极条约体系的每一个决议和公约中，成为处理南极各类事务的核心原则。

《南极条约》冻结了领土主权，科学考察与科学研究成为"和平利用"南极的最佳方式，科学合作与信息交流成为早期协商会议的主要问题，其处理方式符合协商会议制的特征。例如，在南极协商会议早期，各协商国意识到无线通信和气象数据交流的紧迫性与必要性，自第一届协商会议开始它们就被列为协商会议的暂定议程，协商国对议程设置达成一致后确立为正式议程，有时还会成立工作小组帮助处理。[②] 经讨论得出一致意见后发布相关建议，其后由协商国向各国政府建议，并且在以后的协商会议之前审议发展情况。[③]

环境保护是南极条约体系的固有议题。南极环境保护是以保护南极生物资源为起点的，历届协商会议以及特殊协商会议分别通过了 1964 年的《动植物协议》、1972 年的《海豹公约》、1980 年的《养护公约》等。即

---

① 第 4 条全文如下：1. 本条约的任何规定不得解释为：（a）缔约任何一方放弃在南极原来所主张的领土主权权利或领土的要求；（b）缔约任何一方全部或部分放弃由于它在南极的活动或由于它的国民在南极的活动或其他原因而构成的对南极洲领土主权的要求的任何依据；（c）损害缔约任何一方关于它承认或否认其他国家在南极洲的领土主权要求或要求的依据的立场。2. 在本条约有效期间所发生的一切行为或活动，不得构成主张、支持或否定对南极洲的领土主权的要求的基础，也不得创立在南极洲的任何领土主权权利。在本条约有效期间，对在南极洲的领土主权不得提出新的要求或扩大现有的要求。《南极条约》，国家海洋局极地考察办公室网站，http://www.chinare.cn/caa/gb_article.php?modid=07001。

② 1979 年第 10 届协商会议《最终报告》，第 6 页。

③ 同上，第 14 页。

第一章　南极治理机制：问题领域、机制类型与机制运作

使未生效的《矿产公约》也提出了极为严格的环保标准。《议定书》是最为全面的保护南极环境的条约，其规定在生效的 50 年内禁止在南极条约地区除科研外的一切矿产活动。《议定书》包括正文（27 个条款）和 6 个附件。为便于管理，《议定书》于 1998 年设立了专门的"环境保护委员会"，负责监督《议定书》及其附件的落实与执行。许多成员国于 1998 年前后依据《议定书》制定相应的国内法律或政策，及时调整了其南极考察实施过程和作业程序，并对考察活动预先进行相应的环境影响评估。[①] 不过，环境保护委员会是协商会议的顾问机构，不具有独立的主体资格，也不享有独立的决策权，[②] 决策权依然保留在协商会议手中，环境保护的治理机制属于协商会议制。

（二）生物资源、矿产资源的治理机制属于委员会制

在生物资源、矿产资源的治理中，协商国采用与协商会议制完全不同的治理机制。在这两个治理领域中，协商国创设机制，不过，机制一经产生随即独立于协商会议机制，机制中设有专门委员会，委员会拥有该治理领域的决策权。此后领域内的一切问题由委员会讨论并制定决议，其定期向协商会议做汇报，而协商会议不再参与机制的运作。由于创设的机制独立于协商会议，因此称其为"委员会制"。

在南极海洋生物资源的治理中，《南极条约》第 9 条第 1 款己项提出关于"南极有生资源的保护与保存"的原则性规定。[③] 在第 1 届协商会议上，生物资源保护成为会议议题。[④] 协商国呼吁早日建立保护生物的机制，免于人类无限制的捕捞。为此，协商会议先后出台《动植物协议》和《海豹公约》，前者用来保护南极大陆上的动植物，后者则为避免南大洋可能出现的商业捕捞海豹。20 世纪 70 年代末 80 年代初，日本和苏联的南极捕捞磷虾活动规模增大，南大洋的生物养护成为紧迫问题，协商国在协商会

[①] 凌晓良、温家洪、陈丹红、李升贵：《南极环境与环境保护问题研究》，第 6 页。

[②] 陈力：《南极治理机制的挑战与变革》，第 100—101 页。

[③] 《南极条约》第 9 条，《南极条约》，国家海洋局极地考察办公室网站，http://www.chinare.cn/caa/gb_article.php?modid=07001。

[④] 1961 年第 1 届协商会议《最终报告》，第 8 页。

议上多次对其进行讨论。南极磷虾是南极海洋食物网的中心，磷虾是南极绝大多数生物如海豹、鲸和企鹅的直接食物来源，是整个南大洋生态系统能量和物质流动的关键环节。[①] 南极历史多次出现人类大规模捕捞造成物种灭绝的事件，为防止南大洋因过度捕捞导致物种灭绝的历史再度出现以致威胁到整个南大洋的生态系统，协商国于1980年签订《养护公约》。比前两个公约更进一步的是，《养护公约》不再局限于保护某一物种，而是致力于整个南大洋海洋生态系统的养护，是国际上第一个将整个海洋生态系统作为养护对象的地区。

《养护公约》建立了"南极海洋生物资源养护委员会"（Commission for the Conservation of Antarctic Marine Living Resources, CCAMLR），在南大洋生物资源养护问题上超脱《南极条约》，享有独立的决策权，具有独立的国际法地位。同时建立科学委员会，为养护委员会制定养护政策提供科学上的建议。养护委员会的决策范式与协商会议相同，对于一般问题，在科学委员会的建议下，基于一致同意推出决议；对于难以解决的问题，养护委员会也效仿协商会议，以特殊会议的方式来解决。养护委员会历史上召开过两次特殊委员会会议（Special Meeting of the Commission, SMC），第一次是1986年召开来决定巴西的成员国身份，第二次于2013年召开来讨论海洋保护区（marine protected area）的问题。

养护委员会的出现分割了协商会议的权力。如今，协商会议依然拥有管理南极大陆的权力，而管理海洋的权力则移交至养护委员会。例如，在申请设立南极特别保护区时，申请方需要将英文版的"管理计划草案"提交给环境保护委员会和南极科学研究委员会，如果草案涉及南极海域的内容，还应提交南极海洋生物资源保护委员会。[②]

《养护公约》出台后，协商国开始处理南极矿产资源问题。矿产资源于1972年被首次列为会议议程，此后成为协商会议常设议程。协商国分别在1975年第8届协商会议、1977年第9届协商会议、1979年第10届协商会议、1981年第11届协商会议进行准备工作，出台建议包括"建议8-

---

① 刘志东：《南极磷虾生物活性物质的研究进展》，第1491页。
② 刘惠荣、陈明慧、董跃：《南极特别保护区管理权辨析》，《中国海洋大学学报（社会科学版）》，2014年第6期，第2页。

第一章　南极治理机制：问题领域、机制类型与机制运作

14"（Recommendation VIII – 14）、"建议 9 – 1"（Recommendation IX – 1）、"建议 10 – 1"（Recommendation X – 1）、"建议 11 – 1"（Recommendation XI – 1）等。在解决生物资源问题后，1981 年 7 月，协商国通过第 11 届协商会议的"建议 11 – 1"，决定召开第 4 次特殊协商会议（Special Antarctic Treaty Consultative Meeting, SATCM）来讨论南极矿产资源问题。从 1982 年到 1988 年，6 年间经过 10 次会议的协商，于 1988 年出台《矿产公约》。同《养护公约》一样，《矿产公约》的目的是对未来南极可能出现的矿产资源开发活动进行规制，为此而设立严格的环境标准。

《矿产公约》设计一些新机制来获得独立性。公约中不仅特设南极矿物资源委员会和科技环境咨询委员会，还设立了"基金制度"和视察权。按照《矿产公约》规定，矿产资源委员会拥有决策权；"基金制度"建立了独立的经费来源，以保证委员会财政上的独立；在视察方面，矿产资源管理委员会甚至拥有仅协商国专有的指派视察员的权力。虽然《矿产公约》被《议定书》所代替，但其出现反映了当时委员会制的发展趋势。

（三）南极旅游的治理机制属于行业协会制

自 1966 年开始，南极旅游便成为协商会议长期的固有议题。不过，由于早期南极旅游的规模与人数有限，协商国主要关注旅游对科研的影响，并没有把它当作商业活动来对待。真正引起协商国注意是在 20 世纪 90 年代初期，当时赴南极旅游人数已经超过南极科学家人数。据近 40 年的统计，赴南极旅游人数从 1980—1981 年度的 780 人次激增至 2018—2019 年度的 55489 人次，[①] 引发游客安全与南极环境保护的双重问题。从 2004 年起，协商会议设立"旅游工作小组"，分别于 2004 年和 2009 年设立两次专家会议，迄今为止共通过了 50 项措施，但其中只有两项具有强制性。

协商国在南极旅游问题上长期束手无策由多种原因造成。首先，自 20 世纪 70 年代到 90 年代初期长达 20 年的时间里协商国的精力大多被资源议题所占据；其次，南极主权冻结原则使得各国无法在国内推行南极旅游

---

① 2018—2019 年度游客总数，国际南极旅游者协会网站，https：//iaato.org/documents/10157/2895202/2018 – 19 + Tourists + by + Nationality + Total/f539090f – 78eb – 470e – 8092 – 7acf2039e7a1。

法，亦不可对他国实施；最后，各国利益冲突，一些国家担心南极主权声索国利用南极旅游来声索主权。

自 1991 年《议定书》通过后，南极旅游成为广泛关注的问题。由于协商国长期以来缺乏有效的管理措施，7 个美国旅游运行商组成了行业协会——国际南极旅游组织协会（简称"旅游协会"）对南极旅游进行企业自我规制（self-regulation），到现在已发展为 124 个成员。[①] 旅游协会与南极条约体系建立了紧密的联系，旅游协会遵循《南极条约》的价值与精神，根据《南极条约》和《议定书》建立严格的南极旅游行业标准，还定期向协商会议和环境保护委员会报告南极旅游、船只活动以及环境影响的情况。旅游协会成员制定南极旅游指南或操作程序，协商国仅在大方向上提供指导，而这些指南与程序常被协商会议采纳并形成相关措施或决议。

综上，南极治理中存在的问题领域及其对应的机制类型如表 1-3 所示：

表 1-3　南极治理中存在的问题领域及其对应的机制类型

机制类型	所解决的问题领域	实施机制的机构或组织
协商会议制	领土主权问题	协商会议
	科研合作与交流	协商会议
	环境保护问题	协商会议
委员会制	生物养护问题	养护委员会
	矿产资源问题	矿产委员会（未成立）
行业协会制	南极旅游问题	旅游协会

资料来源：作者自制。

表 1-3 侧重于显示各种机制类型所解决的问题以及相应的机制。为了清晰显示南极治理机制的变革，我们按照时间顺序重新将表 1-3 进行调

[①] 参见国际南极旅游组织协会提交给协商会议的信息报告，"IP84 Report of the International Association of Antarctica Tour Operators 2014-15," http：//iaato.org/current-iaato-information-papers。

整，得到表1-4。

表1-4 南极治理机制的变革

时间	主要议题	机制类型
20世纪50年代	领土主权问题	协商会议制
20世纪60年代	科学研究与合作交流	协商会议制
20世纪70年代	生物资源养护	委员会制
20世纪80年代	矿产资源与管理	委员会制
20世纪90年代	环境保护问题	协商会议制
20世纪90年代	南极旅游问题	行业协会制

资料来源：作者自制。

从表1-4中，我们可以清晰地看到南极治理已历经两次机制的变革，分别为：20世纪70年代开始，由协商会议制完全主导转变为委员会制分治；20世纪80年代末90年代初委员会制向协商会议制回潮，同时行业协会制诞生。

第三节 各种类型机制的运作

南极治理中相继出现协商会议制、委员会制与行业协会制。不过，南极治理机制的变革并不是线性的，不是以一种类型的机制取代另一种机制，而是各种类型的机制并存。《南极条约》启动协商会议制，那么其后产生的委员会制和行业协会制各自发挥怎样的作用？在混合机制中，各种机制如何运作？本节将详细区分三种类型的机制。

根据国际机制的定义对南极治理中各种类型机制的运作进行考察。机制是"原则、规范、规则和决策程序"的集合，因此，各种类型机制的运作可细化为两个层面：一是以原则和规范为代表的价值层面；二是以规则和决策程序为代表的具体规则的运作。如前文所述，在南极治理实践中，各个治理机制依托一个核心机构或组织进行治理，本节将以机构或组织为基础来描述南极治理中各类型机制的运作。

一、协商会议制的运作

由《南极条约》和《议定书》确定的原则、规范、规则与决策程序构成协商会议制。协商会议制的运作以协商会议为基础。《南极条约》禁止军事活动，唯一倡导的活动是科学研究与国际合作；《议定书》是《南极条约》的补充，其核心是保护南极环境。因此，在科学合作与南极环境保护这两个领域的治理机制属于协商会议制。《南极条约》确立了南极条约协商会议这一决策机构；《议定书》建立环境保护委员会，作为协商会议的咨询机构，环境保护委员会不具有独立的主体资格，本身不具有决策权，南极环境保护的决策权为协商国所有。

在原则和规范所属的价值层面上，协商会议制实际上奉行两套相互矛盾的价值理念。这是因为《南极条约》本身同时倡导两类相互冲突的价值理念。《南极条约》明确倡导的价值理念是和平、科学与合作，此即为《南极条约》的三大支柱。这些价值理念属于公共层面，是出于维护全人类的共同利益之考虑。但是《南极条约》还隐含着反方向的价值理念：一是尊重各声索国的声索与权利；二是开发南极资源。前者经《南极条约》第4条而强化。第4条明确规定"不主张、支持或否定缔约任何一方在南极原来的领土权利与要求"。后者则衍生自《南极条约》前言及第1条，第1条规定"南极应仅用于和平目的"。然而条约没有明确指出"和平目的"的具体内涵。随着时代的变化，"和平目的"的内涵从避免军事冲突延伸到资源开发领域。尊重声索国权利与资源开发的价值理念实际上维护的是协商国的私利。这两套相反的价值理念体现在机制的方方面面，贯穿机制运作的始终。在以规则和决策程序为代表的具体规则的运作上，两类相互冲突的价值理念分别产生影响。

（一）协商会议的具体运作

协商会议是南极治理中的决策机构，是协商国共同管理南极时专门交换信息、制定南极治理规则的论坛。协商国于1961年召开第1次协商会议。截至2021年12月，协商会议已经召开43次，共出台200余条建议、措施。在1994年之前，协商会议隔年举办一次，从1994年开始每年召开一次。第1届协商会议确立的会议流程沿用至今。

第一章 南极治理机制：问题领域、机制类型与机制运作

1961年的第1次协商会议确立了早期协商会议的基本流程。协商会议按照如下流程进行：在进入会议正式讨论之前，大会首先任命本届会议主席、致开幕词、确定大会议程。为了使协商国就各议程顺利达成共识，分别确立相应的工作组。协商国在大会或工作组完成讨论后，就某一议题的观点或措施取得一致同意后出台"建议"（1995年前）或"措施"（1995年后），该决议具有法律约束力，最后推出当届会议的《最终报告》。在协商会议运行早期，协商会议公开举行开幕式和闭幕式，其他所有讨论则秘密举行。由于20世纪80年代受到联合国的冲击，所有的讨论环节透明化，不仅缔约国可以派观察员出席，各国际组织或科学团体亦可派代表参加。

协商会议首先举行开幕式大会，选举大会主席，然后确定会议议程。在协商会议早期，确定大会议程的工作通常由预备会议来完成。1991年的第16届协商会议决定取消预备会议。[①] 预备会议的一个重要作用是确定当届协商会议的议程，因此，在取消预备会议后，协商国转而在协商会议上完成确立议程这一任务。为此，协商国专门修改协商会议"议事规则"，新增"协商会议议程"一项，其中新增的第35条规定，"每次协商会议闭幕时，会议主办国应拟定下次协商会议的初步议程。如果得到会议批准，下次会议的初步议程应作为会议最终报告的附件。"协商国在取消预备会议后，为了确保议程不被随意更改，采用一致同意的方式，以《最终报告》"附件"的方式发布。

在确立议程之后，协商国开始进入大会讨论阶段。大会是协商会议中最为正式的会议，协商会议中的所有议题都首先在大会上进行讨论，然后再决定接下来的处理方式。在早期，每一个议题都要在大会会议上进行讨论，如今则讨论特定议题。大会会议讨论需先递交提案，协商国会就提案进行讨论。提案以"文件"的方式递交，各协商国政府及非政府组织提交的文件分为三类，包括"工作文件"（working paper）、"信息文件"（information paper）与"秘书处文件"（secretary paper）。其中，"工作文件"和"信息文件"为会议的讨论提供参考。不同之处在于，"工作文件"提出实质性决定的草案内容，而"信息文件"只是提供有关南极事务的情况，不

---

① 1992年第17届协商会议《最终报告》，第61项。

提出议案。① 前两者是由协商国或国际组织递交，秘书处文件是由南极条约秘书处递交。

在协商会议上，各协商国通过提交"工作文件"的方式发言。提交工作文件是发起会议讨论的第一步，大会将对工作文件进行讨论、磋商和审议，工作文件提出的解决措施经大会批准后将成为该议题的正式规则，具有法律效力。

由于在大会上达成一致相当费时，几乎所有协商国代表都想详细解释本国立场。因此，协商国在第1届协商会议创立了临时工作组机制，即对特定议程成立相应的临时工作组，以帮助相关决策的制定。最早的4次协商会议分别设置一个工作组，讨论当时最关注的几个问题，任何感兴趣的代表可以加入。从1968年开始，工作组开始分组，最多时为1979年第10次协商会议，共分为6个工作组。从1981年开始，工作组固定为两个，主要议题也相对固定。近年来，工作组的数量基本固定在两个，议题也固定为"政策、法律与制度议题"和"运行、科学与旅游"这两个议题。在前期的协商会议中，协商国在确定议程之后，会选择一些需要推出"建议"的目标议题进行深入研究，这些通常是工作组议题，其余议题由大会讨论。目前的协商会议中，议题被明确分为两类：一类是大会议题；一类是工作组议题。通常大会讨论议题为当届会议程序，而实质性的议题分类到两个固定的工作组中来讨论。

在前6届协商会议中，由于议程相对较少，大多数议程在预备会议已经取得成果，因此在会议议程之后随即称为"建议"。从1972年第7届协商会议开始，在议程与建议之间增加简要的说明。② 此后，说明内容越来越多，后来演变为各协商国表明立场的主要方式。早期协商会议中的工作组向大会提交关于相关讨论的活动简要以及建议草案，例如1979年第9次协商会议的6个工作组，不仅讨论相关议题，还提供建议草案。随着南极治理议题的复杂化，工作组更多成为讨论场所，有时无法提交建议草案。

---

① 凌晓良、朱建钢、陈丹红、张侠、潘敏：《透过南极条约协商会议文件和议案看南极事务》，《中国软科学》，2009年增刊（下），第292页。

② 1972年第7届协商会议《最终报告》，第8—10页。

第一章 南极治理机制：问题领域、机制类型与机制运作

协商会议的决策制定方式是"协商一致"。协商一致是协商国的创新。[①] 通过协商，各国明确表达自己的利益诉求，避免在进行南极国际谈判和制定条款时处于不利地位。经过协商国协商一致出台的实质性决定被称为"建议"（recommendation）。从 1995 年的第 19 届协商会议开始，实质性决定不再称为"建议"，而是将其细化，分为"措施"（measure）、"决议"（resolution）和"决定"（decision）。[②] 其中，"措施"保留了原来"建议"的主要功能。"措施"是指"包含具有法律效力条款的"法律文本，经由协商会议的代表通过协商一致后通过。在通过后，由会议代表向本国政府提出建议，待所有协商国政府全部批准或同意后方可生效。对于生效后的"措施"，各缔约国政府均有遵守及执行的义务。"决议"是指具有倡导性质的文本（hortatory text），而"决定"的事项范围限定在协商会议内部组织性事务。

第 1 届协商会议确定了根据工作文件出台建议的方式，此后这一方式被协商国广泛采用。工作文件是一国围绕某个议题而提出的解决方案。第 1 届协商会议出台 16 项建议。这些建议全部来自协商国的工作文件，由此确立了工作文件在南极规则制定中的地位。只有在一国提交工作文件之后，协商国才会将之确定为讨论议程，在达成一致后推出实质性建议。可供讨论的工作文件是推出相关建议的必要前提。以第 1 届协商会议为例，关于信息交流的工作文件共 8 份，其中 6 份完全被协商会议采纳为"建议"。其中，第 1 条建议来自新西兰的 3 号工作文件（WP003），[③] 第 3 条建议来自美国的 4 号工作文件（WP004），[④] 第 5 条建议来自澳大利亚和苏

[①] Truls Hanevold, "The Antarctic Treaty Consultative Meetings: Form and Procedure," Cooperation and Conflict, p. 183.

[②] "Measures, Decisions and Resolutions Adopted at the XIXth Antarctic Treaty Consultative Meeting," 1995, http://www.ats.aq/documents/ATCM19/fr/ATCM19_fr002_e.pdf.

[③] 第 1 届协商会议新西兰工作文件（WP003），1961 年 7 月 10 日，南极条约秘书处网站，http://www.ats.aq/documents/ATCM1/wp/ATCM1_wp003_e.pdf。

[④] 第 1 届协商会议美国工作文件（WP004），1961 年 7 月 10 日，南极条约秘书处网站，http://www.ats.aq/documents/ATCM1/wp/ATCM1_wp004_e.pdf。

联联合提交的 9 号工作文件（WP009），① 第 6 条来自新西兰的 7 号工作文件（WP007），② 第 10 条来自法国的 8 号工作文件（WP008），③ 第 13 条来自澳大利亚的 17 号工作文件（WP017）。④

提交工作文件在南极制度竞争中具有巨大的优势。在目前为止的 43 届协商会议中，提交文件数量最多的六个国家依次为：英国（515 份）、美国（381 份）、澳大利亚（313 份）、新西兰（297 份）、智利（253 份）、阿根廷（225 份）。⑤ 这六个国家也是制定出绝大多数南极治理规则的国家。由工作文件转化为"措施"的途径是：某国在深入研究某个领域后，将解决方案写入工作文件，提交给协商会议，经过会议讨论，会成为处理该议题的措施，经由所有协商国批准后，具有法律效力。尽管工作文件可能会面临其他国家的反对与修改，但是反对与修改是以已提交的文件为基础，提交工作文件的国家拥有天然的优势。

协商会议保持着自 1961 年首届会议确立的传统。随着时间的推移，协商会议本身发生很大变化。比如，早期的协商报告内容简单，后期内容越来越多。这一方面是因为议题数量的增加以及内容的复杂，另一方面原因是预备会议退出历史舞台，导致协商国原来推崇的会议前非正式谈判消失，所有谈判放在协商会议的正式场合进行。另外，参加会议的人员发生变化。原来 12 个原始缔约国进行大量非正式的会谈，对彼此国家的立场和政策十分熟悉，协商国代表之间良好的私人关系推动会谈以及决议的出台。比如，英国代表在第 7 届会议讲话中提及"我们理解各自的特殊困

---

① 第 1 届协商会议澳大利亚与苏联的联合工作文件（WP009），1961 年 7 月 12 日，南极条约秘书处网站，http://www.ats.aq/documents/ATCM1/wp/ATCM1_wp009_e.pdf。

② 第 1 届协商会议新西兰工作文件（WP007），1961 年 7 月 11 日，南极条约秘书处网站，http://www.ats.aq/documents/ATCM1/wp/ATCM1_wp007_e.pdf。

③ 第 1 届协商会议法国工作文件（WP008），1961 年 7 月 13 日，南极条约秘书处网站，http://www.ats.aq/documents/ATCM1/wp/ATCM1_wp008_e.pdf。

④ 第 1 届协商会议澳大利亚工作文件（WP017），1961 年 7 月 17 日，南极条约秘书处网站，http://www.ats.aq/documents/ATCM1/wp/ATCM1_wp017_e.pdf。

⑤ 南极条约秘书处网站，https://www.ats.aq/devAS/Meetings/DocDatabase?lang=e。（访问时间：2021 年 11 月 11 日）

第一章 南极治理机制：问题领域、机制类型与机制运作

难，并且作为老朋友相信彼此"[①]。紧密的私人关系对协商会议乃至条约体系的运行起到正面的促进作用。1991年的《议定书》可能是元老级协商代表推出的最后一部重要条约。此后，随着代表团成员的更新换代、新协商国的激增，原来协商国代表之间亲密关系受到影响，协商会议越来越成为多种力量博弈的舞台，而不再是小团体秘密决策的俱乐部，出台决策的效率开始下降。

进入20世纪80年代，协商会议开始面临来自联合国有关国家的利益诉求。第三世界试图建立以联合国为中心的南极制度，遂以联合国为平台向南极条约体系发起挑战。在第三世界的压力下，协商国开始调整与完善协商会议的组织结构，提升体系的合法性，以应对联合国有关各方的诸多诉求。在此背景下，协商会议机制发生了三个方面的重大变化：

第一，增设环境保护委员会。作为协商会议的咨询机构，成立于1998年的环境保护委员会每年在协商会议期间举行会议，主要职能是负责向协商会议提出与《议定书》及其"附件"执行有关的建议，以及形成相关决议，为协商会议提供政策协调。环境保护委员会是协商会议在环境保护问题上的咨询机构，不具有独立的主体资格。委员会成员包括《议定书》的缔约国代表。环境保护委员会的讨论成果以"建议"的形式向协商会议提交，会议批准后成为具有法律效力的措施或程序性的决定。截至2021年11月，环境保护委员会已召开23次会议。

第二，设立常设秘书处。在早期的协商会议中，由于常设秘书处的缺失，各国只能通过外交渠道交流信息和传递文件，信息无法有效、及时传达，为南极治理带来诸多不便。除此之外，这也导致历届协商会议只能由主席国承办，而一旦轮到缺少承办资质的国家，则很容易出现轮空的现象，对南极治理造成一定程度的中断。在1989年第15届协商会议上，美国首次提出设立秘书处。经过多年协商，南极条约秘书处于2004年在阿根廷首都布宜诺斯艾利斯建立。秘书处在履行原有大会秘书处职能外，负责在协商国之间传递信息，完成协商会议的日常行政工作。在协商会议上，秘书处提交文件，专门列为"秘书处文件"。常设秘书处的成立，表明协商会议机制得到进一步完善。

[①] 1972年第7届协商会议《最终报告》，第44页。

第三，设立"会间联络组"（Intersessional Contact Group，ICG）。会间联络组是指在闭会期间，协商国就某个需要讨论的议题而专门组建的工作组。20世纪80年代，迫于国际社会的压力，协商国采取了一系列措施提高协商会议的公开性和透明性，预备会议的秘密举办已经不合时宜，遭到废弃。与此同时，南极治理中的事务急剧增长，在预备会议取消后，仅仅依靠每年两周的协商会议无法解决南极治理中存在的现实问题。因此，协商国决定创立会间联络组，闭会期间由某个国家担任召集人，就协商会议上未能解决的问题形成讨论意见后上报环境保护委员会，再由环境保护委员会提交协商会议。

《南极条约》不可更改的属性使得条约直接处理的问题极为有限，有很多问题无法用《南极条约》解决。实际上，《南极条约》导致协商会议可以直接解决的问题被限定在科学合作与信息交流、环境保护两个领域。科学合作与信息交流是南极治理中最为古老的议题，如今也依然占据着重要的地位。第1届协商会议的目标是国际科研合作与条约组织建设，[①] 不寻求解决难题，也不处理争端，而是相互协商，寻找合作的基础。[②] 科学合作的一个重要方面是后勤保障问题。任何技术上的失误都可能造成生命损失，因此后勤保障上的紧密合作是必不可少的。[③]

（二）环境保护委员会的具体运作

根据《议定书》，协商会议机制增设"环境保护委员会"作为协商会议的咨询机构。环境保护委员会每年在南极条约会议期间举行会议，召开的目的是为《议定书》涉及议题的措施、决定、决议的制定为协商会议提供建议，讨论成果将以建议的形式向协商会议递交。

保护南极脆弱的环境是协商会议中的固有议题。自20世纪70年代起，人们逐渐意识到人类对环境的损害。在南极，科学家团体首先意识到保护南极环境的重要性，在科学家的推动下，协商国将之列为固定会议议程并采取实质性措施。《议定书》是在借鉴《养护公约》经验的基础上建立起

---

① 1961年第1届协商会议《最终报告》，第20页。
② 同上，第24页。
③ 同上，第21页。

第一章　南极治理机制：问题领域、机制类型与机制运作

来的。《养护公约》于 1980 年提出并发展了生态系统方法，10 年的运行实践为《议定书》的制定提供丰富的经验。[①]《议定书》的出台是南极政策制定的里程碑，促使南极条约体系发生重大改变，其将重点从讨论矿产资源开发转移到保护南极环境。《议定书》的主要目标是"全面保护南极环境及依附于它的和与其相关的生态系统"[②]。由此，保护南极环境正式在法律上成为在南极条约区域内计划和展开一切活动的根本考虑。

《议定书》包括正文 27 个条款和 6 个附件。根据《议定书》第 11 条，1998 年第 22 次南极条约协商会议设立了"南极环境保护委员会"作为常设委员会。为保障《议定书》的运行，实现《议定书》及其"附件"设定的保护目标，协商国设立环境保护委员会。环境保护委员会的主要作用是负责监督《议定书》及其"附件"的落实与执行，并向协商会议提出与《议定书》及其"附件"执行有关的建议以及形成相关决议。其成员包括《议定书》的缔约国代表。目前，缔约国共有 42 个国家，包括 29 个协商国以及 13 个非协商国。[③] 根据《议定书》，环境保护委员会还接受一些国际组织的代表作为观察员，包括南极条约体系内的国际组织以及经协商会议同意的其他国际组织。前者包括南极研究科学委员会，南极海洋生物资源养护委员会、国家南极局局长理事会（Council of Managers of National Antarctic Programs，COMNAP）等，后者包括世界自然保护联盟（International Union for Conservation of Nature，IUCN）、国际南极旅游组织协会、南极和南大洋联盟（Antarctic and Southern Ocean Coalition，ASOC）、国际航道组织（International Hydrographic Organization，IHO）、世界气象组织

[①] R. A. Herr, "CCAMLR and the Environmental Protocol: Relationships and Interactions," in D. Vidas ed., *Implementation the Environmental Protection Regime for the Antarctic*, Dordrecht: Kluwer Academic Publishers, 2000, p. 5.

[②] 《关于环境保护的南极条约议定书》第 2 条，南极条约秘书处网站，http://www.ats.aq/documents/keydocs/vol_1/vol1_4_AT_Protocol_on_EP_e.pdf。

[③] 这 13 个非协商国分别是：白俄罗斯（2008 年）、加拿大（2003 年）、希腊（1998 年）、马来西亚（2016 年）、摩纳哥（2009 年）、巴基斯坦（2012 年）、葡萄牙（2014 年）、罗马尼亚（2003 年）、委内瑞拉（2014 年）、瑞士（2017 年）、土耳其（2017 年）、哥伦比亚（2020 年）、奥地利（2021 年）。

(World Meteorological Organization，WMO）等国际组织。[1]

南极环境保护委员会每年在《南极条约》会议期间举行会议，召开的目的是为《议定书》涉及议题的措施、决定、决议的制定为协商会议提供建议。讨论成果将以建议的形式向协商会议递交。《议定书》第11条第5款规定："委员会应向南极条约协商会议提交其每次会议的报告。报告应包括会议审议的所有问题并反映所表达的观点。报告应分送与会的各缔约国和观察员并随即公开。"

与协商会议类似的是，环境保护委员会讨论的议题来自于缔约国或观察员提交的工作文件或信息文件。环境保护委员会首次会议于1998年的第22届协商会议期间召开。[2] 该届会议通过了环境保护委员会的"议事规则"。[3] 环境保护委员会的议事规则第4条指出，符合以下三个条件的可被授予观察员地位：任何《南极条约》缔约方但不是《议定书》的缔约方；南极研究科学委员会主席、南极海洋生物资源养护委员会科学分委员会主席、国家南极局局长理事会主席；协商会议特别批准的，可以做出贡献的科学、环境和技术组织。虽然观察员有权利广泛参与委员会，但与协商会议的观察员一样，观察员的权利受到限制，他们可以递交报告，可以参加讨论，但是不允许参与决策制定。[4]

议事规则第7条规定，环境保护委员会应与南极研究科学委员会、南极海洋生物资源养护委员会科学分委员会、国家南极局局长理事会共同协商。[5] 当不能达成共识时，委员会应该将该问题的各种观点记录在报告中。需制定决策时，实质性决议需要由参加会议的委员会成员一致同意来做出。程序性决议以在场的委员会成员以简单多数的方式做出。委员会应该每年向协商会议递交报告，报告应予以公开。

在成立初期，环境保护委员会通过在会间举办各种非正式小组来完成

---

[1] 《关于环境保护的南极条约议定书》第11条第4款："委员会应邀请南极研究科学委员会主席和南极海洋生物资源养护委员会科学委员会主席作为观察员参加委员会会议。经南极条约协商会议的同意，委员会亦可邀请能够对其工作做出贡献的其他有关的科学、环境和技术组织作为观察员与会。"

[2] 1998年第22届协商会议《最终报告》。

[3] 同上，第62页。

[4] 同上，第63页。

[5] 同上。

第一章 南极治理机制：问题领域、机制类型与机制运作

年度会议上无法完成的审议提案工作，非正式小组包括研讨会与会间联络组。随着环境保护委员会工作量的增加，委员会先后创立管理计划下属小组、非正式审议小组等来协助管理计划的审议。目前，环境保护委员会已发展出层层"审议—建议"的模式，最初一级的审议由非正式审议小组（Trial Informal Group, TIG）在闭会期间完成。非正式审议小组于2007年第10届环境保护委员会成立。随后，在2008年第11届环境保护委员会上，委员会决定将非正式审议小组作为管理计划下属小组（SGMP）的常设小组来审议管理计划下属小组的管理计划。① 非正式审理小组会对管理计划草案提出修改意见，以及建议环境保护委员会是否要采用该管理计划。例如，第10届环境保护委员会会间非正式审议小组（TIG）审议了4份特别保护区的管理计划草案与1份特别管理区管理计划草案。审理小组召集人指出，审理小组创制出一份检查清单，来评估保护区与管理区管理计划，极大地促进环境保护委员会工作的进行。② 审议小组指出这些管理计划需要一些调整，并建议环境保护委员会采纳其认为合理的计划。③ 环境保护委员会同意将这些计划提交给协商会议，予以通过。④

第二层的审议由"管理计划下属小组"（SGMP）来完成，于2008年第31届协商会议/第11届环境保护委员会成立，其职权是就转交至闭会期间审查的管理计划草案和就改进管理计划和闭会期间审查过程向环境保护委员会提供建议。⑤ 2009年第32届协商会议/第12届环境保护委员会上明确指出，管理计划下属小组在闭会期间仔细审查管理计划，委员会得以高效审议其建议，⑥ 期待管理计划下属小组在未来发挥更多效用。⑦ 2009年第32届协商会议期间，环境保护委员会一共有13项新的或修订的保护区管理计划，管理计划下属小组审议了其中3项。2009年，美国表示将在会间

---

① 2008年第11届环境保护委员会报告，第31项。
② 2008年第11届环境保护委员会报告，第162—163项。
③ 同上，第166—180项。
④ 同上，第181项。
⑤ 李彧博等：《南极特别保护区的发展趋势及设立流程分析》，《极地研究》，2019年第4期，第440页。
⑥ 2009年第12届环境保护委员会报告，第65项。
⑦ 同上，第66项。

就第 106 号特别保护区向管理计划下属小组提交修订的管理计划。① 管理计划下属小组一直发挥重要作用。在 2019 年第 42 届协商会议/第 21 届环境保护委员会上，委员会同意将 3 份拟议的新特别保护区管理计划草案提交给管理计划下属小组审查，并且邀请成员加入管理计划附属小组，并欢迎各成员在 2019/2020 闭会期间积极讨论。②

第三层审议则由环境保护委员会年度会议完成。在环境保护委员会年度会议上，管理计划下属小组向委员会提交会间讨论结果与建议，如果委员会同意，则进一步由委员会向协商会议提供建议。委员会的职能定位是为《议定书》涉及议题的措施、决定、决议的制定为协商会议提供建议。委员会开会程序已成为惯例。协商会议的年度会议一般持续两周。其中第一周为委员会会议。在委员会会议上，主席审议包括研讨会、会间联络组等各种会间会议报告，讨论之后，在第一周最后一天通过报告，并在周末进行汇编、翻译、打印。在第二周协商会议开始后，向协商会议进行汇报。③《议定书》第 11 条第 5 款规定："委员会应向南极条约协商会议提交其每次会议的报告。报告应包括会议审议的所有问题并反映所表达的观点。报告应分送与会的各缔约国和观察员并随即公开。"

概言之，拟议的管理计划需经"非正式审议小组——管理计划下属小组——委员会"这三个层级全部通过，才能由委员会汇报给协商会议，如果其中任何一个环节遭到反对，则无法通过。我国申请冰穹 A 特别管理区连年受阻，即是在提交给管理计划下属小组这一环节遭到反对。2015 年，德国对中国建立冰穹 A 地区特别管理区表示怀疑，不赞成将提案交给管理计划附属小组。虽然中国表示该地区的国际科学合作将日益频繁，中国希望在特别管理区建设和运转上与协商国合作。然而，委员会在就特别管理区计划草案递交给管理计划附属问题上亦无法达成共识，决定不提交。

二、委员会制的运作

在南极治理的历史上，先后两次出现委员会制：一是以《南极海洋生

---

① 2009 年第 12 届环境保护委员会报告，第 83 项。
② 2019 年第 42 届环境保护委员会报告，第 109 项。
③ Olav Orheim, Anthony Press, Neil Gilbert, "Managing the Antarctic Environment: The Evolving Role of the Committeee for Enviromental Protection," *Science Diplomacy*, p. 213.

第一章　南极治理机制：问题领域、机制类型与机制运作

物资源养护公约》为基础确立的南大洋生物养护机制；二是以《南极矿产资源活动管理公约》为基础确立的南极矿产机制。不过，《矿产公约》刚一出台随即夭折，使得矿产机制没有在实际中运行。在实际的南极治理中，委员会制机制仅指养护机制。

养护机制的机构仿照协商会议而设置。与协商会议类似，《养护公约》设立了"南极海洋生物资源养护委员会"（Commission for the Conservation of Antarctic Marine Living Resources，CCAMLR）、科学分委员会（Scientific Committee，SC – CAMLR），以及秘书处。具体来看，协商会议具有治理南极大陆的决策权，养护委员会则具有南大洋治理的决策权；与南极研究科学委员会的咨询地位相似，科学分委员会为养护委员会提供科学上的建议。不过，养护机制在组织上超越了协商会议机制，表现在两个方面：一是养护委员会拥有独立的法人地位，属于政府间国际组织；二是《养护公约》设立了专门的秘书处来处理行政事务。养护机制依靠委员会、科学分委员会、秘书处的配合而运转。

在原则和规范所属的价值层面上，与协商会议制相似，养护机制也奉行两套相互矛盾的价值理念，这源于《养护公约》的两个原则。一方面，协商国为履行《南极条约》中"保护与保存南极海洋生物资源"的条款而制定《养护公约》。据此，《养护公约》以"养护南极海洋生物资源"作为核心目标，这也是《养护公约》的原则之一。另一方面，受到《南极条约》"和平利用南极"原则的影响，《养护公约》在养护生物资源的同时还允许"合理利用"这些资源，即允许成员国捕捞南大洋的渔业资源。南大洋海洋生物的养护与利用并行，这对相互矛盾的价值理念塑造了整个养护机制。[①]

在以规则和决策程序为代表的具体规则的运作上，两类相互冲突的价值理念分别对养护机制的规则和决策程序造成影响。这体现在养护委员会的问题确认、议程设置、决策制定和政策执行上。

与协商会议的双层结构形同，《养护公约》也将其成员分为两类：成

[①] Adriana Fabra, Virginia Gascon, "The Convention on the Conservation of Antarctic Marine Living Resources (CCAMLR) and the Ecosystem Approach," *The International Journal of Marine and Coastal Law*, Vol. 23, 2008, p. 574.

员方（members）与加入国（acceding states）。其中，成员方是申请加入《养护公约》并被养护委员会批准的国家或地区组织；加入国是指同意接受《养护公约》条款约束的国家。目前，养护委员会有26个成员方，10个加入国。《养护公约》于1982年4月7日正式生效。从1982年开始，养护委员会和科学分委员会每年共同召开一次年会，会议于每年的10月底至11月初在澳大利亚的霍巴特召开，通常为期两周。

科学分委员会独立于养护委员会而运行，科学分委员会就养护委员会感兴趣的不同议题建立科学工作组，以形成科学建议的方式实施《养护公约》的养护原则，帮助成员国制定具有长远影响的养护措施。科学分委会的工作是养护委员会的最大亮点，成员国科学家共同参与科学研究与调查，为制定动态的渔业养护措施提供科学依据。[1] 科学分委员会的专家工作组每年定期召开，或者应科学分委员会的要求而召开。在有特定要求下，养护委员会也组织召开其他会议或工作组。目前，在养护委员会年会之前，每年还会召开4次固定的专家会议，一般从当年3月到10月召开4次左右的专家会议，会议地点设立在养护委员会成员国，每个会议由不同的召集人负责。这些专家会议为养护委员会的年会提供重要的参考建议，有时重要议题也会从工作组中上升到年会。比如，在2000年，养护委员会首次讨论海洋保护区议题，由生态监测与管理工作组下的生态监测地址选定与保护分组对监测地址管理计划进行评估。在2004年，养护委员会要求科学分委员会将海洋保护作为优先工作，海洋保护区议题由此上升到委员会层面。[2]

在问题确认和议程设置上，各成员方通过向秘书处提交工作文件的方式启动议程，而后由遵守与执法常委会或科学分委员会对议程进行讨论。如果讨论达成一致，则由遵守与执法常委会或科学分委员会向养护委员会大会提出建议令其通过。如果讨论没有达成一致，则有可能出现两种情况：其一，如果反对意见多，提案国可能直接撤销提案；其二，如果提案国坚持提交大会讨论，遵守与执法常委会或科学分委员会将提案转交大

---

[1] 邹磊磊、黄硕琳、付玉：《南北极渔业管理机制的对比研究》，《水产学报》，2014年第9期，第1613页。

[2] 唐建业：《南极海洋保护区建设及法律政治争论》，《极地研究》，2016年第3期，第371页。

第一章 南极治理机制：问题领域、机制类型与机制运作

会，要求继续讨论；如果大会讨论仍不能达成一致，则提案不能通过。①可以看出，遵守与执法常委会或科学分委员会的讨论对提案是否能达成一致至关重要。一般来说，如果遵守与执法常委会或科学分委员会久谈未决的提案，即使转交给养护委员会大会也不会得到结果。

在决策制定上，协商会议协商一致原则延续到养护机制中，有关所有实质性事项的决定都是协商一致的方式来达成。《养护公约》第12条第1款规定："委员会对具有实质性的事项决策时应以协商一致的形式进行。某一事项是否具有实质性的问题应被认为是具有实质性的事项。"不过，委员会也对协商一致原则进行改进，即对于不太重要的非实质性事项以简单多数方式达成决议。《养护公约》第12条第2款规定："对上述第1款规定以外事项的决策应有出席会议并参加投票的委员会成员以简单多数的方式进行。"管理南极海洋生物的决策委员会所有成员方在养护委员会年会上一致同意而做出的决策被称为"养护措施"（conservation measure）。养护措施是在充足的科学证明和充分考虑科学分委员会的建议和意见后出台的，一经出台便对所有成员产生法律效力。

同协商会议通过三类决议一样，养护委员会大会通过的决定具有两类不同的法律效力。如果通过的决定是修订现有的养护措施或者建立新的养护措施，这类决定具有法律约束力，决定最终会以修订养护措施的形式通过。如果通过的决定是新建决议（resolutions），则不具有法律约束力，这类决定通常采用"第*（届）/**号"的形式。

在政策执行上，与协商会议相同，养护机制运用视察系统来完成政策执行。1992年委员会采纳了国际科学视察计划，首个视察于1992/1993年度由智利和英国联合执行。该计划目的是采集与确认南大洋海洋生物的数量，评估捕鱼所带来的影响。

原则与规范影响了养护机制的规则。在养护委员会运行的最初几年，养护委员会成员中只有一小部分国家有捕鱼的利益，养护南大洋渔业资源是大部分成员方的首要利益。1978年与1979年《养护公约》协商时，参加协商的国家并不是全都是涉及捕鱼利益的国家，换言之，南极条约协商

---

① 唐建业：《南极海洋生物资源养护委员会与中国：第30届年会》，《渔业信息与战略》，2012年第3期，第195页。

国中涉及捕鱼利益的国家是少数。苏联、日本等国存在捕鱼利益，而其他国家不存在此方面的利益。但是目前，几乎所有的养护委员会成员方都有捕鱼利益。《养护公约》天然地决定了参与公约成为委员会成员的国家是具有捕鱼利益的国家。在这种情况下，在一致同意的规则下保持平衡对于养护委员会来说是一大挑战。

《养护公约》的初衷是养护南大洋磷虾。然而奇怪的是，在《养护公约》出台的最初几年时间里，养护委员会没有出台任何养护磷虾的措施，公约强调的生态系统方法没有如期实现。养护委员会当时所遵循的是单物种保护方法，这是世界上其他渔业公约中采用的典型方法。直到20世纪80年代末期，养护委员会尚未成功地养护鱼类并防止南大洋鱼储量下降。

养护机制最初运行受阻主要由于《养护公约》本身只提供了养护原则，但是没有提供明确的养护规划，养护委员会面临着将养护原则转换为特定规则的任务。由于生态系统方法严重依赖科学数据，而当时相关数据几乎为空白，在将养护原则转换为特定规则的过程中，因缺少数据与科学支撑而无法制定相应的规则。同时，生态系统方法为《养护公约》首创，没有来自其他组织或经验的任何借鉴。

由于对南大洋的了解不足，刚成立的养护委员会需从头做起，逐渐获得关于南大洋的知识，以及管理南大洋的经验。比如，为关注南大洋食物网所发生的变化，养护委员会于1985年发起养护委员会生态系统监测项目（CCAMLR Ecosystem Monitoring Program，CEMP），监测磷虾捕捞对一些依赖物种的潜在影响。生态系统监测项目于1987/1988年度开始运作，其对监测的几种捕食者和被捕食种类进行比较，将之作为南极生态系统变化的指示器。[①]

科学分委员会于1987年完成对养护委员会区域内海洋哺乳动物和鸟类的第一轮综合评估。磷虾的全球储量估计差异很大，但是与最保守的估计相比，当时的捕捞量还很小。然而，由于捕鱼集中在少数几个小范围之内，很可能对这些区域内的磷虾捕食者造成影响。1991年，科学分委员会

[①] 第18届协商会议，养护委员会提交给协商会议的信息文件IP041，1994年4月12日，南极条约秘书处网站，http://www.ats.aq/documents/ATCM18/ip/ATCM18_ip041_e.pdf。

第一章 南极治理机制：问题领域、机制类型与机制运作

认为，当时的磷虾生物学和生态学知识不足以获得更准确的评估。[1] 在1991年养护委员会上限制南大西洋磷虾总捕捞量。1992年将这个限制施用于南大西洋。养护委员会也对南印度洋普利兹湾地区的磷虾捕捞量做出规定。这一规定的科学基础是科学分委员会在生物学调查项目组项目帮助下完成的。养护委员会还对未出现的流网捕鱼（driftnet fishing）进行预防。1990年，委员会通过了一份决议，同意禁止在养护区域内进行流网捕鱼。[2]

1991年，为了养护幼小磷虾，养护委员会同意在特定时间的磷虾捕捞时关闭育苗区，并询问科学委员会来确认这些关闭区域。养护委员会的所有区域被分为统计区（statistical area）、分区（subarea）、区（division）。绝大多数的磷虾捕捞发生在南大西洋南极半岛区域，在南奥克尼群岛以及南乔治亚群岛周围，[3] 属于48区（statistical area 48），是捕捞总量最多的地区。科学委员会建议一些地区应该在特定时间内关闭，禁止捕捞。[4] 1991年，关于磷虾捕捞是否设置规制性措施展开辩论。磷虾捕捞成员认为，现有的科研成果不足以支撑规制性措施，由于捕捞者短期内不会增加捕捞量，因此没必要规制捕捞。这一问题将在下次会议继续讨论。[5]

在1992年第10届养护委员会会议上第一次颁布养护措施（conservation measure 32/X），对捕捞限额及捕捞时间做出规定，规定每年的7月1日至次年的6月30日为捕捞时间，在此时段内，限制48分区南极磷虾捕捞总量在150万吨以内。[6] 成立生态系统监测与管理工作组（Working Group on Ecosystem Monitoring and Management，WG – EMM）作为科学委员会的附属机构，承担所有关于磷虾的技术工作，负责管理基于生态系统的

---

[1] 第16届协商会议，养护委员会提交给协商会议的信息文件IP008，1991年10月7日，南极条约秘书处网站，http://www.ats.aq/documents/ATCM16/ip/ATCM16_ip008_e.pdf。

[2] 同上。

[3] 同上。

[4] SC – CAMLR – IX, para. 3.11.

[5] 第16届协商会议，养护委员会提交给协商会议的信息文件IP008，1991年10月7日，南极条约秘书处网站，http://www.ats.aq/documents/ATCM16/ip/ATCM16_ip008_e.pdf。

[6] "Final Report of the 10 th Meeting of the Commission", https://www.ccamlr.org/en/system/files/e – cc – x.pdf, para. 10.4.

管理步骤。①

养护委员会在渔业管理中发展出的创新方法很大程度上归功于通过养护委员会国际科学观察计划（CCAMLR's Scheme of International Scientific Observation）收集的数据。养护委员会观察计划于1992年实行，目的是收集与确认渔业相关的科研信息。该计划收集到的信息是评估南极海洋生物资源种群状态、这些种群捕捞所造成影响，以及相关种群的关键。尽管如此，该计划的一个重要缺陷是没有为南极磷虾捕捞实施强制措施。②

2002年，养护委员会采用了科学分委员会的建议，将西南大西洋分为15个小单位，用于管理磷虾，即小范围管理单位。养护委员会还委托科学分委员会考虑如何在这些小范围管理单位内分配捕捞量。

近几年养护委员会关注的议题包括非法、未报告和违规的（Illegal, Unreported and Unregulated, IUU）捕鱼活动和海洋保护区的建立。在非法捕鱼问题上，1994年养护委员会注意到在公约区域内外已经出现实质性的犬牙鱼捕捞。养护机制治理范围内的南极犬牙鱼非法捕捞已导致南大洋一些区域的犬牙鱼储量严重下降。尽管科学分委员会试图评估非法捕鱼数量，但是这些评估总是无法确定，这成为养护委员会的新挑战。当前，南极的非法捕鱼目标是两种犬牙鱼。非法捕犬牙鱼的大部分国家是有国旗的非成员国船只，但是其中也有养护委员会成员国船只。在23届养护委员会年会上，澳大利亚、新西兰、美国联合递交提案，要求所有有执照的船只在用延绳钓捕捞犬牙鱼时需要配备卫星连接的船舶监控装置，向船旗国（Flag State）和养护委员会秘书处持续报告其位置所在。③ 这个方法被称为船只监控系统。养护委员会采取船只监控系统的方法是处理非法捕鱼的重要一步。这一系统将使养护委员会可以独立验证渔船的位置和活动，有助

---

① Andrew Constable, "CCAMLR Ecosystem Monitoring and Management: Future Work," *CCAMLR Science*, Vol. 9, 2002, p. 235, https://www.ccamlr.org/en/publications/science_journal/ccamlr-science-volume-9/ccamlr-science-volume-9233-253.

② Adriana Fabra, Virginia Gascon, "The Convention on the Conservation of Antarctic Marine Living Resources (CCAMLR) and the Ecosystem Approach," *The International Journal of Marine and Coastal Law*, Vol. 23, 2008, p. 580.

③ CCAMLR Conservation Measure, October 4, 2004.

第一章　南极治理机制：问题领域、机制类型与机制运作

于养护委员会的捕捞记录计划（Catch Documentation Scheme，CDS）。[①]

在2007年第30届协商会议上，英国和澳大利亚发起关于养护委员会处理非法捕鱼及其对南极环境影响的讨论。澳大利亚、新西兰和英国联合提交《支持养护委员会应对非法捕鱼行动》的工作文件，认为《南极条约》范围内的非法捕鱼是巨大的威胁，并且制定一份决议草案。包括美国、西班牙、阿根廷在内的协商国支持决议草案。然而，协商国没有就此达成一致，因为一些代表认为程序上存在问题。[②]

海洋保护区是近年来养护委员会讨论的主要议题。海洋保护区的含义是一种管理与养护的工具，其中包含了一系列的措施，从严格保护到多层次利用地区。海洋保护区的建立被视为传统渔业管理的重要补充工具，充分设计以及实施的海洋保护区将会同时满足养护目标与捕鱼管理需求，这也正是养护机制想要达到的目标。2011年，美国和新西兰分别提交罗斯海保护区提案，2016年罗斯海保护区建成。随后，2018年出现三个海洋保护区提案，分别是澳大利亚、欧盟、法国提交的东南极保护区（EAMPA）、威德尔海保护区（WSMPA），以及阿根廷与智利提交的南极半岛保护区（D1MPA）。[③] 海洋保护区成为养护委员会的热点议题。

（三）协商会议制与委员会制的关系

以协商会议机制为代表的协商会议制和以养护机制为代表的委员会制机制相互影响。协商会议制具有参照系的作用，其在治理原则、规范、规则、议事程序上成为委员会制机制的范本。比如，《南极条约》第4条冻结领土主权的原则、保护环境、维护南极地区和平与安全的规范，乃至协商一致的决策方式和议事程序等都沿用至委员会制机制中。不过，这种影响并不是单向的，委员会制机制并非完全被动地模仿协商会议制，它也对协商会议制产生影响。比如，在与国际组织合作方面，委员会制机制首先进行与国际组织合作的实践、摸索出与国际组织合作的方法，后被协商会

[①] Trevor Hughes, "Strengthening the Antarctic Treaty System: Advances in the Management of Antarctic Tourism and Fishing over 2004," *New Zealand Yearbook of International Law*, Vol. 2, 2005, pp. 331–332.

[②] 2007年第30届协商会议《最终报告》，第44—47项。

[③] 2018年第37届CCAMLR会议报告。

议机制所采纳。

不过,委员会制的出现分割了协商会议制的治理范围与治理权力。目前,养护机制所发挥的作用越来越大,与协商会议机制处于平等地位,两种机制之间进行着大量的信息交流。虽然协商国创立了养护机制,但是协商会议机制与养护机制的决策者不完全相同。比如,纳米比亚和欧盟是养护委员会的成员方,但不具有协商国身份;另外,秘鲁、保加利亚、厄瓜多尔、芬兰、荷兰、捷克是协商国,但是它们不是养护委员会的成员方。

自1990年起,养护委员会每年向协商会议提交信息文件。从2010年开始,除了养护委员会观察员向协商会议递交信息文件之外,养护委员会的科学分委员会观察员亦单独向环境保护委员会递交信息文件。该信息文件的内容由2009年建立的环境保护委员会与养护委员会的科学分委员会工作组所确定的五个议题构成。这五个议题分别为:气候变化与南极海洋环境;南极海洋环境中的生物多样性与外来物种;需要特殊保护的南极物种;海洋空间管理与保护区;生态系统与环境监测。[①] 此后,这五个议题成为以后历届养护委员会年会的常设议题,并且成为递交给环境保护委员会信息文件中的主要内容。

在"气候变化与南极海洋环境"议题上,气候变化对《养护公约》第2条的生态系统方法提出新挑战。气候变化有可能引起生态系统内部的快速变化,导致南极一些物种的数量可能增加,而另一些却正在减少。提交给生态系统监测与管理工作组的1/3的文件提及气候变化,因此将气候变化纳入工作的考虑至关重要。[②]

在"南极海洋环境中的生物多样性与外来物种"议题上,养护委员会与联合国粮食及农业组织(Food and Agriculture Organization of the United Nations, UNFAO)进行合作,在关于国家管辖范围外的深海海洋生物资源

[①] 第33届协商会议,养护委员会科学分委员会提交环境保护委员会的信息文件IP012,2010年5月3—14日,南极条约秘书处网站,http://www.ats.aq/devAS/ats_meetings_doc_database.aspx? lang = e&menu = 2, para. 1。

[②] 第39届协商会议,养护委员会提交的信息文件IP006,2016年5月4日,南极条约秘书处网站,http://www.ats.aq/devAS/ats_meetings_doc_database.aspx? lang = e&menu = 2。

第一章 南极治理机制：问题领域、机制类型与机制运作

和生态系统的渔业可持续管理和生物多样性养护上的执行情况递交联合报告。①

"需要特殊保护的南极物种"议题是针对在用延绳钓的方法进行犬牙鱼捕捞时引起的海鸟死亡事件。"海洋空间管理与保护区"议题则是聚焦南极海洋保护区。建立海洋保护区的代表系统是养护委员会的高度优先事项。在南奥克尼群岛附近实行保护区计划有助于保护48.2分区的生物多样性。根据养护委员会的协议，该地区成为第一个《养护公约》范围内的深海海洋保护区。在拟议的区域内禁止所有类型的捕鱼，但是在科学分委员会同意的前提下可以进行科学研究活动。②科学分委员会鼓励每一个养护委员会成员方加入到海洋保护区的研究与监测上。科学分委员会制定"海洋保护区计划相关文件"的内容包括：背景信息；计划过程中的空间数据；方法论描述；包含或描述海洋保护区提案的文档。包含上述内容的文件将成为未来海洋保护区报告的基础。③

表1-5 历届协商会议上养护委员会提交的工作文件与信息文件④

提交时间	提交会议	工作文件	信息文件
1990	第11届特殊协商会议	无	《养护委员会生态系统监测项目保护地点》
1991	第16届协商会议	无	《养护委员会观察员的发言》
1992	第17届协商会议	无	《第17届协商会议上养护委员会观察员的发言》

① 第38届协商会议，养护委员会提交的信息文件IP012，2015年4月16日，南极条约秘书处网站，http：//www.ats.aq/devAS/ats_meetings_doc_database.aspx? lang = e&menu = 2。

② 第33届协商会议，养护委员会科学分委员会提交环境保护委员会的信息文件IP012，2010年5月3—14日，南极条约秘书处网站，http：//www.ats.aq/devAS/ats_meetings_doc_database.aspx? lang = e&menu = 2。

③ 第38届协商会议，养护委员会提交的信息文件IP012，2015年4月16日，南极条约秘书处网站，http：//www.ats.aq/devAS/ats_meetings_doc_database.aspx? lang = e&menu = 2。

④ 根据南极条约秘书处的会议文件进行整理，南极条约秘书处网站，http：//www.ats.aq/devAS/ats_meetings_doc_database.aspx? lang = e&menu = 2。

续表

提交时间	提交会议	工作文件	信息文件
1994	第18届协商会议	无	《第18届协商会议上养护委员会观察员的发言》
1995	第19届协商会议	无	《养护委员会执行秘书的报告》
1996	第20届协商会议	无	《养护委员会主席关于"赔偿责任附件"草案第二条备选内容的信件》《第20届协商会议上养护委员会观察员的发言》
1997	第21届协商会议	无	《养护委员会观察员的发言》
1998	第22届协商会议	无	《第22届协商会议上养护委员会观察员的报告》
1999	第23届协商会议	无	《第23届协商会议上养护委员会观察员的报告》
2001	第24届协商会议、第4届环境保护委员会	《根据〈南极条约的环境保护议定书〉第六条各缔约方之间的合作》（与秘鲁联合提交）	《养护委员会管理数据的经验》《监测海洋废弃物及其对南极水域海洋生物资源的影响》
2002	第25届协商会议、第5届环境保护委员会	无	《第25届协商会议上养护委员会提交的报告》《南极条约秘书处》
2003	第26届协商会议、第6届环境保护委员会	无	《第26届协商会议上养护委员会观察员的报告》
2004	第27届协商会议、第7届环境保护委员会	无	《第27届协商会议上养护委员会观察员的报告》
2005	第28届协商会议、第8届环境保护委员会	无	《第28届协商会议上养护委员会观察员的报告》
2006	第29届协商会议、第9届环境保护委员会	《养护委员会在海洋保护区的工作》	《第29届协商会议上养护委员会观察员的报告》

第一章 南极治理机制：问题领域、机制类型与机制运作

续表

提交时间	提交会议	工作文件	信息文件
2007	第30届协商会议、第10届环境保护委员会	无	《第30届协商会议上养护委员会观察员的报告》《关于养护委员会关于南大洋生物区域化讲习班的最新进展（2007年8月13日至17日于比利时布鲁塞尔）》
2008	第31届协商会议、第11届环境保护委员会	无	《第31届协商会议上养护委员会观察员的报告》
2009	第32届协商会议、第12届环境保护委员会	无	《第32届协商会议上养护委员会观察员的报告》
2010	第33届协商会议、第13届环境保护委员会	无	《第33届协商会议中养护委员会观察员的报告》《第13届环境保护委员会中养护委员会科学分委员会观察员的报告》
2011	第34届协商会议、第14届环境保护委员会	无	《第14届环境保护委员会中养护委员会科学分委员会观察员的报告》《CEP观察员提交给养护委员会科学分委员会生态系统监测和管理工作组的报告》《第34届协商会议上养护委员会观察员的报告》
2012	第35届协商会议、第15届环境保护委员会	无	《第35届协商会议上养护委员会观察员的报告》《第15届CEP中养护委员会科学分委员会观察员的报告》《环境保护委员会观察员向养护委员会海洋保护区研讨会提交的报告（2011年8月29日至9月2日于法国布雷克）》
2013	第36届协商会议 第16届环境保护委员会	《养护委员会船舶监控系统及其对南大洋贡献的潜力》	《第36届协商会议上养护委员会观察员的报告》《第16届环境保护委员会中养护委员会科学分委员会观察员的报告》

· 69 ·

续表

提交时间	提交会议	工作文件	信息文件
2014	第37届协商会议、第17届环境保护委员会	无	《第37届协商会议上养护委员会观察员的报告》《第17届环境保护委员会中养护委员会科学分委员会观察员的报告》
2015	第38届协商会议、第18届环境保护委员会	无	《第38届协商会议上养护委员会观察员的报告》《养护委员会科学分委员会观察员的报告》《教育与外联工作组——养护委员会倡议的总结》
2016	第39届协商会议、第19届环境保护委员会	无	《第39届协商会议上养护委员会观察员的报告》《第19届环境保护委员会上养护委员会科学分委员会观察员的报告》
2017	第40届协商会议、第20届环境保护委员会	无	《第40届协商会议上养护委员会观察员的报告》《第20届环境保护委员会上养护委员会科学分委员会观察员的报告》
2018	第41届协商会议、第21届环境保护委员会	无	《第41届协商会议上养护委员会观察员的报告》《第21届环境保护委员会上养护委员会科学分委员会观察员的报告》
2019	第42届协商会议、第22届环境保护委员会	无	《第42届协商会议上养护委员会观察员的报告》《第22届环境保护委员会上养护委员会科学分委员会观察员的报告》

资料来源：笔者根据南极条约秘书处的会议文件而制得。

迄今为止，养护委员会一共提交47份文件，其中有3份是工作文件，其余44份皆为信息文件。养护委员会第一份工作文件提交于2001年的第24届协商会议上，是与秘鲁联合提交。首次单独提交是在2006年第29届协商会议上，提交报告为《养护委员会在海洋保护区的工作》。在养护委员会提交给协商会议的信息文件中，每年汇报当年度的磷虾和犬牙鱼的捕捞量、海洋保护区的进展。

养护委员会与协商会议之间的关系也可以从《养护公约》区域与《南极条约》特别保护区和特别管理区相重叠时处理上得见。根据2005年第

28 届协商会议的第 9 条决定,在南极特别管理区内的任何商业捕捞活动的提案应该提交给养护委员会审议,并且该提案中列出的活动只有在养护委员会事先批准后才能进行。养护委员会向协商会议提供咨询意见,以便将这些建议纳入决策,以符合养护委员会与协商会议之间合作与协调的精神。①

与协商会议相比,养护委员会更为开放,非委员会成员亦可参加养护委员会年会。比如中国在还不是养护委员会成员时已经连年作为观察员出席年会。与此相反,协商会议只有协商国才能全程参加会议,观察员需要经过协商国的审批,观察员数量有限。养护委员会和科学分委员会的会议对国际组织、南极条约体系特别机构、非政府行为体的代表开放。

三、行业协会制的运作

与南极治理中的其他领域不同,南极旅游领域不是由协商国直接进行治理。当前的南极旅游治理呈现双层结构,即协商国确立南极旅游治理的准则,日常的治理实践则由国际南极旅游组织协会(International Association of Antarctica Tour Operators, IAATO)完成。1991 年,7 家美国旅游运营商建立了旅游协会,并出台了《南极旅游组织者指南》。在南极条约体系中,《议定书》管理南极旅游,依据是其有权管理南极地区的所有人类活动。不过,《议定书》仅提供原则上的指导,并没有提供具体的治理措施,具体的治理实践由旅游协会来完成。旅游协会对南极旅游进行有效管理,加之协商国对南极旅游无法达成一致治理意见,因此一些协商国严重依赖旅游协会,旅游协会通过自我规制的方式全权处理南极旅游事宜。②

在价值理念上,旅游协会同时奉行两套价值理念:其一来自《南极条约》,旅游协会遵循《南极条约》倡导和平与环境保护的价值理念;其二来自旅游协会的本质属性,私人企业以盈利为最终目的。这种相互矛盾的价值理念体现在具体的规则上。

目前,世界上绝大部分的南极旅游运营商是旅游协会的成员。旅游协

---

① "Final Report by the SC – CAMLR Observer to the Seventeenth Meeting of the Committee for Environmental Protection," March 14, 2014, para. 16.

② Jane Verbitsky, "Antarctic Tourism Management and Regulation: The Need for Change," p. 281.

会需要保持南极景点高品质，以吸引游客源源不断地赴南极旅游。① 旅游协会制定了规章制度，在其中规定了成员资格和程序；启用内部通信来告知内部成员其活动邮件列表；启用年度会议，年度会议通常在美国国家科学基金会会议同期举行。② 此外，旅游协会运营商还采取一系列措施来促进南极旅游治理，如运营商保证南极环境保护、船舶调度安排、管理服务与沟通、在旅游议题相关的决策制定上提供意见，等等。③

20世纪90年代，南极旅游治理中的一个重要问题是游客可能会蜂拥挤入少数的旅游景区，这可能会破坏旅游景区的生态与环境。为此，旅游协会通过向成员发放"船只调用数据"表，将所有在下一季度将要运行的船只的无线电呼号、电传、传真和电话号码以及联系人进行详细统计并列入表单。在填表的同时，旅游协会的成员公司还需要向其他成员告知船只的行程、安排，以及其他相关的信息，以免在同一时间参观同一地点。这一做法是为了确保对旅游景点的野生动物的影响降低至最小，以及避免船只不断涌入受欢迎的景点。此外，这种方法还有预防性质。由于南极地区的天气与环境时刻会发生变化，当由冰架或天气造成的突发状况可能会阻碍行程时，旅游协会的成员会直接与其他在附近的成员进行信息交流，防止发生意外。实践证明，这种交流方式在旅游治理中十分有效。④

从1992年开始，旅游协会的代表每年作为观察员参加协商会议。1992年的第17届会议上仅参加工作组，从1994年第18届协商会议开始参加全部会议。

在旅游协会治理南极旅游时，协商国也没有放弃南极旅游治理。近年来，协商国制定一系列的措施，例如旅行前和旅行后的通知、强制应急计

---

① Haase, Lamers, Anelung, "Heading into Uncharted Territory? Exploring the Institutional Robustness of Self – regulation in the Antarctic Tourism Sector," p. 413.

② John Splettstoesser, "IAATO's Stewardship of the Antarctic Environment: A History of Tour Operator's Concern for a Vulnerable Part of the World," *International Journal of Tourism Research*, Vol. 2, No. 1, 2000, p. 49.

③ Haase, Lamers, Anelung, "Heading into Uncharted Territory? Exploring the Institutional Robustness of Self – regulation in the Antarctic Tourism Sector," pp. 411 – 430.

④ John Splettstoesser, "IAATO's Stewardship of the Antarctic Environment: A History of Tour Operator's Concern for a Vulnerable Part of the World," *International Journal of Tourism Research*, Vol. 2, No. 1, 2000, p. 50.

第一章 南极治理机制：问题领域、机制类型与机制运作

划和保险，以及景点的游客指南。尽管协商国制定一系列措施，但是协商国的旅游治理依然很弱。对于变动的旅游业来说，协商国的决策制定和政策执行太过缓慢，无法应对时刻变化的旅游行业。[1] 有学者指出有必要在不同时间、不同地点实施不同的规则。[2] 2005 年，协商会议推出并通过了"特定区域指南"，朝此方向迈出重要一步。[3] 不过对于协商国来说，南极旅游的问题还包括：缺乏旅游监督机构，缺少帮助决策的旅游数据，以及协商国在旅游管理上缺乏经验。[4] 相较协商国，旅游协会在近 30 余年的治理实践中有效地解决了这些问题，这使得协商国不得不依赖旅游协会的治理，亦使旅游协会具有南极旅游治理的合法性。

小 结

将南极治理机制进行分类是有效研究南极治理的前提和基础。本章以协商国为核心，按照机制的创造者与决策者对南极治理机制进行类型学划分。目前的南极治理机制呈现出以下三种类型：协商会议制、委员会制、行业协会制。

协商会议制是由协商国制定并拥有决策权的机制，在南极治理中体现为协商会议机制，治理的领域是南极科研合作与环境保护。协商会议制是南极治理中的中央决策机制，其规定南极治理的原则与规则，是后续机制学习和模仿的对象，这一点集中体现在委员会制机制中。委员会制是指由协商国制定但由特定的委员会进行决策的机制，在南极治理中是南极海洋生物养护机制，其治理南极海洋生物养护领域。行业协会制是指机制由企业组成的行业协会建立并施行决策。在南极治理中体现为南极旅游机制，专门治理南极旅游领域。在行业协会制中，协商国仅在大方向上提供指

---

[1] Kees Bastmeijer, Ricardo Roura, "Regulating Antarctic Tourism and the Precautionary Principle," *American Journal of International Law*, Vol. 98, No. 4, 2004, pp. 763 – 781.

[2] Ibid., pp. 763 – 781.

[3] Daniela Haase, Bryan Storey, Alison McIntosh, Anna Carr and Neil Gilbert, "Stakeholder Perspectives on Regulatory Aspects of Antarctic Tourism," p. 169.

[4] Jane Verbitsky, "Antarctic Tourism Management and Regulation: The Need for Change," p. 280.

导，并不参与机制。旅游协会制定南极旅游指南或操作程序，这些指南与程序常被协商会议采纳并形成相关措施或决议。

在对南极治理机制进行分类后，可以清晰地看到南极治理机制的变革，即从20世纪70年代开始，南极治理机制由协商会议制完全主导转变为委员会制分治；20世纪80年代末90年代初委员会制向协商会议制回潮，同时行业协会制诞生。

第二章

南极治理机制变革的分析框架[①]

南极治理机制既显示出一定的连续性,又常常出现意料之外的剧烈变动。全球化的进一步发展、人类南极活动的增加,以及气候变化,使得南极治理成为新兴的研究领域,同时亦凸显建立一个更具解释力的分析框架的必要。经由南极治理机制类型划分,南极治理机制清晰呈现出两次变革。本章从国际机制的本质和概念出发,探寻影响南极治理机制变革的因素,提出南极治理变革的分析框架。

关于国际机制有多种定义。克拉斯纳从四个不同的内容上定义机制,认为"机制是国际关系特定领域里隐含或者明示的原则、规范、规则和决策程序,行为体的预期围绕着它们进行汇集"。[②] 罗伯特·基欧汉(Robert Keohane)对这一概念产生质疑,认为原则、规范和规则三者紧密交织,三者在概念的边缘地区是难以区分的,无法做出清晰的概念界定。因此,基欧汉从禁制(injunctions)的意义上思考机制,将机制的概念做简化处理,将四要素统一为规则,即国际机制是政府达成一致的带有明确规则的制度,与国际关系中特定的问题相关。[③]

不过,这样处理固然简约,但是,基欧汉所理解的国际机制在内涵上是不完整的。首先,机制不仅对行为具有禁制性,即"限定着特定的行动

[①] 本章部分内容曾以《南极治理机制的内涵、动力与前景》为题,发表于《极地研究》,2019年第2期,第198—208页。

[②] Stephen D. Krasner, *International Regimes*, Cornell University Press, 1983, p. 2. 薄燕、高翔:《原则与规则:全球气候变化治理机制的变迁》,《世界经济与政治》,2014年第2期,第52页。

[③] [美]罗伯特·基欧汉著,苏长和等译:《霸权之后:世界政治经济中的合作与冲突》,上海:上海人民出版社,2006年版,第58—59页;苏长和:《全球公共问题与国际合作:一种制度的分析》,上海:上海人民出版社,2009年版,第64页。

并禁止其他的行动",① 机制"也助力（enable）行为体",② 即降低不确定性从而增进社会福利。实际上，基欧汉关于国际制度和国际机制的表达自我矛盾。他在概念上认定国际机制是禁制性的，但是其所创立的新自由制度主义却主张以国际制度协调国家之间的行动，从而促成国际合作，③ 这实际上发挥着助力的作用。基欧汉认为国际制度的建立不仅是霸权国为了维护国际体系而单方为国际社会提供规则，也是国际社会成员需求的结果。国际制度可以提供高质量的信息，双方对彼此的行为意图有清楚的认知，大大降低交易成本，能够解决合作的困境，促进双方的合作。④ 因此，基欧汉关于国家机制概念的界定与其理论本身的功能存在偏差。

其次，国际机制具有价值维度。除有正式的规则外，还有非正式的原则和规范，原则和规范属于价值维度。仅用规则来定义机制则缺少价值层面的考量。实际上，任何机制背后都承载着价值理念。与基欧汉的定义相比，克拉斯纳的定义更为丰富。因此，本研究采用克拉斯纳对国际机制的定义，以此为分析基础。

不论从禁制角度还是从助力角度看国际机制，从其本质上看，国际机制是人为设计的制度安排，这种安排的初衷是为了适应权力的分配。国际机制很大程度上体现为强权与霸权的利益与偏好，是维护强权与霸权的工具。⑤ 人类历史明确显示了任何重大或决定性的变革都取决于世界上最强大的国家所做出的选择。⑥ 南极历史也是如此，南极秩序的重大变革与权力拥有者的选择息息相关。

除了权力因素，南极治理中行为体利益认知转变的现象已得到诸多研

---

① [美]罗伯特·基欧汉著，苏长和等译：《霸权之后：世界政治经济中的合作与冲突》，上海：上海人民出版社，2006年版，第59页。
② 唐世平著，沈文松译：《制度变迁的广义理论》，北京：北京大学出版社，2016年版，第5页。
③ 秦亚青：《国际关系理论发展的现状》，《国际观察》，2016年第1期，第3页。
④ 秦亚青：《权力·制度·文化》，北京：北京大学出版社，2005年版，第101—105页。
⑤ 简军波：《国际机制的功能与道义》，《世界经济与政治》，2002年第3期，第18页。
⑥ 赵汀阳：《新游戏需要新体系》，《国际安全研究》，2015年第5期，第8页。

究的论述,但是这些研究没有指明利益认知的来源。建构主义国际关系理论认为,规范即共有观念决定利益,不同的规范创造对利益的不同认知。从概念上看,国际机制的概念包含四个关键的构成要素:原则、规范、规则和决策程序。其中,原则和规范是深层次的原因,决定国际机制的根本性特征,而规则和决策程序是表层,受深层次因素的影响。原则和规范的变动引发机制本身的变化。[1] "原则是对事实、因果关系和公正的信念。"[2]《南极条约》明确规定了南极治理的原则,即"为了全人类的利益,南极应永远专为和平目的而使用,不应成为国际纷争的场所和对象"。[3] 不过,原则是高度概括的准则,其内涵模糊,没有界定具体问题的解决方法。与原则相比,南极治理的规范则更为明确,且呈现出变化的特征。因此,本研究选择规范因素对治理机制的变革进行分析。

权力与规范皆可以控制行为体的行为,但是从识别的难易程度上来看,两者有很大的不同。通常情况下,权力很容易被识别,而规范却是一个难以辨别的概念,人们常常身在规范中而不自知。"重复性的习惯行为通常会令行为体内化规范,久而久之甚至构成其身份的一部分。"[4] 不过,规范也不是完全无法辨别的,"我们对于规范只能有间接的证据",这个间接的证据就是,当人们违反规范时,会立即面临其他行为体的压力甚至反对。

折中主义是一种致力于从不同的理论、方法与风格中选取最佳要素加以组合的哲学传统、工作方法与思维方式。[5] 国际关系各个流派偏爱选取单一因素进行理论建构,从而得出一个精炼简约的理论。但是在现实中,事情通常是极其复杂的,运用单一范式进行解释往往单薄无力。鲁德拉·

---

[1] Stephen D. Krasner, "Structural Causes and Regime Consequences: Regimes as Intervening Varables," *International Organization*, Vol. 36, No. 2, 1982, pp. 187–188.

[2] 薄燕、高翔:《原则与规则:全球气候变化治理机制的变迁》,《世界经济与政治》,2014年第2期,第53页。

[3] 《南极条约》,国家海洋局极地考察办公室网站,http://www.chinare.cn/caa/gb_article.php?modid=07001。

[4] Diana Panke and Ulrich Ptersohn, "Norm Challenges and Norm Death: The Inexplicable?," *Cooperation and Conflict*, Vol. 51, No. 1, p. 4.

[5] 李开盛:《东北亚地区碎片化的形成与治理——基于分析折中主义的考察》,《世界经济与政治》,2014年第4期,第24页。

希尔（Rudra Sil）和彼得·卡赞斯坦（Peter J. Katzenstein）将折中主义引入国际关系领域，提出分析折中主义（analytic eclecticism）。分析折中主义研究的是"基于不同研究范式发展起来的各种理论中所包含的不同机制是怎样相互影响的；在某种条件下，它们又是怎样相互作用，以致影响到学者和实践者所关系的事情的发展结果"。[①] 简单地说，分析折中主义是以解决问题为导向的研究路径，它打破人为分割的学术研究领域，将各家所长融为一体，用于解决实际中的问题。从这个角度看，分析折中主义无法提供一个固有的分析模式，通常是根据实际情况将不同范式的核心概念加以组合，来解决实际问题。分析折中主义所取用的概念通常来自国际关系的三大理论范式——现实主义、新自由制度主义和建构主义，将权力、制度、观念这三大理论范式的核心概念进行组合运用。

基于这种特质，相比单一的范式，分析折中主义更适合来解释南极治理机制的变革。传统的南极治理研究偏向以权力为核心进行研究。这有充分的依据：受制于人力、财力、物力，一般的国家无法到达南极或者在南极进行科学考察活动，能够开展南极活动的国家除在地理上存在优势的国家外，一般都是实力强大的国家、在国际体系中具有举足轻重的地位，这一特征在南极的早期活动中尤为显著。也就是说，在南极展开活动的国家几乎都是大国，而大国的集中涌入使得南极比世界其他地区呈现更为激烈的权力博弈和利益竞争。权力博弈是南极的主题。例如，《南极条约》出台的前后，即使处于科考合作的热潮中，各个南极领土主权声索国依然用地理命名、绘制地图、发行邮票、建立科考站等行为宣誓势力范围，而非声索国也用加强投入和物质存在等方式来扩大在南极的权力。

不过，权力并不是南极治理的唯一主题，单凭权力不能完美解释南极治理机制的变革，南极历史上出现了权力所不能解释的现象。比如1959年前后，协商国的利益认知从争夺领土主权转变为开展南极科研合作；1991年，利益认知又从获取资源转为保护南极的环境。在这些利益认知的变化中，规范在背后发挥着作用，规范确定哪些行为是应当的，是应该遵守的。

[①] [美]鲁德拉·希尔、彼得·卡赞斯坦著，秦亚青、季玲译：《超越范式：世界政治研究中的分析折中主义》，上海：上海人民出版社，2013年版，第9页。

第二章　南极治理机制变革的分析框架

综上，本研究以南极治理的变化为基础，采用分析折中主义的研究路径，通过对国际机制本质和概念的解析，将南极治理机制变革的动力机制确定为权力与规范两因素，进而提出一个包括权力流散与规范扩散的分析框架，以期准确地描述与解释南极治理机制的变革。

第一节　南极治理中的权力结构[①]

南极治理的权力结构是在《南极条约》没有建立相应国际组织的大背景下讨论的。南极治理已初步具有超国家属性，但协商国没有把治理南极的权力让渡给一个专门机构，相应的超主权机构并未同步建立起来。这是协商国的最优选择，即避免建立任何超国家机构，以此来保持各国在南极行动的自主性。

权力是政治学的核心概念。本书选取唐世平对权力的定义，即"一个实体所拥有的在既定社会背景下，通过或者无须这个实体有意识的行为，就可以促成或阻止某事的能力"。[②] 对权力的不同理解造就国际政治理论的各个流派，比如权力是怎样建构而成，是国际政治理论的重要区分标准。[③] 就推动南极治理体系发展而言，权力的作用是不言自明的。然而，权力这一概念太过庞大，单将权力本身作为南极治理体系发展的动力，则无法精确且有效描述其所发挥的作用。因此，本书结合南极治理的实际情况，选取"结构"这一权力概念中适合的成分，用于分析南极治理机制的变革。结构是系统内部各要素稳定的联结方式、顺序和强弱。[④] 本书采用权力结构来分析南极治理机制的变革。

为了清晰展现出南极治理中的权力运行以及权力互动，根据南极治理的实际情况，我们将南极权力结构的构成层次简化为三层，分别为协商

[①] 本节部分内容曾以《南极治理中的权力扩散》为题，发表于《国际论坛》，2016年第3期。

[②] 唐世平：《制度变迁的广义理论》，北京：北京大学出版社，2016年版，第12—13页。

[③] [美]亚历山大·温特著，秦亚青译：《国际政治的社会理论》，上海：上海人民出版社，2008年版，第98页。

[④] 庄平：《社会规范系统的结构与机制》，《社会学研究》，1988年第4期，第9页。

国,即法律赋予治理南极权力的国家;非国家行为体,即在南极治理中拥有影响力的国际组织和跨国行为体(包括非政府组织和企业等);国际社会,即没有明显的南极治理权力,但是能够潜在地影响南极政治的非南极条约国家。从权力属性上看,南极权力大致可分为政治性权力和社会性权力。其中,政治性权力是政治主体为实现某种根本利益,运用政治资源支配和制约政治客体的能力。与政治权力相对,社会性权力是指社会主体(公民特别是社会团体、非政府组织)所拥有的社会资源(物质和精神资源)对社会和国家的支配力。[①] 根据南极治理实践,协商国和政府间组织拥有政治性权力,非政府组织、企业,以及国际社会拥有社会性权力。

《南极条约》赋予协商国决策权,在条约出台初期,协商国垄断南极治理的权力。随着经济社会的发展以及全球科技的进步,南极治理权力首先在协商国与南极条约体系内部出现扩散。在协商国内部,权力从美国扩散到其他协商国;在南极条约体系内部,权力从协商国扩散到政府间组织。其后,权力再次发生扩散,扩散至非政府组织与企业等非国家行为体。不过,协商国失去的权力与非国家行为体得到的权力并不是同一种权力。协商国所拥有的是政治性权力,而非国家行为体所拥有的是社会性权力。

从南极权力关系的背景下来看,协商国权力转移到体系内政府间组织属于政治性权力的内部转移。其原因在于,体系内政府间组织是由协商国建立并组成,表面上看权力主体发生转移,但是这种扩散属于政治性权力的重新分配,其性质没有发生根本改变。真正改变体系权力结构的是非政府组织的崛起。非政府组织通过知识、价值、治理实践创造了新的权力即社会性权力,其对协商国所拥有的政治性权力产生强烈冲击。跨国行为体崛起后,南极治理权力从协商国扩散到非政府组织,非政府组织源源不断地创造社会性权力,拥有越来越多的南极治理权力。

一、南极政治性权力的扩散

(一)南极政治性权力的扩散

随着经济社会的发展以及全球科技的进步,南极政治性权力出现扩

[①] 郭道晖:《权力的多元化与社会化》,《法学研究》,2001年第1期,第8页。

散，首先在南极条约体系内部出现扩散，权力从协商国扩散到政府间组织。其中，政府间组织具体是指南极海洋生物资源养护委员会（以下简称为"养护委员会"）。1980年签订的《南极海洋生物资源养护公约》设立养护委员会，以此，养护委员会拥有南大洋渔业养护的治理权与决策权，分割了南极协商会议管理整个南极的权力。自此，南极协商会议管理南极大陆，养护委员会管理南大洋。虽然养护委员会的成员大部分来自于协商国，但是两者并不重合。而且，两者平台不同，决策程序、规则等都有所区别，南极治理的政治性权力发生实质性转移。

在二战结束后，长期参与南极活动的国家纷纷回到南极。不过，经过第二次世界大战的冲击，各国参与南极的能力发生变化，英国、法国等老牌国家受到战争重创，其参与南极治理的能力亦随之减弱。德国和日本因是战败国，被剥夺在南极声索领土的权利。在战后初期的南极格局中，美国和苏联这两个超级大国成为南极中实力最强大的国家。其他中小国家则需要借助超级大国来完成南极活动。从1948年开始，美国开始在南极崭露头角，成为南极活动实力最强大的国家。在1946—1947年南极夏季期间，美国发起南极历史上规模最大的考察活动，海军考察队配备13艘军舰、4000余名人员。[①] 同时，美国在全球构筑的军事同盟体系亦在南极发挥功效，南极的七个领土主权声索国全部是美国的盟友。具体来看，1947年9月2日，美国同阿根廷、智利等美洲国家签订《美洲国家互助条约》；1949年4月4日，美国同英国、法国、挪威等12个国家签署《北大西洋公约》；1951年，美国同澳大利亚和新西兰签订《美澳新安全条约》。苏联在国际地球物理年活动的筹备阶段正式涉足南极。拥有丰富的北极科考和探险经验的苏联迅速成为南极科考的领先国家。澳大利亚南极科考队长菲利普·劳曾称，各国科学家认为苏联的科研项目是"最全面"的。[②] 苏联在南极甫一露面，便显示出强大的实力。甚至美国十分担心自己在南极的地位，当时有人认为美国"不仅屈居苏联之下，很有可能在两极地区同

[①] V. E. Fuchs, "Antarctica: Its History and Development," in Francisco Orrego Vicuna ed., *Antarctic Resources Policy: Scientific, Legal and Political Issues*, p. 17.

[②] Irina Gan, "Will the Russians Abandon Mirny to the Penguins after 1959…or Will They Stay?" *Polar Record*, Vol. 45, No. 233, 2009, p. 168.

时弱于苏联"①。概言之，在《南极条约》签订前后，南极地区出现美国和苏联这两个超级大国，美国与七个领土主权声索国是同盟国。

从战后初期开始，美国主导的南极权力格局逐渐成型并稳固。随着科技的进步，中小国家参与南极活动的能力增强，南极治理权力出现扩散。不过，这种权力扩散并未改变美国主导的权力结构，这是因为权力从美国和苏联扩散到南极治理中的中小国家，但这些国家都是原始缔约国，同时几乎全部都是美国的盟国。虽然在全球，美苏两大阵营在意识形态、政治、经济、军事等多领域全方位对抗，但是在南极，苏联的南极参与能力弱于美国，美国主导的南极治理格局权力结构相对稳固。

《南极条约》赋予协商国垄断治理南极的权力，协商国通过协商会议对南极事务进行决策。不过，出于利益平衡等多方面考虑，协商国没有建立某种独立的常设机构，并将治理南极的权力让渡于它。1959 年的《南极条约》没有提及建立任何国际机构，协商会议仅为协商国之间的定期会议，属于组织程度较低的国际论坛，尚未发展成为国际法意义上的国际组织。② 实际上，协商国是在有意回避设立任何的国际机构。在早期的协商会议上，曾有协商国建议成立一个秘书处，但是遭到了阿根廷、比利时、智利、法国、美国和苏联的反对。③ 其中，阿根廷和智利尤为担心南极事务国际化，因为它们是国际体系中的边缘国家。一旦南极事务国际化，国际体系中的大国将纷纷涌入南极，导致它们丧失南极治理的话语权，因此，它们坚决反对任何形式的国际管理。在 1990 年的第 15 次南极协商会议上，关于秘书处的讨论首次列入协商会议议程。此后，经过多年博弈与讨论，直到 2004 年，协商国在阿根廷首都布宜诺斯艾利斯设立南极条约秘书处，南极条约体系迈向组织化。

在《南极条约》建立伊始，协商国避免任何关于设立秘书处的话题，这是因为设立秘书处将使南极事务国际化，进而削弱协商国的权力。南极

---

① Irina Gan, "Will the Russians Abandon Mirny to the Penguins after 1959…or Will They Stay?" *Polar Record*, Vol. 45, No. 233, 2009, p. 168.

② 陈力、屠景芳：《南极国际治理：从南极协商国会议迈向永久性国际组织？》，《复旦学报（社会科学版）》，2013 年第 3 期，第 143 页。

③ 位梦华、郭琨：《南极政治与法律》，北京：法律出版社，1989 年版，第 199 页。

治理中出现一个有趣现象,即极力避免国际化、防止权力受到任何削弱的协商国却将权力转移到政府间组织。

在政治性权力从协商国到体系内政府间组织转移的过程中,领土主权冻结原则发挥主要作用。1959年《南极条约》的初衷是为解决当时的南极安全困境,照顾所有参与国家的利益,《南极条约》第4条对南极领土主权进行冻结处理。第4条不承认任何领土主权要求、不放弃任何主权要求,也禁止任何国家提出主权要求。从法律上看,第4条相当于什么都没说,既没有解决南极领土主权问题,也没有解决管辖权问题。正因为如此,该条款自出台以来饱受国际法学家的诟病。但实际上,第4条是一个政治条款。从政治上看,第4条完美地解决了当时南极存在的安全困境,将各国的注意力从争夺领土主权转移到科学研究与国际合作上来。在此基础上,各国能确保其各自的南极利益不受损害。具体来说,在第4条的庇护下,超级大国美国和苏联实现了在南极占地、开发南极的目标;中小国家亦能搭大国便车或与他国合作进行科学研究。

《南极条约》第4条成功地将南极变为一片和平与科学的大陆,该条款的永久确立是维护南极和平与安全的根本。由第4条衍生出的领土主权冻结原则成为《南极条约》与整个南极条约体系的基石。领土主权问题是协商国最为担心的问题,为了防止未来第4条被修改,协商国在《南极条约》第9条第4款设定为第4条的保证条款,在协商会议上所讨论的建议只有在所有的协商国都批准之后才能有效。这一条款规定一致同意的决策方式。随后,协商国将此原则扩散到南极条约体系之中。所谓一致同意是指任何对条约的更改都需要全体一致方可通过,其目的是保证领土主权冻结这一条款难以被动摇。在南极条约体系创立初期,一致同意尚且容易达成。这是因为那时仅有12个原始协商国,大国制定南极政治中绝大多数的制度,而中小国家仅能成为其附庸。但是,随着科学技术的发展与扩散,各国的南极参与实力增加,相对应的南极权力增加,由此衍生各国的南极利益出现变化,导致南极决策达成。由一致同意的决策方式衍生出协商一致的原则。尽管一致同意造成南极决策迟缓,但是其与领土主权冻结原则一起成为《南极条约》乃至南极治理体系的支柱。

不过,现实中的南极治理是时刻处于变化中的。随着人类南极活动的增加、科学技术的发展以及全球化的演进,南极治理中源源不断出现新问题。对于这些新问题的解决，可能需要出台相对应的措施和机制，这就导致《南极条约》面临被修改的可能。如果以在现有《南极条约》的基础上增加条款这一方式出台，这就表明《南极条约》是可以修改的，即使修改并不直接针对领土主权条款，这也表明第 4 条领土主权条款存在修改的可能，而这将颠覆整个南极条约体系。在领土主权冻结原则作用下，为避免修改《南极条约》，协商国在《南极条约》框架下发展出一系列独立的条约和公约来专门处理这些问题，因而构成了庞大的南极条约体系。协商国特别强调新条约遵循领土主权原则或其与《南极条约》的关系。例如《养护公约》第 4 条第 2 款强调，"在本公约生效期间，公约中的任何条款以及各国采取的任何行动或活动都不应构成在南极条约区内宣称、支持或否认领土主权要求的基础，或产生任何新的主权权力的依据"。[1]《议定书》是继《南极条约》之后另一个具有里程碑意义的法律文件。《议定书》第 4 条第 1 款特别强调其与《南极条约》的关系，将其定性为"本议定书是对南极条约的补充，既不是对南极条约的修改也不是对该条约的修正。"[2]该条款特别强调其没有修改《南极条约》的意图。

因此，在面临新问题而为确保领土主权冻结的条款不被动摇，协商国通过在体系内创立国际组织的方式来完成南极治理，导致政治性权力的转移。根据南极研究科学委员会的建议，协商国将养护对象确定为南大洋的海洋生态系统。然而，《南极条约》将南极治理的范围限定在南纬60°以南，这是一条人为设定的政治边界，并不符合南大洋的海洋生态现实。南大洋海洋生态系统边界是南极辐合带（Antarctic Convergence），这是一条变动于南纬 50°至南纬 60°之间的地带。在南极辐合带，温度和盐分都有显著区别。来自南极的不含盐分的冷水与来自温暖地区含有盐分的热水在此处交汇，因此南极辐合带也是一条自然地理边界。也就是说，《南极条约》所划定的政治边界与南极实际的自然地理边界和海洋生态系统边界并不吻合，后者范围大于前者，这就为南极治理带来困扰。如果无视南极自然地理边界和海洋生态系统边界，将无法有效保护南极海洋生态系统；但若为

---

[1] 《南极海洋生物资源养护公约》第 4 条，南极条约秘书处网站，http://www.ats.aq/documents/keydocs/vol_1/vol1_4_AT_Protocol_on_EP_e.pdf。

[2] 《关于环境保护的南极条约议定书》第 4 条，南极条约秘书处网站，http://www.ats.aq/documents/keydocs/vol_1/vol1_4_AT_Protocol_on_EP_e.pdf。

此而修改《南极条约》,则为未来修改领土主权条款创造先例,那么将从根本上动摇《南极条约》以及整个南极条约体系。因此,为了维护南极地区的和平与稳定、为确保领土主权冻结原则不被更改,协商国设立独立公约与相应的国际组织,在其中重新划定南极边界并进行独立的治理,导致政治性权力从协商国转移到体系内的政府间组织。

二、南极社会性权力的诞生

南极社会性权力的诞生是指非政府组织与企业通过创造权力,参与南极治理。确切地来说,非政府组织主要是指环境保护非政府组织,企业是指旅游公司联合组成行业协会。南极权力源于知识、价值和治理实践。通过掌握南极知识、倡导先进价值并进行治理实践创造出新的权力即社会性权力。因此,以非政府组织与企业为代表的社会性权力对政治性权力产生强烈冲击,真正地改变了南极治理的权力结构。

首先,知识作为一种权力来源,在南极治理中也是获得权力的主要来源。非政府组织兴起的一个重要原因在于,它们突破了协商国对南极科学和信息的完全垄断。由于南极事务的特殊性,协商国无力管理南极所有事务,也无法获得有关南极的一切信息,迫使其依赖非国家行为体进行合作与信息交流。非国家行为体具有专业科学知识与信息传递的优势。比如,南极科学委员会专门负责提供科学上的建议,世界自然保护联盟致力于南极生物养护和环境保护,南极和南大洋联盟在国家与非政府组织之间传递信息比传统协商国双边外交的传递路径更为迅速、收集的信息更为精确,等等。

其次,在提供知识和信息支撑外,非国家行为体还充当了联系公共关切与政策制定者之间的纽带,[1] 它们推崇和平、科学、环保等南极价值并促成价值的内化,起到了价值推动的作用,并由此获得南极治理的权力。环保组织真正履行了《南极条约》维护南极和平与环境保护的规范,并将之推广。如由非政府组织提出的"世界公园"和"人类共同遗产"的概念如今被广泛接受,起到了实质性的保护南极环境的作用。世界自然保护联

---

[1] Lorraine M. Elliott, *International Environmental Politics: Protecting the Antarctic*, St. Martins Press, 1994, p. 19.

盟在1972年建议将南极定义为世界公园。在协商国进行矿产机制协商时，协商国遭到外界的反对，并且有可能违反南极环境保护、和平与安全等规范。绿色和平组织（Greenpeace）与南极和南大洋联盟通过提出世界公园的概念，有效地帮助解决了南极条约体系规范与矿产协商之间的紧张。

最后，通过南极治理实践获得权力。权力是通过社会互动过程产生出来的，是一种交换行为。在南极地区，南极特殊的地理条件使得协商国难以常年配备监管部门与实施部门，因此通常是由特定领域内的非政府行为体首先进行治理实践，它们在实践过程中不断学习、创新，并通过各种实践活动获得国际体系的承认。

在南极地区外，非国家行为体通过大众传媒、宣传、游行等活动博得公众的承认而获得了社会权力。例如在协商国就矿产机制进行协商时，南极和南大洋联盟在会议内外同时行动。在会议内，联盟通过动员舆论、游说决策者等多种方式促使协商会议关注南极环保议题，并促使协商会议通过加强南极环保的建议；在会议之外，联盟组织大规模的游行活动以及大力宣传南极的环保重要性。[①] 通过一系列的治理实践，非国家行为体获得社会承认，新的权力即社会性权力由此诞生。

南极特殊环境造就了知识的专门化，为国际组织和企业的参与提供了条件。不过，知识增长并不必然带来对知识的合理利用，使知识发挥正面作用需要有价值介入。在非国家行为体的实践中，南极公共价值得以不断内化。与此同时，非国家行为体的治理实践又加深了其对南极知识的掌握，促进了权力的进一步扩散。

第二节 南极治理中的显要规范[②]

自1959年《南极条约》出台以来，南极治理规范出现更替的现象。

[①] Tina Tin, "Environmental Advocacy in the Antarctic Treaty System: A Personal View from the 2000s," *The Polar Journal*, Vol. 3, No. 2, 2013, pp. 416–417.

[②] 本节部分内容曾以《南极治理中的规范更替》为题，发表于《边界与海洋研究》，2018年第5期。

第二章　南极治理机制变革的分析框架

所谓规范,卡赞斯坦将其定义为"对既有身份的行为体适当行为的集体预期"。[1] 简单地说,规范就是行为体的共有观念,是共同的评判标准,使人们认为他们的行动是正当的。[2] 我们将南极治理主体共同认可的评判标准称为南极治理规范。概括来说,由南极治理主体所共同认可的规范包括:领土主权冻结、非军事化、核不扩散、科研合作与信息交流、环境保护等等。南极治理规范的更替导致南极治理体系的重心乃至各参与国的南极政策发生变化,导向不同的治理结果。

南极治理规范会发生哪些更替?为何出现更替?规范生命周期理论是国际规范研究的经典理论,为我们提供一个研究南极治理规范的分析框架。[3] 根据规范生命周期理论,规范的作用可以用三个阶段来表示:分别是规范兴起（norm emergence）、规范扩散（norm cascade）、规范内化（norm internalization）。在规范兴起阶段,规范倡导者试图说服关键的国家接受新规范;在规范扩散阶段,规范主导国家通过社会化其他国家,使后者变成规范追随国家;在规范内化阶段,行为体往往置身于其中却不能明显感知,规范成为理所当然。其中,规范兴起和规范扩散的区分标志是"临界点"（tipping point）,过了临界点后,规范会得到迅速传播。

不过,规范生命周期理论是针对单一规范而言,南极治理实践则呈现出更为复杂的情况,即南极治理同时存在处于不同周期阶段的多种规范。南极治理规范几乎全部兴起于《南极条约》签订之前,《南极条约》将这些规范制度化。经《南极条约》制度化的规范处于不同的周期阶段,有些规范迅速扩散从而内化,如领土主权冻结、非军事化、核不扩散等;有些规范并没有立即扩散,它们于不同时期在外界影响下才得以强势扩散。

纵观南极治理的历史可以发现,在不同时期,南极治理中总是存在着一个拥有特殊地位的规范,它并未被内化,也可能未被全体接受,但却受

---

[1] Peter J. Katzenstein, *The Culture of National Security: Norms and Identity in World Politics*, Columbia University Press, 1996, p. 5.

[2] 玛莎·芬妮莫尔、凯瑟琳·斯金克:《国际规范的动力与政治变革》,[美]彼得·卡赞斯坦、罗伯特·基欧汉、斯蒂芬·克拉斯纳编,秦亚青等译:《世界政治理论的探索与争鸣》,上海:上海人民出版社,2006年版,第301页。

[3] Martha Finnemore, Kathryn Sikkink, "International Norm Dynamics and Political Change," *International Organization*, 1998, Vol. 52, No. 4, pp. 895–905.

到南极体系内外格外的关注。这种受到集体瞩目的规范在南极治理中的作用是不可忽视的，其直接决定南极治理的走向。目前，学术界尚未对此类规范进行界定。一些学者提出显要性（salience）的概念，另有一些学者则指出一些规范具有显要性的特征，但未展开深入研究。南极治理为规范研究提供新的素材。为了清晰地表达这种规范，我们借鉴"显要性"这一术语，将这种规范命名为显要规范（salient norm）。

在国际关系研究中，显要性已经得到学者的关注。在南极治理机制变革研究中，皮特森（M. J. Peterson）提出一个包含议题显要性、利益、联盟三个因素的分析框架，解释南极治理机制的产生、建立、维持和变更。[①] 罗斯玛丽·福特（Rosemary Foot）和安德烈·沃尔特（Andrew Walter）针对"大国何时遵守全球规范、何时背离全球规范"的研究中，提出一个包括三个变量的分析框架，三个变量分别为全球规范与本土主导规范的契合程度、大国对程序合法性与实质合法性的认知、大国对全球权力格局的认知，他们认为这些变量的相对重要性取决于议题在国内的显要程度，如果议题显要程度高，则规范契合度是主要的解释变量；如果议题显要程度低，则其他两个变量起主要解释作用。[②] 这两个研究不约而同地指出议题显要性在国际机制和国际规范演进中的重要作用。

在规范研究中，一些学者注意到规范受关注程度的问题。安·弗罗瑞尼（Ann Florini）在创建分析规范演进的理论模型时认为，一个规范替代另一个规范需要同时满足三个条件，其中第一个条件就是规范是否足够显著到使其在体系中立足。[③] 可以说，满足这个条件的规范就是显要规范。罗纳德·杰普森（Ronald L. Jepperson）、亚历山大·温特（Alexander Wendt）和彼得·卡赞斯坦（Peter J. Katzenstein）指出，以"共享的"社会属性来判定规范的做法是不恰当的，他们认为，"规范也可能不被行为

---

① M. J. Peterson, *Managing the Frozen South: The Creation and Evolution of the Antarctic Treaty System*, University of California Press, 1988.

② Rosemary Foot, Andrew Walter, "Global Norms and Major State Behaviour: The Cases of China and the United States," *European Journal of International Relations*, Vol. 19, No. 2, 2013, pp. 329 – 352.

③ Ann Florini, "The Evolution of International Norms," *International Studies Quarterly*, Vol. 40, No. 3, 1996, pp. 363 – 389.

第二章　南极治理机制变革的分析框架

体广泛接受,但却是体系的集体特征——不管是通过制度化(程序、正式的规则或者法律)还是体系中的公众讨论使其瞩目"。① 这种规范不被所有人共同持有,但是在一段时期内受到集体瞩目的规范即是显要规范。

借鉴社会学中的框定理论(framing theory),我们对显要规范的概念进行界定。框定(framing)是活动家通过赋予事件或发生的情况以一定的意义,引导注意力分配,影响受众认知与讨论方式,将以往被忽视的问题变成焦点,达到劝导、教化和动员的效果。② 依此,我们将显要规范定义为通过规范倡导者框定话语体系,改变国际社会关注的焦点,进而受到集体瞩目的规范。这种规范通常处于强势扩散阶段,比其他规范更容易传播。

自1959年《南极条约》签订的60年来,南极治理依次出现三个显要规范,即科学研究与国际合作(以下简称"科研合作")规范、资源利用规范、环境保护规范。

一、科研合作规范

科研合作规范始于1955年的科学家倡议。自20世纪40年代末50年代初开始,南极领土主权问题导致南极陷入安全困境。签订《南极条约》是为了解决南极政治难题,而不是出于科学目的。在20世纪四五十年代,唯一没有涉及领土主权问题的活动是科学研究,正是因为这个原因,南极科学得以大发展,尽管并不是所有国家都拥有南极科研的传统,也未必有财力支持。③ 1955年在领土主权问题僵持之时,科学家联合起来在南极开展科学研究,为解决南极问题带来希望。科学家的合作得到众多国家的支持,借助这个机会,作为规范倡导者的南极参与国将南极主要活动框定为科研合作,取代了此前的领土主权争端。由此,科研合作规范强势扩散,成为南极治理中的第一个显要规范。

---

① [美]彼得·卡赞斯坦主编,宋伟、刘铁娃译:《国家安全的文化:世界政治中的规范与认同》,北京:北京大学出版社,2009年版,第57页。
② 黄超:《框定战略与保护的责任规范扩散的动力》,《世界经济与政治》,2012年第9期,第64—65页;陈拯:《框定竞争与"保护的责任"的演进》,《世界经济与政治》,2014年第2期,第114页。
③ Andrew Jackson ed., *On the Antarctic Horizon: Proceedings of the International Symposium on the Future of the Antarctic Treaty System*, Hobart: Australian Antarctic Foundation, 1995.

· 89 ·

南极参与国于1957—1958年举行国际地球物理年（International Geophysical Year, IGY）活动。在地球物理年活动结束后，科研合作被保留下来。1959年的《南极条约》将科研合作规范制度化，《南极条约》第2条和第3条对科研合作专门做出详细规定。[1] 该规范的确立导致科研合作成为各国在南极的主要活动，从事科学研究与国际合作成为各国证明自己遵守条约的唯一方式，各国自觉将南极活动限制在科学考察与科学研究上。从1961年第1届协商会议开始，科研合作与信息交流被连年列入会议议程，并出台相应的建议。"南极地区的和平与合作被认为是天然的，而不像是精心协商后的结果。"[2] 20世纪60年代也被称为"科学的十年"。甚至有学者认为，南极条约体系最初由两部分构成：一是协商会议；二是南极研究科学委员会（SCAR）。两个机构之间联系紧密，科学委员会的成员通常作为国家代表出席协商会议。而从1961—1970年，协商国频频要求科学委员会提供建议，即使在科学委员会毫无经验的领域，[3] 这些表明科学在南极治理初期所占据的重要地位。

二、资源利用规范

20世纪70年代初，资源问题打破南极地区的平静。一方面，1973年的石油危机引起发达国家的恐慌，当时从地理学上的推测以及南极科学考察过程中的偶然发现均显示南极有可能蕴藏石油资源；另一方面，世界范围内出现近海渔业枯竭，而南大洋中的磷虾资源是全世界最大的渔业资源，其储量比世界上其他地区的储量总和还要多。外界环境的变化以及科学研究的进步激发了南极条约体系内外国家对开发南极资源的诉求。此时，协商国垄断南极治理的权力。借助"和平利用南极"的话语，作为规范倡导者的协商国将南极治理的焦点议题框定为开发南极资源，取代了科

---

[1] 《南极条约》，http://www.chinare.gov.cn/caa/gb_article.php? modid = 07001（访问时间：2018年4月21日）

[2] Roberto E. Guyer, "Antarctica's Role in International Relations," in Francisco Orrego Vicuna ed., *Antarctic Resources Policy: Scientific, Legal and Political Issues*, Cambridge University Press, 1983, p. 273.

[3] Andrew Jackson ed., *On the Antarctic Horizon: Proceedings of the International Symposium on the Future of the Antarctic Treaty System*, Hobart: Australian Antarctic Foundation, 1995.

研合作。资源利用规范受到集体瞩目，成为南极条约体系的显要规范。

资源利用规范有其合法性，该合法性来自于《南极条约》。首先，《南极条约》"前言"规定"将南极用于和平目的"。"和平目的"的含义相当模糊，在消除战争隐患之后，一些协商国认为开发南极资源是在和平年代"和平利用南极"的主要方式，"为全人类的利益和平利用南极"的概念应用于各种需要规制的资源上。① 其次，《南极条约》第9条规定协商国"共同协商有关南极的共同利益问题"，资源问题成为当时协商国的焦点议题。在协商会议议程上，1972年首次出现矿产资源议题，② 1975年首次出现海洋生物资源议题，③ 随后二者连年成为历届协商会议的议程，各国的行为以合理获取南极资源为导向。在协商国的推动下，1980年《养护公约》提出"养护"（conservation）的概念，将资源利用规范制度化。随后，1988年协商国签订《矿产公约》。

三、环境保护规范

在20世纪80年代，生态运动兴起，④ 推动全球环境保护的进程，环境问题成为全球关注的重点。1985年，英国科学家在南极上空发现臭氧层空洞，这一发现促使全世界环保意识大觉醒。1989年极地接连发生环境灾难，使人们联想到如果开发南极矿产很可能会引发诸如此类的灾难，环境保护得到国际社会的关注。

协商国从1982年开始正式讨论矿产资源开发问题，一些非政府组织尤其是环境非政府组织对南极的关注程度显著增加，他们质疑协商国保护南极环境的能力，⑤ 认为有必要联合起来保护南极的环境。此时，非政府组织获取部分南极治理的权力。作为规范倡导者，环境非政府组织重新框定

---

① Francisco Orrego Vicuna, *Antarctic Mineral Exploitation: The Emerging Legal Framework*, Cambridge University Press, 1988, p. 462.
② 1972年第7届协商会议《最终报告》，第7页。
③ 1975年第8届协商会议《最终报告》，第8页。
④ 王金良：《社会运动研究：一个学术史的梳理》，《教学与研究》，2015年第8期，第108页。
⑤ Margaret L. Clark, "The Antarctic Environmental Protocol: NGOs in the protection of Antarctica," in Thomas Princen, Matthias Finger, *Environmental NGOs in World Politics: Linking the Local and the Global*, London: Routledge, 1994, p. 162.

话语，将焦点议题从资源开发变为环境保护。环境保护得到公众支持，受到国际社会的瞩目，成为新的显要规范。在环境非政府组织的压力下，协商国废除1988年签订的《矿产公约》，于1991年出台《议定书》。《议定书》宣布将南极作为"用于和平与科学的自然保护区"，这是自1959年《南极条约》签订以来环境保护首次成为南极治理的压倒性议题。

回顾南极治理的历史可以发现，南极治理中的显要规范发生两次更替。规范的合法性来自于社会成员的共识和授权，[①]来自国际社会的需求与压力激活南极治理的不同规范，进而导致显要规范的更替。

在南极治理中依次出现的显要规范拥有不同的属性。大致来看，南极规范的性质可以分为两种：一种是积极规范，另一种是中性规范。积极规范是指能够导向和平与稳定的规范，这些规范包括非军事化、核不扩散、环境保护等。积极规范的内化能够确保南极的稳定，防止出现国际纷争。中性规范是指那些随着时代的发展与人类社会演进而被赋予一些新内涵，有可能导致南极出现纷争的规范。这些规范包括科研合作、资源利用等。积极规范多是出于公共利益，而中性规范则较多源于行为体的自我利益。从显要规范的更替上看，从科研合作到资源利用是从积极规范变为中性规范，各协商国由私利推动，促使规范发生变化；从资源利用到环境保护则是从中性规范变为积极规范，背后是非政府组织结成跨国倡议网络，来自国际社会的压力骤增，导致规范更替。

在南极治理中，积极规范和中性规范共存的原因在于协商国同时奉行两套相互矛盾的价值理念，其皆来源于《南极条约》。《南极条约》同时倡导两类相互冲突的价值理念，条约中明确倡导的价值理念是和平、科学与合作，此即为《南极条约》的三大支柱。这些价值理念属于公共层面，是出于维护全人类的共同利益之考虑。但是《南极条约》还隐含着反方向的价值理念：一是尊重各声索国的声索与权利；二是开发南极资源。尊重声索国权利与资源开发的价值理念实际上维护的是协商国的私利。这两套相反的价值理念体现在机制的方方面面，贯穿机制运作的始终。

积极规范与中性规范的并存导致南极治理规范更替中出现规范竞争。

---

① 谢婷婷：《行为体策略与规范传播——以美国退出〈京都议定书〉为例》，《当代亚太》，2011年第5期。

第二章　南极治理机制变革的分析框架

如果先后出现的两种显要规范的性质不同,南极治理可能会出现激烈的规范竞争。这是因为中性规范一般存在边界,在合理的范围内使用这些规范可以取得良好的效果;若不加节制地无限地使用则可能引发严重后果,与积极规范产生冲撞。比如资源利用规范,捕捞磷虾、南极旅游属于和平利用南极,在《议定书》冻结南极矿产资源之前,勘探与开采南极矿产资源也属于和平利用南极。如果这些活动控制在一定范围内,在造福人类的同时也维持南极的稳定,但是一旦超越边界,将可能触及南极条约体系的底线,对其他规范构成挑战,继而引发南极治理的动荡。

第三节　南极治理机制变革的逻辑

南极治理的权力结构出现两次变化,即政治性权力的转移与社会性权力的诞生,分别以政府间组织和非政府组织、企业崛起为标志。全球市场的变化、科学技术的发展等导致南极治理中的显要规范从科研合作转变到资源利用,再转为环境保护。规范属于"应然",从"应然"到"实然"需要有认同该种规范的权力支持,也就是说,南极治理机制变革需要权力结构与显要规范相配合才能成为可能。据此,本书提出以下三个假设:第一,南极治理中的权力结构与显要规范同时变化将导致南极治理机制发生变革;第二,如果权力结构或显要规范一方发生变化,将不会导致南极治理机制发生变化,但是可能会导致南极治理的不稳定;第三,如果权力结构或显要规范都不发生变化,南极治理机制不会发生变革,南极治理处于稳定的状态。具体如表2-1所示。

表2-1　权力结构、显要规范与南极治理机制的关系

时间	权力结构	显要规范	南极治理机制状态
1959—1972年	不变	不变	稳定
1972—1988年	变化	变化	第一次变革
1988—1991年	变化	变化	第二次变革
1991—2000年	不变	不变	稳定

资料来源:笔者自制。

我们从理论上来说明这一分析框架的解释逻辑。首先，如果权力结构和显要规范同时发生变化，南极治理机制将会出现变革。这是因为在南极治理中可能同时存在不同的权力拥有者，而这些权力拥有者所秉持的规范是不同的。因此，当某个规范成为一段时期内的新显要规范时，很可能与原有显要规范的属性不同，进而出现规范竞争。在规范竞争中，获得更多权力支持的规范将会胜出，导致南极治理机制出现变革。

其次，当权力结构和显要规范其中一者发生变化时，南极治理机制不会出现变革，但可能陷入不稳定。具体来说，一种可能是，当权力结构发生变化时，如果显要规范没有发生变化，那么显要规范获得新兴权力拥有者的认同，南极治理机制不会出现变革，南极治理稳定；另一种可能是，权力结构没有出现变化，但是显要规范发生变化，新的显要规范可能没有得到权力拥有者的支持，那么南极治理机制也不会出现变革，但是会陷入不稳定。

最后，如果权力结构或显要规范都没有发生变化，南极治理机制不会发生变革，南极治理处于稳定的状态。这是因为南极治理的权力拥有者始终支持着显要规范，南极治理不存在机制变革的动力。

小　结

本章借鉴分析折中主义的研究路径，提出一种包括权力因素与规范因素的分析框架，解释南极治理机制的变革。纵观南极治理历史可以发现，自《南极条约》产生以来，南极治理中的权力结构与显要规范不断发生变化，它们的变化促使南极治理机制变革成为可能。

前文分析显示，这一框架在理论上的有效性来源于两个方面：一是国际机制的本质，权力因素促使机制发生变革，南极权力结构的变化对南极治理机制的变化产生影响；二是来源于国际机制本身的概念，规范发生变化将导致国际机制发生变化。根据研究目的，本研究将南极治理权力结构的构成层次简化为三层，目的是清晰展现出南极治理中的权力运行。随着治理的演进，南极治理中出现了协商国、非国家行为体与国际社会的复杂互动。南极治理的权力从协商国转移到非国家行为体，非国家行为体的崛起构成当前南极治理权力结构的突出特征。在协商国内部，权力结构亦发生变化。

南极规范的产生早于《南极条约》。《南极条约》将已取得共识的一系列规范用法律的形式加以制度化。这些制度化的规范包括领土冻结、非军事化、非核化、维护和平与安全、科学合作、和平利用南极、环境保护等等。《南极条约》促进了规范发展，不过这些规范处于不同的发展阶段，一些规范处于扩散阶段，一些规范处于内化阶段。在规范扩散阶段，行为体下意识地遵从规范，力图证明自己按照所属环境行事。在规范内化阶段，行为体往往置身于其中却不能明显感知，规范成为理所当然。这里所称的显要规范是指在一个时期内获得集体瞩目、处于扩散阶段的规范。在南极治理中，不同阶段的显要规范不同。由于规范可以改变行为体对利益的认知，在不同显要规范的指引下，南极治理导向不同的结果。

第三章

南极治理机制的第一次变革

南极治理机制变革的标志是出现新类型的治理机制。到目前为止，南极治理机制完成两次变革。其中，第一次变革发生在 1972 年到 1988 年，为了回应外界挑战，南极治理机制由协商会议制垄断转变为委员会制分治。本章将对南极治理机制的第一次变革进行解析。

第一节 权力结构：非政府组织打破协商国垄断

在南极条约体系运行的最初 20 年时间里，南极治理的权力结构出现缓慢的变化。协商国设想由南极协商会议处理南极治理中的一切问题，协商国垄断南极治理的权力。然而，随着时势发展，协商国先后两次创设体系内独立的国际组织，在事实上让渡一部分权力。南极治理的权力从国家扩散到非政府组织。

一、20 世纪 60 年代：协商国垄断南极治理权力

（一）协商国垄断南极治理的权力

1959 年 12 月 1 日，在美国的主导下，阿根廷、澳大利亚、比利时、智利、法国、日本、新西兰、挪威、南非、苏联、英国签订《南极条约》。《南极条约》是一个极简的框架性条约，仅对南极治理做出原则上的规定，未对南极事务做出面面俱到的安排。从表面看来，《南极条约》可能有明显的纰漏，比如一些条款模糊不清、对矿产资源等重要问题避之不谈等。实际上，这种模糊不清是协商国有意为之，其中有各国的战略考虑，条款模糊不清使得各国可以根据自身的理解而对同一条款做出完全不同的解读，可以最大程度地保护本国利益。对有些问题避之不谈则是为了尽量减少分歧，以尽可能地达成一致，而后换取时间，争取利己的方案。出于这些复杂考虑，原始缔约国在主权冻结、非军事化、科研自由上达成一致，

第三章　南极治理机制的第一次变革

这也成为《南极条约》的三大支柱。为了确保《南极条约》目标实现，原始缔约国在《南极条约》中安排一系列的保障措施。其中，南极协商会议这一平台作为最重要的保障措施出现在南极治理中，以确保《南极条约》的目标如期实现，并用以解决未来的南极治理中可能会出现的新问题。协商会议根据《南极条约》第9条创立。《南极条约》第9条第1款规定："本条约序言所列缔约各方的代表，应于本条约生效之日后两个月内在堪培拉城举行会议，以后在合适的时间与地点开会，以便交换情报、共同协商有关南极的共同利益问题，并阐述、考虑以及向本国政府建议旨在促进本条约的原则和宗旨的措施。"① 协商国定期召开协商会议，以便确保各方能及时沟通南极事务，维持其南极治理的权威，巩固《南极条约》的成果。

在《南极条约》运行的最初10年，南极治理的权力为协商国所垄断。彼时对于世界上的绝大多数人来说，南极政治鲜为人知。② 协商国秘密治理南极，这也导致南极治理的权力集中于协商国。具体来说，权力集中体现在以下四个方面：

一是早期南极治理中的一切问题皆由南极协商会议处理。原始缔约国于1961年7月10日至7月24日在澳大利亚首都堪培拉召开首届南极条约协商会议。从法律上看，协商会议不是国际组织，协商国没有根据《南极条约》创立一个常设机构，并让渡部分权力给予这个组织，由其负责处理南极事宜。为垄断南极治理权力、为了防止权力流散，协商国甚至没有设立秘书处。这是因为设立常设机构将分散协商国的权力，并有可能导致南极事务国际化，削弱声索国的领土主权声索，并损害协商国的决策权。另外，协商国亦担心南极条约体系"中心化"，设立南极秘书处的城市很可能顺势被认为是"南极首都"，这会赋予该国在南极治理中的特殊权利。出于种种复杂考虑，协商国长期未设立秘书处，直到2004年在阿根廷首都布宜诺斯艾利斯建立南极条约秘书处。在常设秘书处建立之前，协商国采用设立"大会秘书处"的方式来完成秘书处传递文书、传达信息等职能。

---

① "The Antarctic Treaty," December 1, 1959, http://www.ats.aq/documents/ats/treaty_original.pdf.

② Truls Hanevold, "The Antarctic Treaty Consultative Meetings: Form and Procedure," p. 183.

二是协商会议由协商国秘密举办。在20世纪80年代末之前，协商会议仅有开幕式全体会议和闭幕式全体会议是公开召开的，其他所有实质性讨论的会议秘密举办。参加这些实质性会议的成员仅限于南极条约协商国，缔约国、政府间组织，以及非政府组织等不允许参加，因此也无法提交能够施加影响力的工作文件和信息文件。自《南极条约》产生以来，南极研究科学委员会（SCAR）作为科学咨询机构对协商国产生重要影响，其协调南极国际科研合作，并且就科学和环境问题提供独立的建议。[1] 即使如此，南极研究科学委员会也无法作为一个团体参加协商会议的实质性讨论，其成员是以各协商国代表的身份参加协商会议。直到1987年，南极科学委员会才正式成为协商会议的观察员，可以作为一个组织参会。在早期，不仅协商会议过程保密，记录会议议程、讨论和建议的最终报告（Final Report）亦属保密。

三是在早期历届协商会议召开之前，协商国秘密举行预备会议。通常认为，协商国为了达到《南极条约》的要求而在协商会议上寻求实际的解决方案，在合作的精神下就不同观点进行协商。[2] 实际上，在南极条约体系运行的早期，实质性的协商与决策并不是在协商会议上做出，而是在预备会议上做出。顾名思义，预备会议是为即将到来的协商会议做一系列准备的。对于一般议题，通常预备会议就议程设置达成一致。对于复杂的议题，预备会议也会制订出相关建议。

协商会议自身的限制也促使预备会议得到推广。协商会议通常为期两周，协商国很难在两周的时间内就问题达成一致，因此需要召开一系列预备会议为即将到来的协商会议做准备。成功的预备会议将会为协商会议节省出大量的时间，协商国只需简短介绍便可以直接进入实质性的协商程序。如南极动植物保护问题、海豹问题等一些极为复杂的议题是在预备会议上进行详细讨论的。[3] 预备会议是协商国进行南极决策的主要平台。协

---

[1] David W. H. Walton, "The Scientific Committee on Antarctic Research and the Antarctic Treaty," p. 75.

[2] Dean Rusk, "United States Policy and International Cooperation in Antarctica," *Department of State Bulletin*, July 31, 1964, p. 403.

[3] Truls Hanevold, "The Antarctic Treaty Consultative Meetings: Form and Procedure," pp. 189 – 190.

商会议是正式会议，预备会议则带有非正式的属性，各国在此进行频繁互动，讨论具有共同关切的问题，参加会议的是各协商国的代表，他们提交建议草案，告知每一方自身的立场，并且将他国的关切纳入考量范围。通过预备会议上的大量外交折冲，协商国最大程度地降低了不确定性。如果协商国在预备会议上表明各自的底线，将会大大增强决策的效力。① 预备会议极其隐秘，其内容与过程不为人知，没有任何公开的文件显示预备会议的过程与协商，仅有个别早期文献揭示预备会议的存在。如在第 1 届协商会议上，来自英国的会议代表认为，预备会议小组草拟了协商会议的议程，协商会议的成功召开得益于预备会议取得的重要成果。②

四是协商国严格限制新成员国的加入。单从法律条文来看，《南极条约》向全世界开放，任何对南极科学感兴趣的国家可以随时加入。但是，协商国为防止权力扩散，设立了严格的成员资格标准。《南极条约》第 9 条第 2 款规定成为协商国的标准为"实质考察活动"。但是，协商国没有对"实质"进行明确定义，而仅以举例的方式设置"实质"的标准。《南极条约》将"实质考察活动"限定在建立科学考察站或派遣科学考察队，③这成为取得协商国资格的特定标准。新协商国无不是通过这两条标准而获得协商国资格，这些国家往往花费大量资金、培养大批科研人员赴南极进行科学考察。不过，取得协商国资格的国家有限，受制于人力、物力、财力，当时国际社会绝大多数的国家被阻拦在南极之外。实际上，在《南极条约》签订之时，所有有能力到达南极并且在南极建立科考站的国家都已经成为协商国。在协商国的严格限制下，体系最初 20 年时间里仅波兰（1975 年）和联邦德国（1981 年）这两个国家成为新协商国。

（二）国际组织有限参与南极治理

协商国对待国际组织的态度十分复杂与矛盾。一方面，治理南极需要相关领域的科学数据作为支撑，而专门领域的国际组织拥有多年的治理实践与经验，协商国需要这些专业经验；另一方面，协商国又惧怕国际组织

---

① Truls Hanevold, "The Antarctic Treaty Consultative Meetings: Form and Procedure," p. 190.
② 1961 年第 1 届协商会议《最终报告》，第 34 页。
③ Peter J. Beck, *The International Politics of Antarctica*, p. 194.

深入参与南极治理后，会分散协商国治理南极的权力，进而导致南极事务"国际化"。在协商国的重重考虑之下，只有南极研究科学委员会符合协商国的要求，成为协商会议的科学咨询机构，发挥着不可替代的作用。

南极研究科学委员会位于英国的斯科特极地研究所，执行委员会每年召开1次会议，一般会议则每两年召开1次，组织一系列学术研讨会，定期发布国际南极研究的最新发现，并提出南极科学研究新的优先领域，为其成员国指明研究方向。南极研究科学委员会为协商会议的决策制定提供必要的信息与政策建议、讨论科学议题、促进人员交换和信息交换并设立数据存储和处理中心。① 南极研究科学委员会的首要目标是协调、推动与促进最高水准的南极科研。② 南极治理体系早期出台的各个公约或条约中都可以看到南极研究科学委员会的影子。在《议定措施》《海豹公约》《养护公约》等重要公约或条约的制定中，南极研究科学委员会或发现问题，或为解决问题提供专业意见。

在南极动植物保护方面，《南极条约》出台后，南极研究科学委员会首先关注南极动植物养护问题，并于1960年发布相关报告。在1961年的第1届协商会议上，协商国在南极研究科学委员会的提醒下开始意识到《南极条约》缺少专门的有生生物养护措施。于是，协商国借鉴南极研究科学委员会1960年发表的报告，在第1届协商会议上出台"建议1-8"，其中将"南极动植物养护"作为临时协定。经过修改，在1964年第3届协商会议上，协商国以建议的形式出台《议定措施》。协商国在推出《南极动植物保护协定》后依然需要南极研究科学委员会来收集相关数据以及提供专业的科学建议。因此，在1964年第3届协商会议上，协商国又推出"建议3-10"，要求南极研究科学委员会继续发挥作用，继续就特殊保护物种和保护区相关问题做报告。③

在海豹捕捞问题上，协商国根据南极研究科学委员会的建议制定并出台《海豹公约》。在《海豹公约》出台后，协商国特别委托南极研究科学

---

① Robert Clancy, John Manning, Henk Brolsma, *Mapping Antarctica: A Five Hundred Year Record of Discovery*, Chichester: Praxis Publishing, 2014, p. 251.

② https://www.scar.org/antarctic-treaty/actm-papers/atcm-xxxii-and-cep-xii-2009/2880-atcm32-ip007/file/, p. 3.

③ http://www.ats.aq/documents/ATCM3/fr/ATCM3_fr001_e.pdf.

委员会就海豹数量和管理问题提供科学建议。在委员会正式接受这一任务的第二天,也就是1972年6月2日,《海豹公约》正式签署。尽管针对南极海豹没有开展实质性的商业捕捞,南极研究科学委员会持续每年收集科研捕捞海豹数量的数据。[①] 南极研究科学委员会参与《海豹公约》的意义还在于,该公约首次在南极条约体系中承认南极研究科学委员会的身份和地位。《海豹公约》规定公约成员不仅要向其他协商国汇报,也要向南极研究科学委员会做汇报,南极研究科学委员会从法律上正式成为南极治理的直接参与者。[②]

南极研究科学委员会亦推动《南极海洋生物资源养护公约》的出台。养护南极有生物首先由南极研究科学委员会提出。1968年,南极研究科学委员会在其生物论坛上提出苏联磷虾研究问题。科学家此时首次发现磷虾是南大洋生物网的核心物种,然而人类对磷虾的了解知之甚少,《南极条约》没有关于深海地区捕捞活动的任何条款。1972年8月,南极研究科学委员会生物工作组会议开始重点关注海洋资源,在南极研究科学委员会的动议下,1977年的第9届协商会议同意制定南极海洋生物的养护公约。

在20世纪60年代和70年代的南极治理中,南极研究科学研究委员会参与到南极治理体系每一个公约的制定,分别为《动植物协议》《海豹公约》《养护公约》等重要公约提供科学数据和专业建议,直接决定了协议和公约的内容。虽然南极研究科学委员会在南极决策制定中发挥重要作用,但是南极研究科学委员会在某种程度上是协商国实行权力的另一个平台。在1978年前,拥有南极研究科学委员会会员资格的12个国家全部是《南极条约》原始缔约国。从1978年开始,南极研究科学委员会开始吸纳新成员,不过这也是有限度的。在1991年《议定书》出台之前,获得南极研究科学委员会成员资格的国家非常有限。

南极研究科学委员会为协商国所倚重出于两个原因:一是科学在南极的重要性;二是南极研究科学委员会的人员组成。与世界上其他地区获得治理权力的方式不同,南极治理权力是通过科研获得,有效的科研成果可

---

① David W. H. Walton, "The Scientific Committee on Antarctic Research and the Antarctic Treaty," p. 79.

② Robert Rutford, "Relations between Elements of the Antarctic Treaty System," in *On the Antarctic Horizon*, Hobart: Australian Antarctic Foundation, 1995, p. 57.

以转化为治理南极的权力,协商国洞悉科研的重要性,《南极条约》体现了协商国对科研的关切。《南极条约》冻结南极领土主权,仅允许在南极开展科学活动。从另一个角度看,协商国用科研活动赋予自身治理南极的合法性,将无法参与南极的国家拒之门外。同时,协商国也在利用南极科研成果巩固治理南极的权力。在国际地球物理年活动之前,各国对南极了解极为有限,仅能通过历史上各国探险者留下的资料了解南极。甚至当时科研实力最为强大的美国,亦因南极知识有限而导致其南极政策摇摆不定。国际地球物理年活动不仅令各国找到冻结争议、国际合作的路径,亦使人类有关南极的知识骤增。1957年到1958年仅两年时间科学考察所获得的南极知识比此前200多年的还要多。

在《南极条约》签订后,协商国需要进一步通过科考和科研而获得南极治理的权力。在南极条约体系成立之初,科学合作与信息交流是南极治理中最重要的主题。协商国首先通过国际制度来确保科研合作的顺利开展。《南极条约》第2条规定,"在国际地球物理年内所实行的南极科学调查自由和为此目的而进行的合作,应按照本条约的规定予以继续"[1]。第3条则对信息交换和人员交换做出详细规定。协商国对科研的重视亦能从早期历届协商会议的议程中体现出来。从1961年第1届协商会议至1970年第6届协商会议,在协商会议讨论的议程中,科研合作与信息交流占绝大多数。具体议题包括:科学合作与信息交流、海洋生物资源养护、历史遗迹保护、无线电通信以及专家会议等。

南极治理依赖于大量的科学数据和信息。任何治理机制首先需要收集数据、分析数据,然后制定治理的目标和机制。[2] 科学研究的这一重要地位使得专门领域的国际组织在南极治理中的作用凸显。《南极条约》第3条第2款规定:"应从各方面鼓励同对南极洲具有科学兴趣或技术兴趣的

---

[1] 《南极条约》,国家海洋局极地考察办公室网站,http://www.chinare.cn/caa/gb_article.php?modid=07001。

[2] 第9届南极协商会议美国工作文件(WP008),"Informal Outline of Questions Submitted by the US Delegation (about Antarctic Marine Living Resources)",南极条约秘书处网站,http://www.ats.aq/documents/ATCM9/wp/ATCM9_wp008_e.pdf, p.3。

联合国各专门机构及其他国际组织建立合作工作关系。"① 不过,《南极条约》仅在原则上提出应与国际组织建立合作关系,但是却没有给出如何建立合作关系的方案。协商国鼓励与国际组织进行国际合作,是想获得国际组织专业的治理经验,但是协商国又担心国际组织的过多参与会损害自身管理南极的权力。《南极条约》第3条第2款中特别强调"对南极洲具有科学兴趣或技术兴趣"的国际组织,试图用来区分国际组织是怀有科学目的还是政治目的。② 协商国这种矛盾心态促使南极研究科学委员会充当起协商国的科学咨询机构,在南极治理中发挥独特作用。

南极研究科学委员会为协商国所倚重的第二个原因是其人员组成。南极研究科学委员会由各协商国的国家南极研究委员会常任代表、一位国际科学联合会理事会代表、三位国际科学联合会理事会附属科学团体代表以及一位来自国际气象组织的代表组成。③ 从其人员组成上可以看出,南极研究科学委员会在协商国和国家科学委员会之间充当着桥梁作用。南极研究科学委员会正是依靠这一路径,即南极委员会专家同时是各协商国国家科学委员会成员以及南极协商会议代表的身份发挥作用,而不是以南极研究科学委员会团体身份发挥作用。

通常情况下,获得南极协商国资格后才能有权加入南极研究科学委员会。例外的是1978年5月22日,德国(联邦德国)和波兰在尚未成为南极协商国时便已加入南极研究科学委员会。这是因为德国和波兰此时开展了南大洋的磷虾捕捞,同时协商国开启南大洋生物养护机制的谈判,为了制定养护机制,这两个国家首先成为南极研究科学委员会成员,而后获得协商国身份。

如今的南极研究科学研究委员会是一个非政府组织。但是,在南极条约体系运行的早期,南极研究科学研究委员会并不是严格意义上的非政府组织。这是因为在建立之初,其成员全部来自协商国,且其仅对"积极参

---

① "The Antarctic Treaty," December 1, 1959, http://www.ats.aq/documents/ats/treaty_original.pdf.

② Francisco Orrego Vicuna, *Antarctic Mineral Exploitation: The Emerging Legal Framework*, Cambridge University Press, 1988, p. 463.

③ Peter J. Beck, *The International Politics of Antarctica*, p. 162.

与南极研究"的国家开放。① 在 20 世纪 80 年代之前,南极研究科学委员会专家具有双重身份,他们既是南极研究科学委员会的会员,又是各自国家南极委员会代表或者协商会议代表。他们通常代表本国参加协商会议,在协商会议上传达南极研究科学委员会的信息,通过这一渠道发挥影响力。

概言之,早期协商国拒绝其他政府间组织或非政府组织参与南极事务,造成协商国严重依赖南极研究科学委员会。南极研究科学委员会被协商国频繁委以重任正是体系封闭、协商国垄断权力的表现。而南极研究科学委员会专家同时又是各国国家南极委员会代表或者协商会议代表的双重身份,这又表明早期南极治理的权力为协商国所垄断。

二、20 世纪 70 年代:非政府组织打破协商国的垄断

自 20 世纪 70 年代开始,非政府组织从科学和环境两个方面打破协商国的垄断。从根本上说,南极的领土主权缺陷为环境非政府组织的参与提供丰富的空间,非政府组织可弥补主权真空并加强南极环境治理。② 在 20 世纪 70 年代末期,非政府组织兴起,并广泛地参与到南极治理之中,打破协商国对南极事务的垄断,导致协商国的南极治理权威出现缝隙。

(一) 早期南极治理中的国际组织

在治理实践中,协商国意识到专业国际组织的作用。协商国首先在《南极条约》强调了与其他国际组织合作的必要。《南极条约》第 3 条第 2 款规定:"应从各方面鼓励同对南极洲具有科学兴趣或技术兴趣的联合国各专门机构及其他国际组织建立合作工作关系。"③ 在随后的第 1 届协商会议建议中,协商国鼓励"对南极洲具有科学兴趣或技术兴趣"的国际组织

---

① Barbara Mitchell, Richard Sandbrook, *The Management of the Southern Ocean*, London: International Institute for Environment and Development, 1980, p. 9.

② Doaa Abdel‑Motaal, Antarctica, *The Battle for the Seventh Continent*, California: Praeger, 2016, p. 203.

③ "The Antarctic Treaty," December 1, 1959, http://www.ats.aq/documents/ats/treaty_original.pdf.

第三章 南极治理机制的第一次变革

进行工作，并与其建立合作关系。[①]

《南极条约》鼓励南极体系与国际组织进行国际合作，主要原因在于当时协商国缺乏南极相关科学知识，而南极的气候和当时的科学技术水平决定了协商国难以独自完成南极科学研究和技术保障，需要与国际组织合作才能完成。在南极条约体系运行的早期，在南极治理中发挥显著作用的国际组织是南极研究科学委员会。除南极研究科学委员会之外，参与南极项目活动的组织还包括世界气象组织（WMO）、国际电信联盟（International Telecommunication Union，ITU）、联合国粮食及农业组织、政府间海洋学委员会（Intergovernmental Oceanographic Commission，IOC）、国际民航组织（International Civil Aviation Organization，ICAO）、国际科学理事会、国际捕鲸委员会（International Whaling Commission，IWC）等。[②]

虽然协商国看重国际组织在各专业领域中的专业知识，亦强调南极条约体系与国际组织开展合作的必要，但是协商会议私密属性使其在展开实质性活动时又小心谨慎地避免国际组织过多参与。在签订《南极条约》时，气象观测是最主要的南极科研活动，在南极建立气象站能提高南半球远程天气预报的准确度。[③] 协商国关于南极的气象知识有限，需要与专业的国际组织开展合作来认识南极，因此南极条约体系最先与联合国专门机构世界气象组织建立合作关系。

在1961年的第1届协商会议中，由苏联和澳大利亚联合提交的工作文件（Working Paper）被采纳为"建议1-5"。协商国欢迎世界气象组织在气象学问题以及南极气象数据的收集和传播问题上的合作，建议各协商国政府与世界气象组织进行合作，并对合作方式提出建议，即各国政府应通过各协商国在世界气象组织代表这一途径进行合作。[④] 此后，世界气象组织试图进一步参与南极事务。在1963年4月于日内瓦举办的第4届世界气象组织会议上，世界气象组织决定在南极成立一个常驻委员会，以实现加强科学联系等目标。随后，1964年第3届协商会议上，世界气象组织递交

---

① 1961年第1届协商会议《最终报告》。

② Francisco Orrego Vicuna, *Antarctic Mineral Exploitation: The Emerging Legal Framework*, p. 464.

③ NSC 21/1, *National Security Council Report*, August 30, 1949.

④ 1961年第1届协商会议《最终报告》。

工作文件，要求在南极建立一个常驻机构。这份工作文件的提议没有得到协商国同意，协商会议没有推出关于这个问题的建议，表明协商国十分警惕域外国际组织的参与。

协商国对国际组织的戒备不仅体现在气象领域，在其他领域中亦有所体现。1961年第1届协商会议将"与其他具有科学兴趣或技术兴趣的国际组织的关系"[①]列为会议讨论议程，并出台相关建议。但是此后协商会议似乎回避了与国际组织的关系这一议题。1964年第3届协商会议同样设置议题，并将范围放宽至"与其他国际组织的关系"[②]。英国在此次会议上提交一份厘清南极条约体系与国际组织关系的文件，但是没有得到任何回应，[③]也未就此问题协商达成任何建议或措施。在此后的协商会议中，与国际组织的关系这一议题被长期忽略，仅在第9届协商会议智利提交的工作文件涉及国际组织。在这份文件中，智利建议为养护南大洋生物资源，"应与联合国或其他国际组织建立工作关系"。不过，智利的提案没有出台相应的建议，也未得到实质性的实施。

真正的进展是在1985第13届协商会议，在此次协商会议上，英国提交一份任命协商会议观察员的工作文件。[④]该提案得到各协商国的关注，比此前有所进步的是，协商会议出台了相应的建议。不过，该建议没有特别指出国际组织，而仅笼统为"非协商国"[⑤]。也就是说，英国的工作文件被再次忽略。直到20世纪80年代来自联合国的压力迫使协商国门户开放。1983年，联合国大会上质疑协商会议治理南极的合法性。在1987年第14届协商会议的预备会议上，协商会议主席国巴西邀请部分国际组织派遣专家参加当年的协商会议。因此在1987年第14届协商会议上，世界气象组织、南极研究科学委员会、世界自然保护联盟的专家首次参加协商会议，分别协助协商国处理相关议题。[⑥]

---

① 1961年第1届协商会议《最终报告》，第7页。
② 1964年第3届协商会议《最终报告》，第2页。
③ Jeffrey D. Myhre, *The Antarctic Treaty Consultative Meetings* (1961 – 1968), Ph. D. Dissertation, London School of Economics, 1983.
④ 第13届南极协商会议英国提交的工作文件，南极条约秘书处网站，http://www.ats.aq/devAS/ats_meetings_doc_database.aspx? lang = e&menu = 2。
⑤ 1985年第13届协商会议《最终报告》，第101页。
⑥ 1987年第14届协商会议《最终报告》，第5—6页。

1964 年协商国与国际组织合作的议题不了了之。从 1966 年开始，历届协商会议再未考虑过如何与国际组织处理关系。从 1966 年到 1987 年，协商国拒绝国际组织参与协商会议正式讨论长达 20 余年，其中最主要的原因是南极协商国避免南极事务"国际化"。由于协商国没有从根本上解决领土主权问题，协商国担心南极事务国际化会损害其主权要求，或损害其未来的主权要求。因此，避免南极事务"国际化"是大部分协商国的首要考虑。在南极条约体系运行的早期，每个南极参与国的每一个行动都与其领土主权观念挂钩。[①] 早在 1958 年 5 月国际地球物理年活动进行国际合作时，智利称"至今为止与联合国专门机构的合作并没有影响主权权利"[②]，而任何国际组织参与南极都有可能造成南极事务"国际化"。因此，在早期南极治理中，尽管客观上科研的需要导致南极协商国不得不与国际组织进行合作，实际中国际组织的参与被限制在科学技术研究上。虽然国际组织参与了南极的科研项目，但是国际组织没有参加协商会议的正式讨论，导致国际组织无法直接同协商国在决策时进行协商，只能提交工作报告表达意见。国际组织既不能参加协商会议的正式讨论，协商国又对与国际组织的关系这一问题长期沉默消极作为，导致国际组织在南极治理中发挥的作用极为有限。

（二）非政府组织开始获得南极治理的权力

尽管《南极条约》没有为非政府组织提供任何参与南极的路径，但是非政府组织依靠自己的方式参与南极治理、影响南极治理的发展。对南极具有重要影响的非政府组织分为两类：一类是科学非政府组织，以南极研究科学委员会为代表；另一类是环境非政府组织，以南极和南大洋联盟为代表。南极研究科学委员会提供科学的建议和科学的咨询，增强协商国治理南极的水平，环境保护组织则在不同程度上影响协商国。[③]

[①] Truls Hanevold, "Inspections in Antarctica," *Cooperation and Conflict*, Vol. 6, No. 2, 1971, p. 111.

[②] Francisco Orrego Vicuna, *Antarctic Mineral Exploitation：The Emerging Legal Framework*, p. 463.

[③] Philip W. Quigg, *A Pole Apart – The Emerging Issue of Antarctica*, New York：McGraw – Hill, 1983, p. 178.

南极治理机制变革研究

20世纪60年代末70年代初,经济社会发展为全球生态环境带来的恶劣影响引起国际社会的广泛关注。1967年斯德哥尔摩会议首次关注环境问题。随后,联合国于1972年召开联合国人类环境会议,该会议是全球第一个有关环境问题的会议,经济发展与环境恶化之间的关系被首次提上国际议事日程。联合国人类环境会议颁布第2994(XXVII)号决议,建立联合国环境规划署,并规定每年的6月5日为地球环境日。[①]

与此同时,与全球环境保护相反的另一股思潮也开始盛行。1973年爆发的石油危机造成发达国家的资源恐慌,引发全球在石油输出国组织(Organization of Petroleum Exporting Countries, OPEC)之外寻找石油资源的浪潮。1972年罗马俱乐部发表《增长的极限》研究报告,力图说明地球资源正在枯竭,不足以维持经济增长和人口爆炸,加剧了各国的恐慌,而当时从地理学上的推测以及科考过程中的偶然发现均显示南极有可能蕴藏石油资源。石油危机带来的资源恐慌导致南极引起全世界的关注。

资源开发前景伴随着全球环保浪潮使得环境非政府组织登上南极的历史舞台,非政府组织治理南极的意愿和能力增强,开始参与南极治理。环保非政府组织刚刚关注南极事务时,协商国正在处理南极海洋生物资源问题。起初,非政府组织通过鲸而了解南极,他们因关心濒临灭绝的鲸而对整个南极的生态系统加以关注。在这些非政府组织中,规模最大的是南极和南大洋联盟。该联盟创立者是詹姆斯·巴恩斯(James Barnes),他通过个人途径了解到南极协商国正在秘密协商开发南极矿产资源。为了防止南极环境遭到破坏,他发起全球行动。在他的号召下,来自35个国家的150多个环境保护组织于1978年成立南极和南大洋联盟,其主要目标在于维护南极地区的环境。

南极和南大洋联盟刚一成立就发挥重要作用。1978年,协商国正在讨论创建养护南大洋磷虾的机制。彼时,刚刚诞生的南极和南大洋联盟开始参与到制度建设之中,为养护机制提供意见。协商国原本制定的是养护磷虾的机制,但是南极和南大洋联盟认为,除防止大规模商业捕捞之外,也有必要保护那些当时并不太稀有的生物,因此,将捕鱼对鲸和其他鱼类的

---

① "United Nations Conference on the Human Environment," A/RES/2994 (XXVII), http://www.un.org/en/ga/search/view_doc.asp?symbol=A/RES/2994%20(XXVII).

影响纳入到考虑范围。这个建议被协商国采纳,养护磷虾的机制升级为养护整个南大洋生态系统的机制。将南大洋"作为一个整体的生态系统"进行养护的建议成为协商国建立生物养护机制的前提。协商国采纳该建议后,南大洋成为世界上第一个作为完整的生态系统而被养护的对象。[①]

除了南极和南大洋联盟,在协商国讨论南大洋生物养护机制的过程中,越来越多的非政府组织参与到南极治理中。世界自然保护联盟参加了《南极海洋生物养护公约》的准备工作,并与世界自然基金会(World Wide Fund for Nature, WWF)和国际环境与发展研究所(International Institute for Environment and Development, IIED)进行联合项目,它们致力于环境保护措施和南极捕鱼的可维持产量。美国建议在收集必要的科学数据方面与南极研究科学委员会合作,在收集生物储量和捕捞量方面与联合国粮农组织合作,[②] 等等。在合作的过程中,非政府组织获得越来越多的知识、进行越来越多的南极实践,由此获得越来越多的社会性权力。

非政府组织通过其在专业领域内科学和传递信息的优势获得了南极治理中的社会性权力,非政府组织的兴起对南极治理产生重要影响,导致权力从协商国扩散到非政府组织,南极治理的权力结构出现变化。

第二节 显要规范:从科研合作到资源获取

南极治理的显要规范决定协商国的利益认知,进而决定将南极用于何种目的。《南极条约》"前言"及第1条规定"南极仅用于和平目的",[③] 然而条约语言十分模糊,没有明确标定"和平目的"的具体内涵。随着时代的变化,"和平目的"的内涵被不断更新,南极治理的显要规范出现变化。在《南极条约》设计之初,原始缔约国将和平默认为避免军事冲突,

---

[①] 参见南极和南大洋联盟官网中对组织历史的回顾,http://www.asoc.org/about/history。

[②] 第9届南极协商会议美国工作文件(WP009),"Draft Elements of a Conservation Arrangement",1977年7月26日,南极条约秘书处网站,http://www.ats.aq/documents/ATCM9/wp/ATCM9_wp009_e.pdf,第3页。

[③] "The Antarctic Treaty," December 1, 1959, http://www.ats.aq/documents/ats/treaty_original.pdf.

并认为科研合作是和平利用的方式。在协商国科考过程中，越来越多的南极资源进入协商国视野，和平利用的内涵从科研合作扩展到资源开发领域。

一、20世纪50年代末：南极和平与安全成为显要规范

《南极条约》的设计初衷是防止南极大陆成为国际争端与冲突的潜在地区。20世纪40年代末50年代初，南极领土主权声索国之间的领土争端以及美苏的全球争霸导致南极出现安全困境。南极大陆存在着军备竞赛、核试验、领土主权冲突等种种危险因素。当时有观点认为，也许只有武力才能解决领土主权争端。[1]

英国在1908年率先对南极半岛部分地区提出领土主权要求。英国的行为引发其他拥有相关利益的国家纷纷效仿，提出各自的领土主权要求。截至1943年，英国（1908年和1917年）、法国（1924年）、澳大利亚（1933年）、新西兰（1923年）、挪威（1939年）、阿根廷（1943年）和智利（1940年）七个国家先后以"发现""占有""扇形原则"等理由提出对南极大陆的主权要求。

在这些主权要求中，阿根廷、智利、英国三国要求的领土主权出现纠纷。阿根廷和智利要求的领土重合，而英国同时与阿根廷和智利要求的领土重合。七个主权要求国形成两个阵营：一方是阿根廷和智利相互承认彼此的主权要求，不承认英国的主权要求；另一方则是另外五个西方国家彼此承认领土要求。英国与阿根廷和智利之间的纷争无法解决，几乎每年南极夏季都会上演一轮领土争夺的大戏。[2] 从1948年7月开始，英国和阿根廷每年发生军舰对峙事件。[3] 尽管双方并没有将南极军舰派遣到南纬60°以南的地区，但是冲突甚至对抗似乎不可避免。

第二次世界大战结束后诞生的两个超级大国——美国和苏联在全球争霸，也在南极争霸。从1948年开始，美国开始在南极崭露头角，成为南极

---

[1] David Winston Heron, "Antarctic Claims," *Foreign Affairs*, Vol. 32, No. 4, 1954, p. 667.

[2] "Antarctic Squabbles," *The Economist*, February 7, 1948, p. 231.

[3] Christopher Beeby, *The Antarctic Treaty*, New Zealand Institute of International Affairs, Wellington, 1972, p. 6.

第三章 南极治理机制的第一次变革

活动中实力最强大的国家。在1946—1947年南极夏季期间，美国发起南极历史上规模最大的考察活动，海军考察队配备13艘军舰、4000余人。[1] 同时，另一个超级大国苏联也有所行动。1949年，苏联在莫斯科庆祝"南极日"这一新的节日，并公开声称俄国海军上将别林斯高晋（Bellingshausen）于1821年首次发现南极大陆。[2] 随后，苏联于1950年宣布参与南极事务，但遭以美国为首的西方国家的反对。苏联于1950年6月8日向各主权要求国发布一份备忘录，称由于19世纪别林斯高晋和纳扎勒夫的发现，苏联有权利参与南极事务的协商与制度的制定，且强调无苏联参加的任何南极国际制度都不具有法律效力，苏联将不承认任何相关决议。[3] 除了阿根廷和智利反对苏联参与外，美国和其他五个主权要求国并未回复苏联的备忘录。

当时的历史背景由两方面构成：一是主张南极领土主权的七个国家都是美国的盟国。1947年9月2日，美国同阿根廷、智利等美洲国家签订《美洲国家互助条约》；1949年4月4日，美国同英国、法国、挪威等12个国家签署《北大西洋公约》；1951年，美国同澳大利亚和新西兰签订《美澳新安全条约》。至此，七个领土主权要求国全部为美国的军事同盟国。二是美苏在全球范围内展开对抗。在这一历史背景下，存在领土主张分歧的七国与美国一致反对苏联进入南极。美国提出几种方案时恰逢苏联封锁柏林，美苏关系严重恶化，美国及其盟国一致反对苏联参加任何南极谈判。将苏联排除在南极解决方案之外是当时美国和英国的主要目标之一。美国还曾考虑要求"美国扇形"领土主权，以防止苏联提出任何主权要求。[4] 然而，1950年爆发的朝鲜战争打乱美国的计划，日益紧张的气氛可能导致冷战蔓延至南极。

在美苏争霸的同时，美国与七个要求南极主权的盟国内部亦矛盾重

---

[1] V. E. Fuchs, "Antarctica: Its History and Development," in Francisco Orrego Vicuna ed., *Antarctic Resources Policy: Scientific, Legal and Political Issues*, p. 17.

[2] Ibid., p. 17.

[3] Boleslaw A. Boczek, "The Soviet Union and the Antarctic Regime," *The American Journal of International Law*, Vol. 78, No. 4, 1984, p. 837.

[4] Boleslaw A. Boczek, "The Soviet Union and the Antarctic Regime," p. 836.

重，美国对南极领土的觊觎引起其他国家的担忧。[1]而西方盟国内部的争端与苏联进入南极的时间重合。英国和智利、阿根廷的争端令美国处于窘境，美国亟需解决三国争端以防被苏联利用，[2]而七国亦防止美国称霸南极。从1948年开始，美国陆续提出几种解决方案。1948年国家安全委员会21号文件（NSC 21）提出，基于新成立的联合国及其托管理事会（UN Trusteeship Council），由托管理事会托管南极。[3]托管方案将导致南极问题国际化，遭到除英国和新西兰之外五个领土主权声索国的反对。同时，美国认为，如果南极由联合国托管，后果之一是苏联将有可能要求南极领土主权，进而加入管理机构。[4]当时美国的政策是排除苏联参与南极事务，托管方案至此不再成为南极参与国的备选方案。随后，美国开始考虑用第二个方案，即以主权要求国共管的方式来管理南极。此时该方案仅得到南非常有附加条件的支持。考虑到苏联有可能基于19世纪别林斯高晋的发现而提出南极领土主权要求，那么苏联将成为共管的成员国，从军事角度看共管不比托管更有利，[5]美国等南极参与国于是放弃该方案。美国还曾采纳智利建议，即冻结争端将各国注意力集中于科学合作，然而该方案没有得到主权要求国的回应。

1955年，科学家观测发现1957年可能是太阳黑子活动的高发期，而研究太阳黑子活动将对原子能研究具有重要的价值，[6]这促使科学家提议召开国际地球物理年活动，来共同研究太阳活动。1955年7月开始召开国际地球物理年的预备会议。[7]国际地球物理年是历史上第一个最为复杂全

---

[1] Heron, David, "Antarctic Claims," p. 666.

[2] "Antarctica," NSC21, *National Security Council Report*, July 13, 1948, p. 13.

[3] NSC 21/1, "Memorandum for the Executive Secretary National Security Council," *National Security Council Report*, August 29, 1949.

[4] NSC 5715/1. "Statement of Policy by the National Security Council on Antarctica," *National Security Council Report*, June 29, 1957, pp. 24 – 25.

[5] NSC 5715/1, *National Security Council Report*, June 29, 1957.

[6] ［澳］大卫·戴著，李占生译：《南极洲：从英雄时代到科学时代》，北京：商务印书馆，2017年版，第333页。

[7] Roberto E. Guyer, "Antarctica's Role in International Relations," in Francisco Orrego Vicuna ed., *Antarctic Resources Policy: Scientific, Legal and Political Issues*, p. 270.

第三章 南极治理机制的第一次变革

面的国际科研活动,[①] 来自全球 66 个国家的约 3 万名科学家参与了地球物理年的项目。[②] 在美国几次倡议都不成功的情况下,科学家提议召开的国际地球物理年活动为解决南极安全困境带来转机,也为苏联的南极参与带来转机。原本苏联对南极科研没有特别的兴趣,[③] 自 1820 年声称发现南极大陆,直至 1946 年 11 月 2 日,苏联派遣"光荣"(Slava)号捕鲸舰队从英国利物浦出发,赴南极捕鲸。[④] 其间 125 年内,苏联没有参与南极事务。在二战结束后,苏联改变政策。苏联在国际地球物理年活动的筹备阶段正式涉足南极,并且极为活跃。在 1955 年的国际地球物理年活动首个地区会议上,苏联代表宣布苏联将在南极大陆建立三个科学考察站。苏联第一批学者于 1956 年 1 月 5 日登上南极大陆,同年 2 月 13 日筹建第一个南极科考站——和平站(Mirny Station),和平站建立在澳大利亚主权要求区域内。随后 1957 年 12 月,苏联于地磁极建立东方站(Vostok Station),同样位于澳大利亚的主权要求区。[⑤]

苏联的南极参与变成新的安全威胁。从 1955 年开始,苏联对南极表现出的热情使美国及其盟国感到恐慌。[⑥] 拥有丰富的北极科考和探险经验的苏联迅速成为南极科考的领先国家。正如澳大利亚南极科考队长菲利普·劳所报道的那样,各国科学家认为,苏联的南极科研项目是"最全面"的。[⑦] 苏联在南极初登场,便显示出强大的实力,甚至美国十分担心自己在南极的地位,当时有人认为美国"不仅屈居苏联之下,很有可能在两极

[①] Keith Suter, *Antarctica: Private Property or Public Heritage?* Pluto Press Australia, 1991, pp. 17 – 18.

[②] Christy Collis, "Critical Legal Geographies of Possession: Antarctica and the International Geophysical Year 1957 – 1958," *Geo Journal*, Vol. 75, No. 4, 2010, p. 388.

[③] Keith Suter, *Antarctica: Private Property or Public Heritage?* p. 18.

[④] V. V. Lukin, "Russia's current Antarctic policy," *The Polar Journal*, Vol. 4, No. 1, 2014, p. 200.

[⑤] Boleslaw A. Boczek, "The Soviet Union and the Antarctic Regime," p. 838.

[⑥] NSC5528, *National Security Council Report*, December 12, 1955, p. 1.

[⑦] Irina Gan, " Will the Russians Abandon Mirny to the Penguins after 1959…or Will They Stay?" Polar Record, Vol. 45, No. 233, 2009, p. 168.

· 113 ·

地区同时弱于苏联"[1]。美国科学家担心在远程天气控制上被苏联抢先一步,[2] 美英担心苏联潜水艇潜行于南极水下。[3] 1956年11月,澳大利亚官员在与美国国务院官员会谈时,担心苏联开展的南大洋的研究旨在为潜艇极地搜集信息,那"将对澳大利亚构成威胁,进而控制整个南太平洋和印度洋"。[4] 在此之前尽管冷战在全球范围内展开,但是由于地理上将苏联的活动限制在北半球,澳大利亚、新西兰、南非等南半球国家不存在安全上的威胁。随着苏联进入南极,这些国家开始担心苏联在南极部署洲际导弹。[5] 苏联于1957年10月4日成功发射了第一颗人造地球卫星,从此拥有发射超国际距离火箭的能力。若苏联在乔治王岛建立导弹发射基地,将使整个南美地区都处于苏联导弹的有效射程之内。[6] 苏联在澳大利亚要求领土上建立科考站,这成为当时的最大威胁。[7] 1957年,苏联在澳大利亚要求区升起国旗,引发澳大利亚极度恐慌,[8]在澳大利亚报纸中屡见抗议。[9]

随着时势的发展,西方集团改变既定政策。在1955年之前,美国和七个领土声索国还在力图排除苏联涉足南极,但是在1955年苏联建成和平站之后,后者的观点发生逆转。澳大利亚官员在1956年6月承认,"从南极完全排除苏联已为时太晚"。[10] 也就是说,从1956年开始,西方国家的反对立场从排除苏联进入南极转变到"防止未来对南极提出领土要求的其他

---

[1] Irina Gan, "Will the Russians Abandon Mirny to the Penguins after 1959…or Will They Stay?" Polar Record, Vol. 45, No. 233, 2009, p. 168.

[2] "Ice and Fire," The Economists, January 11, 1958, p. 94.

[3] Boleslaw A. Boczek, "The Soviet Union and the Antarctic Regime," p. 838.

[4] [澳] 大卫·戴著,李占生译:《南极洲:从英雄时代到科学时代》,北京:商务印书馆,2017年版,第411页。

[5] "Ice and Fire," The Economists, January 11, 1958, p. 94.

[6] Anthony Parsons ed., Antarctic: The Next Decade, p. 4.

[7] Howard J. Taubenfeld, A Treaty for Antarctica, International Conciliation, No. 531, January, 1961.

[8] The Times (London), Feburary 6, 1957; The Washington Post and Times Herald, Feburary 25, 1957, p. 269.

[9] Laurence M. Gould, Antarctica in World Affairs, New York: Foreign Policy Association, 1958. p. 32.

[10] [澳] 大卫·戴著,李占生译:《南极洲:从英雄时代到科学时代》,北京:商务印书馆,2017年版,第411页。

国家"。① 1958 年，美国承认新的现实，即苏联可能会保持其在南极的存在，没有切实可行的方法摆脱他们。反对苏联的问题已经演化成为了"如何更好地控制他们的继续存在"。促成西方集团改变态度的另一个原因是，印度于 1956 年和 1958 年两次将南极议案提交到联合国大会，美国和新西兰等国担心苏联正在策划自己的倡议，或许与印度等不结盟国家联手，把南极问题提交联合国审议。② 如果发生这种情况，最好的办法是将苏联纳入共同制定的制度当中，"将苏联限制在制度之内，比它在制度之外更容易控制"。③

国际地球物理年活动从 1957 年 7 月持续到 1958 年 12 月。在此期间，各国进行科研合作，成功地回避了主权要求和政治立场。不过也正是因为国际地球物理年活动使苏联得以进入南极，苏联的到来彻底改变了美国和各领土主权声索国的政策。由于苏联实力雄厚的南极科考能力以及极区考察经验，所有西方国家和拉丁美洲国家都担心苏联的存在。其中，澳大利亚是为最担心的国家，因为苏联的科考站建立在澳大利亚主权要求区内，而苏联代表称即使国际地球物理年活动结束，苏联的科考也要继续进行。苏联一度将从列宁格勒带来的土壤放入和平站奠基时的石碑下面，其暗含的领土主张令澳大利亚极为担忧。澳大利亚不仅担心本国的南极领土主张遭到苏联破坏，亦担心澳大利亚的本土安全。当时澳大利亚猜测，和平站可能会在国际地球物理年后变为潜水艇基地，④ 而这将严重威胁澳大利亚的国家安全。

除了领土冲突外，美苏参与南极事务的程度日益加深，而美苏的核军备竞赛也可能波及南极。1949 年 8 月 29 日，苏联第一颗原子弹爆炸成功，美国丧失核垄断地位，开始研发威力更大的氢弹。但是，在 1952 年 11 月美国试验氢弹 9 个月后，苏联于 1953 年 8 月也进行首次热核试验。⑤ 对南

---

① ［澳］大卫·戴著，李占生译：《南极洲：从英雄时代到科学时代》，北京：商务印书馆，2017 年版，第 411 页。
② ［澳］大卫·戴著，李占生译：《南极洲：从英雄时代到科学时代》，第 414 页。
③ 同上，第 413 页。
④ Philip W. Quigg, *A Pole Apart – The Emerging Issue of Antarctica*, p. 142.
⑤ 赵学功：《核武器与美苏冷战》，《浙江学刊》，2006 年第 3 期，第 102—103 页。

极而言，这一事件意味着核军备竞赛有可能扩散至南极，南极存在被当作核试验场所的潜在危险。

由于国际地球物理年活动在1958年12月结束，苏联声明在活动结束后将继续在南极的活动，苏联的政策导致南极参与国采取同样的政策。在这种情况下，各国需要制定一个制度来协调国际地球物理年结束后各国在南极大陆的活动，美国顺势主导谈判。

苏联参与南极成为加速谈判的催化剂。在苏联参与南极事务之前，各领土主权要求国之间因为利益不一致而迟迟不能达成妥协。各国纷纷通过开展测绘、发行邮票、支持并深化科考项目来制造领土主张的基础。[①]"七个领土主张国，朝着不同的方向努力，制定一项各方都能接受的协议简直比登天还难"。[②] 苏联的加入在一定程度上促使美国和七个领土主权要求国达成共同立场。不过，直到1958年10月条约会议仍然没有举行。12个国家之间在非军事化、条约覆盖区域范围等问题等实质性问题上存在巨大的利益分歧，甚至在一些代表间的秘密会议仍然难以达成一致。[③]

当时问题的核心是与苏联签署条约，从而避免发生冲突。[④] 1958年，美国承认新的现实，即苏联可能会保持其在南极的存在，没有切实可行的方法摆脱他们。反对苏联的问题已经演化成为了"如何更好地控制他们的继续存在"。于是，美国邀请苏联等11个国家就《南极条约》进行谈判。在超过60余场筹备会议后，正式会议于1959年10月14日召开华盛顿会议。在经过6周的谈判之后，12个国家于1959年12月1日一致通过《南极条约》，在各签字国政府批准后生效。《南极条约》规定为了全人类的利益，南极应永远专用于和平目的，不应成为国际纷争的场所与目标，禁止军事行动和核试验。[⑤]

在20世纪50年代，将南极整个大陆"专用于和平目的"原则是当时

[①] ［澳］大卫·戴著，李占生译：《南极洲：从英雄时代到科学时代》，第409页。

[②] 同上，第413页。

[③] 同上，第418页。

[④] 同上，第418页。

[⑤] 《南极条约》，国家海洋局极地考察办公室网站，http://www.chinare.cn/caa/gb_article.php? modid=07001。

国际政治的一大进步，是世界上首个将整块大陆实行"非军事化"的创举。尽管原始缔约国对"和平目的"的认识局限于避免军事冲突，但从结果上看这一原则化解了南极的安全困境，且使南极在美苏冷战白热化之际成为当时国际政治的"反例"，① 使各国看到国际合作的希望。

在各国的互动中，南极规范逐渐成型。各国在互动中清楚地看到，相互争夺领土主权只能导致南极出现安全困境，而在美苏全球争霸的背景下，南极安全困境极有可能成为战争乃至核战争的导火索。因此，充满利益冲突的南极参与国不约而同地将南极地区的和平与安全确立为核心规范。在此规范指引下，南极参与国的利益认知从此前的争夺领土主权转变为避免战争、创造南极地区的和平与安全。《南极条约》的出台将这一规范制度化。在《南极条约》中，协商国多次强调维护南极和平与安全，其中，明文规定的内容包括：条约前言"确保南极专用于和平目的"；第1条"南极应只用于和平目的。一切具有军事性质的措施，例如建立军事基地、建筑要塞、进行军事演习以及任何类型武器的试验等等，均予禁止"；第5条"禁止在南极进行任何核、爆炸和在该区域处置放射性尘埃"。

非核化与非军事化是南极和平的前提条件。为了确保南极非军事化，协商国同时设立两项保障措施：一是建立视察系统，来确保南极非军事化。《南极条约》第7条规定协商国有权指派观察员执行本条所规定的任何视察。在1986年之前，南极是世界上唯一可以自由现场视察的地区，无论是美国科考站还是苏联科考站，可以随时进行视察。② 军事是视察中的重要内容，在早期的视察中，视察团构成中要求有军方人员，视察内容将军事行动、核爆炸、核废料、武器试验等放在首位。③ 二是将各国的南极活动聚焦在科学考察上。科研活动成为《南极条约》唯一明确提倡的活动。《南极条约》第2条规定，"在国际地球物理年内所实行的南极科学调查自由和为此目的而进行的合作，应按照本条约的规定予以继续"；第3

---

① 陈玉刚：《试析南极地缘政治的再安全化》，第58页。
② Roland Dumas, "The Antarctic in World Politics," *International Challenges*, Vol. 10, No. 1, 1990, p. 5.
③ 第14届协商会议美国提交的工作文件（WP008），1987年10月5—16日，南极条约秘书处网站，http://www.ats.aq/documents/ATCM14/wp/ATCM14_wp008_e.pdf。

条则对信息交换和人员交换做出详细规定。

二、20世纪60年代：科学研究与国际合作成为显要规范

科研合作是《南极条约》出台后南极治理中的第一个显要规范。这一显要规范起源于国际地球物理年。在国际地球物理年之前，南极地区的规范是争夺领土主权。国际地球物理年冻结政治纷争、聚焦于科研合作。国际地球物理年的成功为解决领土主权问题提供良机。来自国际地球物理年的经验对规范进行重新框定，促使科研合作成为20世纪60年代南极治理的显要规范。在这一规范的指引下，各协商国将自己的行为确定为开展科学研究与国际合作。《南极条约》成为协商国开展一系列国际科研合作的框架，开展地球科学、冰川学、大气学、海洋学等领域的科研合作。[1]

国际地球物理年显示了科学在解决南极政治问题所具有的潜力。同时，国际地球物理年也燃起各国加强合作的希望。[2]科学合作规范在《南极条约》中得以制度化。在《南极条约》生效的最初10年，领土冻结、维护南极地区的和平与安全的规范迅速得以内化。为了创造南极的和平与稳定，从事科学研究与国际合作（以下简称为"科研合作"）成为各国证明自己遵守条约的唯一方式，此时的焦点议题从争夺领土主权转变为如何更好地开展科研合作。科研合作成为此时南极治理中的显要规范。在此规范的指引下，各国自觉将南极活动限制在科学考察与科学研究上。

亨利·金（Harry King）用"科学联邦"（Commonwealth of Science）来形容南极地区的国际科学合作实践。科学联邦汇集来自各国各个学科的科学家，相互促进整体的科研水平，推动国际科学认知。[3]协商会议的最终报告从侧面反映了科研合作的程度。比如，1961年第1届协商会议的最终报告共有16条建议，其中的前4条全部与科学研究有关。[4]协商国在南极展现出罕见的率直与合作精神来履行条约规定。在南极，科学家可以在

---

[1] Peter J. Beck, *The International Politics of Antarctica*, p. 98.
[2] Keith Suter, *Antarctica: Private Property or Public Heritage?* p. 19.
[3] Ibid., p. 98.
[4] 1961年第1届协商会议《最终报告》。

各个国家的设施之间自由穿梭,有时还会与国外的科学家工作一整年。①20世纪60年代的南极大陆呈现与此前完全不同的光景。各国展开如火如荼的科学考察与国际合作,取代此前的相互冲突与对峙。

三、20世纪70年代：资源获取成为显要规范

"《南极条约》未提及的问题与其所提及的一样重要。"② 南极资源开发与利用问题是协商国有意回避的议题。在讨论制定《南极条约》时,协商国面临着两大问题：领土主权问题与矿产资源问题。这两个问题相互关联,资源的开发与利用涉及管辖权问题,而在主权纷争的情况下管辖权不明晰。主权纷争导致南极陷入安全困境,解决安全困境、缔造和平是当时的首要问题。为了快速解决主权纷争,协商国在制定条约时有意忽略资源问题。领土主权问题相当棘手,以至于有代表认为可能再花20年也无法彻底解决南极大陆的领土主权争端问题。如果再解决矿产资源问题,很可能无法推出条约。"很明显,坚持在矿产资源上达成协议就根本不会有《南极条约》。"③

协商国用冻结领土主权的方式解除南极安全困境,主权冻结成为《南极条约》乃至整个南极条约体系的基础。从法律的角度看,冻结领土主权并未实质地解决南极领土争端问题。但是从国际政治的角度看,它化解了南极安全困境,并将南极打造成为国际和平与合作的典范。对于资源问题,协商国采取回避态度,仅在《南极条约》第9条第1款己项中提及"南极洲生物资源的保护和保存",除此之外没有其他涉及资源的条款。

20世纪70年代,全球掀起寻找新的食物和矿物来源的浪潮,开采南极大陆和大陆架的石油和捕捞富含蛋白质的磷虾使南极备受关注。此时,维护南极的和平与安全、科学合作这两个规范相继得以内化,焦点议题从科学合作转移到合理利用南极资源,资源获取成为显要规范。在外界刺激下,合理利用南极资源的规范开始扩散,各国重新定义"和平利用南极"的内涵。由于《南极条约》没有明确给出"和平目的"的具体内涵,随着

---

① Lyndon B. Johnson, "United States Policy and International Cooperation in Antarctica (Excerpts from president's report to Congress)," *Department of State Bulletin*, p. 402.

② Keith Suter, *Antarctica: Private Property or Public Heritage?* p. 23.

③ V. E. Fuchs, "Antarctica: Its History and Development," p. 18.

时代的发展，协商国将南极资源开发作为和平年代"和平利用南极"的主要方式。南极潜在的矿产资源、南大洋丰富的渔业资源使得各协商国纷纷将国家的南极利益界定为资源获取，合理利用南极资源成为显要规范，协商国开始关注南大洋中的生物资源与南极大陆所蕴含的矿产资源。

据估计，南极磷虾资源量为1.25亿—7.25亿吨，[1]是全世界最大的渔业资源，其资源储量比世界上其他地区的储量总和还要多。20世纪70年代，世界捕鱼总量达到7000万的瓶颈值，近海渔业枯竭，促使各国寻找其他区域和新的海洋资源。日本和苏联早在20世纪60年代就开始赴南大洋捕捞磷虾。苏联于1961年开始进行磷虾实验。[2]其他国家则因技术限制而无法远赴南大洋捕捞磷虾。到20世纪70年代，随着科技的发展，国家陆续攻克技术的难关，捕捞设备的更新促使更多国家参与磷虾捕捞，这些国家包括比利时、智利、联邦德国、波兰、韩国、民主德国。[3]其中有一些国家并不是协商国或南极条约国家。从1975年开始，苏联和日本捕捞量逐年递增，磷虾捕捞总量亦逐年递增。南大洋的磷虾捕捞引起协商国关注。由于当时的南大洋数据尤其是磷虾储量的数据不健全，协商国担心磷虾的过度捕捞会导致历史上海豹、鲸濒临灭绝以及数种南极生物灭绝事件再度发生。南极磷虾是南极生物的直接食物来源，是整个南极生态系统的中心。如果南极磷虾储量锐减，那么整个南极生态系统将会崩溃。数据显示，当时以磷虾为食物的一些海洋生物已经受到大规模捕捞的影响。[4]

除了南大洋的丰富的渔业资源，南极大陆的矿产资源也得到协商国的关注。在《南极条约》签订后，随着科学技术的发展，协商国对南极的科学认识增加，科学家在南极科学考察的过程中相继发现南极矿产资源及潜在资源，发现南极矿产资源迹象的报道越来越多。[5]当时已有的发现包括：1966年苏联地质学家在鲁克尔山北部发现了厚70米的带状富磁铁矿岩层，

---

[1] 吴伟平、谢营襟：《南极磷虾及磷虾渔业》，《现代渔业信息》，2010年第1期，第10—13页。

[2] Barbara Mitchell, Lee Kimball, "Conflict over the Cold Continent," *Foreign Policy*, No. 35, 1979, p. 127.

[3] Peter J. Beck, *The International Politics of Antarctica*, p. 214.

[4] Barbara Mitchell, Lee Kimball, "Conflict over the Cold Continent," p. 128.

[5] Peter J. Beck, *The International Politics of Antarctica*, p. 239.

第三章　南极治理机制的第一次变革

岩石的含铁量较高,平均为 32.1%;1977 年,在鲁克尔山以西的冰盖下发现号称"铁山"的查尔斯王子山铁矿;20 世纪 70 年代还开始了对于南极陆缘天然气水合物的调查和研究。①

1969 年,新西兰政府收到"勘探并开采"新西兰罗斯声索区内"石油、煤和一切矿产资源"的申请。6 个月后,该申请被新西兰政府否决,不过这一事件促使新西兰在 1970 年的协商会议上提出矿产资源开发议题。虽然此次会议上的非正式讨论没有产生提案,不过矿产资源问题浮上水面,正式成为 1972 年第 7 届协商会议的议程。② 当时,协商国同时面临生物资源和矿产资源这两个议题。虽然在南极治理中,矿产资源议题更为古老,协商国在签订《南极条约》时就开始关注矿产资源,但是协商国选择首先制定海洋生物养护机制,这出于两个原因。首先,在技术上,当时的国家尚不具备开采矿产资源的能力,而当时的技术可以实现磷虾捕捞,实际的南极磷虾捕捞已经大规模进行。其次,南极大陆矿产资源的位置固定不变,涉及领土主权与管辖权的问题,而南大洋的生物资源变动不居,协商国更容易达成一致。为了避免磷虾过度捕捞危及南大洋生态系统,在生物资源和矿产资源双重资源议题中,协商国选择首先处理磷虾捕捞问题。

第三节　权力结构与显要规范共同作用

从 1959 年到 1972 年,南极治理的权力被协商国垄断,科研合作成为南极治理的显要规范。拥有权力的协商国严格遵循科研合作的规范,南极条约体系得以平稳运行。在此期间,维护和平的规范被迅速内化,南极的和平被视为理所当然。协商国皆将国家活动的重心放在国际科研合作上,国家间展开高层次的科学研究与国际合作,南极治理成为国际治理教科书

---

① 邹克渊:《南极矿物资源与国际法》,北京:北京大学出版社,1997 年版,第 24 页;萧方:《"石油饥渴"危及地球最后的处女地》,《第一财经日报》,2006 年 7 月 18 日;第 A02 版;吴庐山、邓希光、梁金强、付少英:《南极陆缘天然气水合物特征及资源前景》,《海洋地质与第四纪地质》,2010 年第 2 期,第 96 页。

② Malcolm Templeton, *Protecting Antarctica: The Development of the Treaty System*, p. 15.

般的典范。^① 由于各国将注意力放在科研上，南极科研活动进展良好，没有出现任何质疑。^② 协商国对此时的南极治理体系充满信心，认为南极管理合度，不会出现"危机"，南极议题不会出现在"危机管理"议程上。^③

然而，全球范围内资源紧缺打破南极治理的稳定局面。20世纪70年代，全球掀起寻找新的食物和矿物来源的浪潮，捕捞富含蛋白质的磷虾与开采南极大陆和大陆架的石油成为协商会议新议程，而协商国有关勘探和开采南极生物资源和矿产资源的筹划引发国际社会的关注。非政府组织担心开发行为会破坏南极脆弱的生态环境，第三世界国家则担心资源被协商国开发殆尽而试图挑战协商国的秘密决策机制。

在20世纪70年代的南极治理中，非政府组织开始崛起，打破协商国对南极治理权力的垄断。不过，非政府组织刚刚参与南极事务，尚未获得足够多的权力，协商国在南极治理的权力结构中占据绝对优势。此时协商国的共有观念是获取南极资源，资源获取取代科研合作成为新的显要规范。资源获取规范的合法性来自《南极条约》，《南极条约》规定"将南极用于和平目的"，这使得协商国将开发南极资源作为在和平年代"和平利用南极"的主要方式。"为全人类的利益和平利用南极"的概念应用于各种需要规制的资源上，^④ 协商国将南极利益界定为获取南极海洋生物资源和矿产资源。

不过，在20世纪70年代初期，南极治理机制没有出现变革，而呈现出一种自然更替的态势，即科学研究规范得以内化、资源利用规范迅猛扩散。这是因为此时南极治理的权力结构没有发生显著变化，支持资源利用的协商国拥有南极治理所有的权力。此时的非政府组织开始参与南极治理，它们的权力没有足够大到改变协商会议的问题确认与议程设置，而主要通过提供科学上的建议影响决策制定。

---

① Gerry Nagtzaam, *The Making of International Environmental Treaties: Neoliberal and Constructivist Analyses of Normative Evolution*, Edward Elgar, 2009, p. 80.

② Roberto E. Guyer, "Antarctica's Role in International Relations," in Francisco Orrego Vicuna ed., *Antarctic Resources Policy: Scientific, Legal and Political Issues*, p. 274.

③ Ibid., p. 273.

④ Francisco Orrego Vicuna, *Antarctic Mineral Exploitation: The Emerging Legal Framework*, p. 462.

第三章 南极治理机制的第一次变革

一、《南极海洋生物资源养护公约》的出台

石油危机、远洋捕鱼等事件促使世界将目光转向南极的资源。[①] 在外界刺激下，协商国重新框定南极治理的焦点议题，焦点议题从科学合作转移到获取南极资源。资源获取规范由此成为南极治理中受到集体瞩目的规范，并在南极治理中迅猛扩散，成为新的显要规范。当时，仅苏联、日本、挪威、智利等少数协商国存在捕鱼利益，绝大多数协商国共有的利益是开采南极大陆的矿产资源。不过，与难以处理的矿产资源问题相比，生物资源问题更容易解决，协商国决定首先处理生物资源问题。

尽管仅有少数协商国开展南大洋捕鱼活动，但是生物资源问题得到协商国的普遍关注，这出自两个原因：一是在环境上，南极历史上数次出现因人类大规模捕捞而导致物种灭绝或濒临灭绝的事件，协商国担心过度捕捞磷虾将破坏南极和南大洋的生态系统；二是在政治上，几乎所有协商国都将目光集中在矿产资源开发上，而生物资源解决方案将会成为矿产资源的先例，所以协商国首先处理海洋生物资源问题，在其中放入各国对矿产问题的私自考量。

在1975年举行的第8届南极协商会议上，协商国首次设置南大洋渔业资源议题，正式讨论海洋生物资源养护问题。会议出台建议扩大南大洋生物资源的科考项目与国际合作，以便出台一个有效的南极生物养护措施。[②] 此时的协商国的态度还很松缓，尚未考量专门创立一个养护海洋生物的机制。然而，1976年到1977年短短一年之间，磷虾的总捕捞量从44万吨增至122万吨，这直接导致协商国的态度发生变化。苏联、阿根廷、智利、南非、澳大利亚五国于1977年分别起草南大洋生物养护的提案，美国、新西兰、法国也提出相关草案的建议，南极研究科学委员会的南极海洋系统和资源生物调查项目组（Biological Investigations of Marine Antarctic Systems and Stocks, BIOMASS）提交报告，以及预备会议亦提供建议文件。[③] 在

[①] 陈玉刚、周超、秦倩：《批判地缘政治学与南极地缘政治的发展》，第124页。
[②] 1975年第8届协商会议《最终文件》。
[③] "Working Group on Marine Living Resouces: Opening Statement by the Chairman," 26 September, 1977, *Secretariat of the Antarctic Treaty*, http://www.ats.aq/documents/ATCM9/wp/ATCM9_wp044_e.pdf.

1977年的第9届协商会议上,协商国"为防止过度捕捞、保护完整的南极生态系统,意识到建立合理的养护措施保护南大洋生物资源的紧迫性"[1],南大洋生物资源变成协商会议的紧迫问题。智利的工作文件建议"尽可能快地建立起养护南大洋海洋生物资源的措施"。[2] 协商国建议在1978年底制定一个明确的养护机制。[3]

然而,此时协商国面临治理南大洋的合法性问题。《南极条约》仅将治理范围限定在南纬60°以南的区域,南纬60°是一条政治边界,并不是南大洋的地理生态边界。协商国若处理南极生物资源问题必定要涉及南大洋的全部区域。《南极条约》没有正式赋予协商国治理全部南大洋的权力,这触及协商国凭什么进行制度安排,以及如何设计制度的问题。由于没有《南极条约》的明文规定,协商国始终面临着来自外界的制度竞争。此时,协商国唯一可以凭借的是《南极条约》第9条。第9条规定的协商会议制度赋予协商国通过协商会议处理南极新问题的权力。

20世纪70年代,国际组织在国际体系中崛起,南极亦受到国际组织的关注。国际组织参与南极治理的能力和意愿增强,协商国越来越担心《南极条约》框架外的国家和组织采取行动。[4] 协商国担心发展中国家将磷虾视为全人类共同遗产,在1977年的第9届协商会议最终报告中,有关矿产资源的建议明确"协商国不应忽视全人类在南极的共同利益",而对于生物资源的建议中则没有出现任何"全人类共同利益"的字眼。[5] 当时正在进行联合国海洋法公约谈判,协商国在1978年底推出养护机制的计划也有抢占先机的考虑。

另外,20世纪70年代中期,联合国粮食与农业组织(FAO)开始测绘南大洋生物资源,并计划于1979年投入4500万美元进行为期10年的南大洋项目。粮农组织是联合国内部的一个国际组织,拥有丰富的地区治理

---

[1] 1977年第9届协商会议《最终文件》,第13页。

[2] 第9届协商会议智利工作文件(WP049),"Declaration Concerning the Antarctic Environment and International Scientific Cooperation in Antarctica,"南极条约秘书处网站,http://www.ats.aq/documents/ATCM9/wp/ATCM9_wp049_e.pdf,第3页。

[3] 1977年第9届协商会议《最终文件》,第15页。

[4] F. M. Auburn, *Antarctic Law and Politics*, Canberra: Croom–Helm, 1982, p. 206.

[5] Ibid., p. 206.

第三章 南极治理机制的第一次变革

经验。协商国认为粮农组织将挑战协商国管理南大洋的权力。[①] 来自粮农组织竞争促使协商国快速制定机制，抢先颁布条约，防止粮农组织推出机制获得治理南大洋的权力。

来自《南极条约》框架外国家和组织的制度竞争压力促使协商国尽快推出机制，以巩固治理南极的权力。协商国于1977年第9届协商会议开启关于海洋生物资源养护机制的协商。在1977年第9届协商会议上，美国提交的工作文件表明短期内将会出现大规模商业捕捞，尤其是磷虾捕捞。这一前景引发出如何合理捕捞与养护的问题。[②] 建立预设性机制是协商国一贯的传统。协商国认为，在大规模的商业捕捞开展之前制定养护机制要比实质性捕捞发生之后制定要容易得多。在各种因素共同推动下，协商国加快机制制定的进程。协商国历经三年，分别召开七次单独会议以及一次关于机制草案的协商会议，关键条款于1978年9月在华盛顿达成。[③]

虽然域外国际组织没有成功地获得治理南大洋的权力，亦没有实现与协商国合作共同管理南大洋，但是环保非政府组织通过自己的方式影响南极生物养护机制的决策。尽管此时的非政府组织刚刚兴起，尚不具有足够的力量来改变南极治理的焦点议题，但是它们通过各种途径来影响决策制定，众多非政府组织参与《养护公约》的设计。例如，南极和南大洋联盟提出"世界公园"的主张，促使协商国将养护整个南大洋生态系统置于首要位置，并成功地将预防生态系统方法引入到《养护公约》中。[④] 世界自然保护联盟参加了《养护公约》的准备工作，并与世界野生动物基金会和国际环境与发展协会进行联合项目来研究南大洋的环境保护措施和南极捕鱼的可维持产量，等等。

协商国将养护对象确定为南大洋的海洋生态系统。然而，《南极条约》

[①] Bruce W. Davis, "The Legitimacy of CCAMLR," in Olav Schram Stokke et al., *Governing the Antarctic: The Effectiveness and Legitimacy of the Antarctic Treaty System*, Cambridge University Press, 1996, p. 236.

[②] 第9届南极协商会议阿根廷工作文件（WP008），1977年9月14日，南极条约秘书处网站，http://www.ats.aq/documents/ATCM9/wp/ATCM9_wp008_e.pdf，第1页。

[③] Keith Suter, *Antarctica: Private Property or Public Heritage?* p. 37.

[④] "History of Antarctic and Southern Ocean Coalition," Antarctic and Southern Ocean Coalition, http://www.asoc.org/about/history.

将南极治理的范围限定在南纬60°以南，南大洋的边界则为南极辐合带。《南极条约》所划定的政治边界与南极实际的地理生态边界并不吻合，后者范围大于前者。如果无视南极自然地理边界而继续以《南极条约》的边界进行治理，这样的治理必定是不完全的、无效的。由于《南极条约》不可更改，协商国只能选择出台新条约的方式来解决生物资源问题。

不过，在新条约形式的选择上出现了难题。《南极条约》没有规定新条约的产生方式，所有在《南极条约》后推出的决议或条约皆由协商国逐渐摸索形成。协商国最初采用的方式是通过推出协商会议"建议"来颁布新的法律，1964年《动植物议定措施》出现在第3届协商会议最终报告的"建议"中。不过，实践证明以"建议"的形式推出新法律有两个弊端：其一，生效时间漫长。与条约生效方式不同，"建议"需要每个协商国在国内得到批准才能生效。[1] 这使得《议定措施》在1964年出台，但是直到18年后所有协商国才完成签字，于1982年生效。由于通过"建议"颁布新条约的等待时间太过漫长，在《议定措施》之后协商国不再选择这一方式。其二，法律效力问题。部分协商国质疑《议定措施》是否具有法律效力，而《议定措施》本身并没有被列入《联合国法律汇编》。[2] 出于这两个原因，协商国不再采用以协商会议"建议"的方式颁布新条约。

在签订《议定措施》之后，协商国开始关注南极海豹问题。在十八九世纪，大规模的捕捞使得南大洋海豹濒临灭绝。对此，科学家提出警告。于是，协商国开始制定海豹条约。由于"建议"费时，以及一些协商国质疑协商会议"建议"的法律效力，协商国开始探索新的制度形式。考虑到捕捞海豹的不仅是协商国，非南极条约国也有可能参与捕捞，而《南极条约》是否对第三方具有法律约束力的问题尚未明晰。因此，协商国决定在《南极条约》之外设立单独的海豹条约，使之对非协商国同样具有法律约束力。在多重考虑下，英国发起政府间会议，主导谈判和签订海豹条约。1972年，协商国签订《南极海豹保护公约》（以下简称《海豹公约》），于1978年生效。

---

[1] Malcolm Templeton, *Protecting Antarctica: The Development of the Treaty System*, p. 2.

[2] Malcolm Templeton, *Protecting Antarctica: The Development of the Treaty System*, p. 2.

不过，《海豹公约》的单独签订固然解决了约束非南极条约国的问题，但与此同时也为南极治理带来新的难题，那就是《海豹公约》脱离《南极条约》框架，很可能成为南极事务国际化的隐患，而这是领土主权声索国所竭力避免的情况。在《海豹公约》出台后一年，智利代表认为"应该在特殊会议上讨论海豹问题，以保证这个议题在《南极条约》范围内得到解决"。这一提议得到协商国的认同。《海豹公约》后来被1991年的《议定书》"附件二"所覆盖。"附件二"包含海豹保护的相关规定，并且其制定的保护水平高于《海豹公约》。

《海豹公约》对于南极治理体系后来的发展起到重要作用。《海豹公约》是南极条约体系的首次创新，不过海豹捕捞只存在于设想中，在实际中从未实施。尽管如此，其为生物资源机制以及矿产机制的产生创下先例。因此，在生物资源问题上，根据《议定措施》与《海豹公约》的经验，协商国采取在南极协商国特殊会议上出台法律的方式，这样既能确保法律快速生效，又能将议题限定在《南极条约》范围内，避免南极事务国际化。1977年协商国召开南极协商特殊会议就海洋生物养护机制进行讨论。当时参加该会议的各方中，民主德国和联邦德国尚不是南极协商国，欧共体派出代表作为观察员，还有来自其他国际组织的代表，这些代表不属于南极条约体系成员，因此草案在三次特殊协商会议上制定后，最终在外交会议上通过《养护公约》。

这样，在显要规范与权力结构的共同作用下，《养护公约》出台。《养护公约》推出南大洋海洋生物资源养护机制。为了确保养护机制的顺利运行，机制特别设立两个机构：一是南极海洋生物资源养护委员会；二是南极研究科学委员会。养护委员会专门管理南大洋事务，并且委员会设立秘书处，这是1959年《南极条约》所未能实现的目标。至此，协商国的权力被分割，协商国的管理范围至此集中于南极大陆。尽管养护委员会成员方与协商国部分重合，但在法律上，养护委员会是一个国际组织，拥有独自的组织利益与决策权。不过，协商会议作为南极条约体系的中央决策机制，养护委员会的决策要服从于协商会议上做出的原则与精神，并且每届协商会议上要向协商国做报告。

二、《南极矿产资源活动管理公约》的出台

协商国在协商《养护公约》之前就开启关于矿产机制的讨论。1972

年，矿产资源正式成为协商会议议程。1975年，新西兰认为一个长时期的暂停协议可以保护南极环境，并且能避免《南极条约》崩溃。但此提议遭到美国的强烈反对，美国认为短期暂停协议更好，可以有机会找到更长远的解决方案。① 此次委员会未能就暂停协议达成一致。1976年的特别协商会议上，协商国达成一系列共识，包括协商国需在矿产议题中发挥积极作用、保护南极环境，以及考虑到全人类的利益等。② 1979年第10届协商会议上，协商国一致同意制定一个矿产机制。在1980年的特殊会议上，协商国开始就机制细节进行讨论。以苏联为代表的部分协商国，从一开始不接受制定矿产机制的提议，到此时已经准备开始谈论机制的内容。③

20世纪80年代，协商国决定制定专门的矿产机制，出于四个原因：第一，在发现矿产之前进行协商，政治冲突会更少。第二，防止无序开采，这将破坏南极环境。协商国担心，如果没有一致同意的矿产机制，一些公司可能会在南极大陆上进行开发，而这将没有任何措施来保护环境。比如，新西兰政府十分担心国际原油公司或其他政府可能会开发新西兰的罗斯声索区（Ross Dependency），一旦出现这种情况，新西兰政府将无能为力。④ 第三，无规制的开采行为还将打破南极主权平衡，且若《南极条约》框架下的矿产机制缺失，来自外界的第三方将可能在南极条约体系框架之外解决南极矿产开发问题。第四，矿产机制的缺失将无力阻止开发者垄断资源或者某个区域。比如，对南极大陆42%领土提出要求的澳大利亚曾担心其可能的资源开采行为不能被视为单边行动。美国也有同样的考虑，希望获取南极矿产资源基于"无差别立场"（non–discriminatory basis）。⑤

在智利的压力下，新西兰领头起草矿产机制的草案。在1982年《养护公约》生效后，协商国开始正式讨论制定矿产机制。相比《养护公约》，

---

① Malcolm Templeton, *Protecting Antarctica: The Development of the Treaty System*, p. 16.

② Ibid., p. 17.

③ Barbara Mitchell, *Frozen Stakes: The Future of Antarctic Mineral*, pp. 50–51.

④ Malcolm Templeton, *Protecting Antarctica: The Development of the Treaty System*, p. 18.

⑤ Doaa Abdel–Motaal, *Antarctic: The Battle for the Seventh Continent*, Praeger, p. 97.

第三章 南极治理机制的第一次变革

矿产机制的协商困难得多。首先，各国的利益不同，对于科技发达的国家来说，开发资源与保护环境并重，它们希望矿产机制能够确保其开发南极资源的利益；对于科技欠发达的国家来说，保护南极环境占据压倒性的优势；对于第三世界国家来说，希望通过协商获得开发南极资源的科技。[①] 其次，与游动的海洋生物不同，矿产资源固定在南极大陆上，这涉及了管辖权与领土主权的问题，而主权问题是当时无法解决的，只能换种方式继续做冻结处理。南极所有权依然处于纷争之中，这也是设计矿产机制最为困难之处。但是，更为重要的问题是，如果协商国没有制定出一个公认的法律框架来约束矿产活动，南极地区的合作将会崩溃。[②]

《矿产公约》与《养护公约》的出台背景有所不同。在《养护公约》协商与制定时，来自外界的压力较小，而到《矿产公约》协商时，来自外界的压力剧增，协商国开始关注其与世界其他国家的力量对比，关心国际社会的反应，比如智利担心第三世界国家可能会在联合国上提起反对议程。[③] 为此，协商国专门做出多个相关报告。协商国如此关注力量对比，原因之一是因为此时非政府组织在南极治理中的权力持续增长。在《养护公约》出台后，随着非政府组织的壮大，南极治理的显要规范出现激烈的规范竞争。协商国秉持的规范依然是资源利用，即为获取南极大陆的矿产资源，因此将精力集中在制定南极矿产资源机制上。然而，非政府组织奉行的规范是环境保护。不过，非政府组织力量尚不够强大，没能从根本上对协商国的权力构成挑战，因此南极治理体系中的显要规范依然是资源利用。另一个原因则是第三世界的兴起。20世纪60年代去殖民化运动，大量国家获得独立。20世纪70年代，第三世界国家呼吁建立国际政治经济新秩序。20世纪80年代初，第三世界国家质疑南极条约体系是殖民时代的产物，没有发展中国家的一席之地，这亦对秘密决策的南极条约体系构成压力。

---

① Sudhir K. Chopra, Tucker R. Scully, Christopher C. Beeby, Robert Hayton, Christopher, C. Joyner, "The Antarctic Minerals Agreement," *Proceedings of the Annual Meeting (American Society of International Law)*, Vol. 83, 1989, p. 210.

② Barbara Mitchell, *Frozen Stakes: The Future of Antarctic Mineral*, p. 1.

③ Malcolm Templeton, *Protecting Antarctica: The Development of the Treaty System*, pp. 26 – 27.

在资源利用规范的影响下,已经内化的科学研究规范也有所改变。科学研究从探索自然奥秘、获取科学知识转变为以勘探矿产资源为导向,在此期间出现大量关于南极潜在矿产资源的勘探报告。实际上,当时没有任何公开的科研成果显示南极存在矿产资源,南极存在矿产资源是科学上的推测。协商国假设矿产资源是存在的,在此基础上进行协商。协商国从1982年开始正式讨论矿产资源开发问题,而这一谈判全程是秘密进行的,[1] 甚至《南极条约》缔约国也无法获知谈判进程。这导致一些非政府组织尤其是环境保护组织对南极的关注程度显著增加,它们质疑协商国保护南极环境的能力。比如1982年法国建立飞机跑道,对周围的动物和环境造成伤害和破坏,遭到环保组织的强烈反对。[2] 越来越多的环保组织认为它们有必要联合起来保护南极的环境,非政府组织开始真正地参与南极事务,[3] 成为南极治理中的重要参与者。

由于南极矿产机制问题有可能出现在联合国议程上,这一潜在的威胁促使协商国的谈判变得急迫,[4] 协商国加快了讨论速度。在新西兰大使毕比(Christopher C. Beeby)的主持下,协商国从1982年开始历经6年协商,于1988年达成《矿产公约》。1988年6月2日,在新西兰惠灵顿召开的特殊协商会议上,23个协商国一致同意通过了《矿产公约》,随后于1988年11月25日进行签字。[5]

在没有确定是否会出现矿产资源活动以及何时在何地进行矿产活动的情况下,《矿产公约》没有预先设置完整的规制制度。相反,《矿产公约》

---

[1] 南极和南大洋联盟的创始人詹姆斯·伯恩斯是从个人渠道打探到这一信息,由此创立南极和南大洋联盟。"History of Antarctic and Southern Ocean Coalition," Antarctic and Southern Ocean Coalition, http://www.asoc.org/about/history.

[2] Peter J. Beck, *The International Politics of Antarctica*, p. 223.

[3] Margaret L. Clark, "The Antarctic Environmental Protocol: NGOs in the Protection of Antarctica," in Thomas Princen, Matthias Finger, *Environmental NGOs in World Politics: Linking the Local and the Global*, London: Routledge, 1994, p. 162.

[4] Malcolm Templeton, *Protecting Antarctica: The Development of the Treaty System*, p. 21.

[5] Sudhir K. Chopra, Tucker R. Scully, Christopher C. Beeby, Robert Hayton, Christopher, C. Joyner, "The Antarctic Minerals Agreement," p. 204.

强调的是开展矿产活动所必须依据的标准。[①] 为此，《矿产公约》建立了相关的组织来对矿产活动进行监管。仿照《养护公约》的组织形式，协商国设立矿产资源管理委员会来管理南极矿产资源问题，由此，《矿产公约》创立了第二个在体系内独立的国际组织。另外，《矿产公约》还创新很多制度来加强矿产机制的独立性。比如，《矿产公约》特设南极矿产资源委员会和科技环境咨询委员会，前者是决策机构，而后者则是咨询机构，为矿产委员会提供科学上的建议。矿产机制还有推出"基金制度"来保证财政独立，分享只有协商国才能行使的视察权等。不过，即使有这些制度创新，从其本质上来说，《矿产公约》依然没有实质性地解决南极领土主权争端，而是延续了冻结处理，领土主权声索国依然拥有特权。《矿产公约》第32条"管理委员会"条款赋予七个领土主权声索国特殊的地位，协商国享有特殊投票权。

《矿产公约》将矿产活动分为三个阶段：普查（prospecting）、勘探（exploration）、开发（development）。其中，普查的目标是确定蕴藏潜在资源的地区。《矿产公约》规定除了符合明文列出的管理条例外，禁止勘探与开发。矿产委员会将根据环境标准决定是否划定某一区域作为矿产活动的场地，并设立相应的管制委员会对该区域的活动进行具体的管理。[②] 在达到《矿产公约》中规定的环境保护、技术和安全问题、视察问题、财政运行、资料收集等标准后，管制委员会才能承担管制任务，审查申请者的探测权利和开发权利。在批准勘探和开发后，管制委员会对其进行监管，以确保其矿产开发活动符合《矿产公约》。管制委员会被赋予管理实质开采中的权力，因此《矿产公约》对各个管制委员会的成员组成做出详细规定：每个管制委员会必须由六个非声索国和四个声索国组成。其中，非声索国中必须包括美国和苏联，而声索国中必须要有一个对该区域具有主权要求的国家。而选择管制委员会成员时，必须要有发展中国家代表。管制

[①] R. Tucker Scully, Lee A. Kimball, "Antarctica: Is There Life after Minerals?" *Marine Policy*, Vol. 13, No. 2, 1989, p. 89.

[②] 邹克渊:《南极全面保护的法律思考》，《中外法学》，1991年第4期，第37页。

委员会以 2/3 多数进行决策。[①]

在国际社会施压的背景下,《矿产公约》虽然试图保护声索国的利益,但亦迎合国际社会的需求,如《公约》第 41 条第 4 款明确鼓励发展中国家参与开发南极矿产资源。

小 结

从 1959 年到 1972 年,南极治理被称赞为"国际治理教科书"般的典范。然而,在 20 世纪 70 年代,资源问题打破南极平静的局面,南极治理首次面临资源开发的考验。《南极条约》没有要求协商国建立海洋生物资源机制,[②] 也未明确赋予协商国管辖南大洋的权力。这一法律上的疏漏令南极条约体系在资源问题上面临外界的制度竞争。从 1972 年到 1988 年,南极治理的权力结构和显要规范同时变化。

在权力结构上,从 20 世纪 70 年代后期开始,非政府组织参与南极治理的能力和意愿增强,其通过知识、价值、实践获得社会性权力。不过,非政府组织的权力不足以挑战协商国的权力,非政府组织没有从根本上改变南极治理中的问题确认与议程设置,而仅是部分地影响了决策制定,《养护公约》是环境非政府组织首次在南极治理体系中施加影响力的产物。在显要规范上,南极治理中的焦点议题从科学合作转移到资源利用。在《南极条约》生效的最初 10 年时间里,科学家依然发挥重要的作用。但是随着资源问题的兴起,资源利用成为南极治理的焦点议题,资源利用规范受到集体瞩目,并强势扩散,资源利用成为新的显要规范。

在这个期间,协商国拥有南极治理的大部分权力,其奉行资源获取规范。非政府组织在南极治理中崛起,获得一部分权力,其奉行环境保护规范。非政府组织的力量不足以改变南极治理的焦点议题。不过,它们为协商国提供科学上的建议,将环境保护的价值理念融入新的机制。权力结构与显要规范共同发生变化,《养护公约》与《矿产公约》相继

[①] R. Tucker Scully, Lee A. Kimball, "Antarctica: Is There Life after Minerals?" pp. 90–92.

[②] Barbara Mitchell, Richard Sandbrook, *The Management of the Southern Ocean*, London: International Institute for Environment and Development, 1980, p. 3.

出台。以这两个公约为基础,分别发展出养护机制与矿产机制,其在类型上属于南极治理中的委员会制,拥有独立的决策机构。它们的出现表明南极治理机制由协商会议制垄断转向委员会制分治,南极治理机制发生第一次变革。

第四章

南极治理机制的第二次变革

20世纪80年代末90年代初是南极治理风起云涌、急剧变化的时代。南极治理体系出现第二次变革,这一变革包括两部分:一是从委员会制回归到协商会议制;二是行业协会制诞生。本章将结合权力结构与显要规范对南极治理体系的第二次变革进行解释。

第一节 权力结构:协商国权力受到冲击

在20世纪80年代,随着南极议题进一步受到全球关注,南极条约体系面临体系外行为体的挑战。挑战来自两个截然不同的方向:一是非南极条约国;二是非政府组织。在外界的挑战下,南极治理的权力结构出现变化,部分非南极条约国成为协商国。与此同时,非政府组织获得更多南极治理的权力,这些变化在20世纪80年代末集中爆发,促成治理机制的变革。

一、20世纪80年代:国际社会质疑协商国的治理权威[1]

在20世纪80年代,协商国治理南极的合法性遭到国际社会的质疑与挑战,第三世界国家以联合国为平台向南极条约体系提出挑战。这一反对声浪在20世纪70年代初期开始萌芽。1983年11月,"南极洲问题"被正式列入联合国大会的会议议程,联合国正式介入南极事务。

在南极条约体系运行之初,协商国缔造南极和平,并对南极进行卓有成效的治理,协商国自认为具有管理南极的合法性。但是,情况在20世纪70年代初期开始发生变化,南极"联合国化"动议初现端倪。一方面,1972年第二次国家公园世界会议出台决议,建议将南极洲及其周围海域建

---

[1] 该小节部分内容发表于《联合国与南极条约体系的演进》,《中国海洋大学学报(社会科学版)》,2018年第3期,第16—22页。

第四章　南极治理机制的第二次变革

立为首个世界公园，由联合国监管。[①] 另一方面，1959年签订《南极条约》时，世界上仅有83个国家。[②] 在20世纪60时代，世界范围内展开去殖民化运动，一大批国家获得独立，发展中国家开始质疑殖民化时代制定的国际规则。在它们的推动下，1974年联合国大会宣布国际经济新秩序。与此同时，全世界将目光转向南极可能蕴藏的丰富资源，一些发展中国家不满南极条约体系的封闭式管理，要求享有平等开采与利用南极资源的权利，开始在一系列场合公开质疑南极条约体系的合法性与权威性。

1975年，当时的联合国海洋法会议主席谢莱·阿梅拉辛格说道："目前这个地球上仍然有些地区国际社会有机会可以为全体人类的共同利益而不是少数人的福祉进行建设性的和平合作。这个地区就是南极大陆。"同年，斯里兰卡代表在联合国海洋法会议上提议，将"人类共同遗产"原则用于南极大陆，并作为处理南极事务的基本原则，以打破《南极条约》组织的封闭性，增加其国际化程度。[③] 1976年，几内亚在联合国粮农组织会议上向南极条约体系成员国发难，质疑南极条约体系通过设置条件将发展中国家排除在南极事务之外这一做法的合法性。[④] 1979年，秘鲁协调员阿尔伐洛·德萨托说，就南极问题进行全面政治性辩论是不可避免的，也是合乎情理的。[⑤]

1979年联合国大会通过《关于各国在月球和其他天体上活动的协定》（简称《月球协定》）。该协定明确将月球及其自然资源定义为"人类共同遗产"（或人类共同继承财产）。随后，"人类共同遗产"原则扩散到1982年《联合国海洋法公约》。《联合国海洋法公约》将国家管辖范围以外的深海海底及其底土与资源视作人类共同遗产，规定由国际海底管理局（International Seabed Authority，ISA）管辖区域内的活动，这引发关于如何管理南极资源的思考。其中，就有人希望能根据"人类共同遗产"原则建立一

[①] Malcolm Templeton, *Protecting Antarctica: The Development of the Treaty System*, p. 16.

[②] 联合国网站，https://www.un.org/zh/sections/member-states/growth-united-nations-membership-1945-present/index.html.（访问时间：2021年4月24日）

[③] 陈玉刚、周超、秦倩：《批判地缘政治学与南极地缘政治的发展》，第125页。

[④] 同上，第125页。

[⑤] Barbara Mitchell, *Frozen Stakes: The Future of Antarctic Minerals*, pp. 41–42.

南极治理机制变革研究

种全球性的南极机制。

南极作为潜在资源宝库的地位推动发展中国家关注南极治理,虽尚未对南极条约体系构成实质性挑战,但其力量不断积蓄,终在20世纪80年代形成巨大的冲击力。在第三世界的支持下,1982年9月29日,马来西亚总理马哈蒂尔在联合国大会上指出,《南极条约》是殖民主义秩序的遗留产物。马来西亚对南极条约体系采用釜底抽薪式的冲击,其否认南极声索国的主权,抨击南极条约体系的俱乐部属性,要求将"人类共同遗产"概念用于南极,试图建立以联合国为中心的全球性机制,取代《南极条约》。随后,1983年3月第7届不结盟运动峰会在新德里召开,该会议出台的经济决议称将发起南极综合研究,增强南极地区的国际合作,并要求联合国秘书长在1984年10月做一份关于南极的最新报告,为联合国会议的讨论提供参考。

这一倡议重启20多年前有关南极与联合国关系的讨论。早在《南极条约》缔结前,南极问题"联合国化"的动议已经出现。美国是《南极条约》的总设计师,在联合国框架下管理南极是美国的首选方案。从1948年开始,美国先后提出两个方案:一是基于新成立的联合国及其托管理事会(UN Trusteeship Council),提议由托管理事会托管南极;[1] 二是排除苏联,由美国和七个领土主权声索国共管。[2] 具体来看,美国提出托管方案的目的:一是为了解决领土主权争端;二是协调各国间的南极事务。但是,这个方案可能的结果是导致南极问题国际化,仅得到英国和新西兰的支持,阿根廷、智利以及澳大利亚明确反对。其原因在于,一旦更多国家涌入南极,声索国的南极利益以及声索权益将受到损害,而它们在地理上临近南极,更多国家涌入南极亦有可能威胁其本国的国家安全。

不过,托管方案一直是南极参与国的选择之一。1956年1月,新西兰总理再次提议联合国托管南极,将南极建立为联合国管控下的"世界领

---

[1] NSC 21/1, "Memorandum for the Executive Secretary National Security Council," *National Security Council Report*, August 29, 1949.

[2] Telegram No. 3187, U. S. Embassy, London, July 14, 1948. in John Hanessian, "The Antarctic Treaty 1959," *The International and Comparative Law Quarterly*, Vol. 9, No. 3, 1960, p. 440.

土",① 但是几乎没有得到各国正式的官方回应。在 1956 年和 1958 年,印度两度试图将南极洲问题设置为联合国大会议程,皆因没有得到其他国家支持而作罢。② 印度的举措促使美国思考联合国介入的后果,如果由联合国托管南极,后果之一是苏联将有可能要求南极领土主权,并加入管理机构。③ 当时美国的政策是排除苏联参与南极事务,托管方案至此不再成为南极参与国的备选方案。印度两度试图将南极洲问题设为联大议程,成为 1983 年联合国重新开启南极洲问题的先例。

1957 年,为应对可能来自联合国托管的挑战,美国开始考虑用共管方案,即美国和七个领土主权声索国用共管的方式管理南极。④ 此时该方案得到南非的支持,但遭到英国、澳大利亚与新西兰的强烈反对。反对的理由是,苏联有可能基于 19 世纪别林斯高晋的发现而提出南极领土主权要求,那么苏联将成为共管的成员国,这是美国及其盟国在当时无法接受的结果,该方案以失败告终。

出于现实考虑,南极参与国放弃联合国框架下,转而创立独立于联合国的俱乐部机制,这使得南极条约体系与联合国的关系复杂,两者并不是单纯的对抗或合作的关系。《南极条约》声称促进《联合国宪章》所体现的宗旨和原则,但在实际治理中,协商国极力排除联合国及其专业机构的参与。在南极条约体系运行的最初 20 年间,南极尚未引起世人的注意,亦因发展中国家没有足够的人力、物力与财力赴南极考察。从 1982 年开始,协商国秘密开启矿产机制的协商。新兴的发展中国家试图获得南极丰富的资源,然而它们没有能力达到《南极条约》规定的准入资格,于是以联合国为平台发起攻击,试图将"人类共同遗产"概念用于南极地区,希望以此获得与协商国平等的开采与利用南极资源的权利。

南极"联合国化"动议遭到协商国的激烈反对。1983 年 7 月 29 日,澳大利亚政府向马来西亚驻联合国代表提出备忘,坚决反对联合国的介

---

① John Hanessian, "The Antarctic Treaty 1959," 1960, p. 450.
② Ibid., p. 451.
③ NSC 5715/1. "Statement of Policy by the National Security Council on Antarctica," *National Security Council Report*, June 29, 1957, pp. 24–25.
④ NSC 5715/1, "Statement of Policy by the National Security Council on Antarctica," p. 10.

入,称"修改或替代《南极条约》将会削弱国际法和南极秩序,破坏国际安全与合作"。[1] 不过,这未能阻止事态的发展。在阿尔及利亚、巴基斯坦、新加坡等国的支持下,1983年9月22日,马来西亚、安提瓜和巴布达要求将南极问题列入第38届联合国大会议程。1983年11月,联合国处理裁军与国际安全事务的第一委员会(UN First Committee)进行五场会议,就"南极洲问题"列入联合国大会议程的决议达成一致。1983年12月15日,联合国大会通过了题为"南极洲问题"的第38/77号决议,决定联合国大会就"南极洲的各个方面"在1984年的下一轮会议中进行讨论。[2] 由此,联合国正式介入南极事务。

1983年,联合国对南极条约体系的挑战主要集中在三个方面,分别是领土主权问题、南极条约体系的适当性以及提议建立以联合国为中心的南极治理机制。[3] 领土主权问题是南极治理的核心问题,也是联合国挑战的核心。第三世界国家认为,对南极领土的要求是殖民主义的残留。1982年马来西亚认为,如同海洋和海床,那些人类不能居住的土地应该都为国际社会所共有。对此,协商国一方面否认殖民南极,另一方面重新解释南极条约体系。协商国回避《南极条约》第4条是否在法律上解决领土主权问题,将重点放在第4条所发挥的政治效用上,强调第4条消除南极地区可能出现的争端。协商国声称,如果没有第4条,南极地区很可能出现对领土主权的重新声索,这会再次将南极带入不稳定的状态。[4]

由于协商国在领土主权问题上的应对成功,第三世界不再将领土主权问题作为重点,其转而质疑南极条约体系的适当性,南极条约体系的俱乐部属性成为攻击焦点。在1983年之前,协商国秘密举办协商会议及其特别预备会议。在特别预备会议上,协商国经过大量外交折冲后决定协商会议的议程与建议(recommendation),外界无从得知其过程,而协商会议最终

---

[1] Romualdo Bermejo, "Antarctic System Crisis or Success of Multilateralism," *Comparative & International Law Journal of Southern Africa*, Vol. 22, No. 1, 1989, p. 19.

[2] A37/77,联合国网站,https://documents-dds-ny.un.org/doc/RESOLUTION/GEN/NR0/442/29/img/NR044229.pdf? OpenElement。

[3] Moritaka Hayashif, "The Antarctica Question in the United Nations," *Cornell International Law Journal*, Vol. 19, 1986, p. 279.

[4] Moritaka Hayashif, "The Antarctica Question in the United Nations," p. 281.

第四章 南极治理机制的第二次变革

报告亦属保密文件，不对外公开发布。[①] 在第三世界的压力下，协商国开始修改协商会议《最终报告》与《南极条约》"议事规则"，以拉拢体系内的缔约国[②]，加强体系的合法性。1983年第12届协商会议《最终报告》第6条建议"增加公众对南极条约体系所取得成就和运行的了解"，[③] 以此来应对联合国的挑战。同时在1983年，协商国首次修改《南极条约》"议事规则"，新增的第25条规定缔约国代表可参加所有会议，而新增的第27条强调缔约国无权参与决策。这两个条款赋予缔约国参加协商会议的权利，获得缔约国对南极条约体系的支持。在此过程中，南极条约体系的性质开始发生改变，开始从俱乐部机制逐渐走向开放与包容。

1985年第40届联合国大会出台第40/156号决议，质疑南极条约体系出于"全人类共同利益"管理南极的能力，[④] 协商国开始着力解决体系公开性的问题。对此，协商国从1985年开始陆续公开协商会议最终报告、放宽协商国的准入资格。由此，当国际社会抨击协商国秘密举办协商会议时，协商国称最终报告是一贯公开的。[⑤] 南极条约体系实施门户开放，赋予一批国家以协商国的资格。为进一步开放体系，1987年协商国第二次修改"议事规则"，新增第2条为邀请南极条约体系内的养护委员会和南极研究科学委员会（Scientific Committee on Antarctic Research，SCAR）代表作为观察员出席协商会议；新增第3条规定观察员可以提交文件；新增第35条规定邀请国际组织代表出席协商会议。在随后的第14届协商会议上，世界气象组织、南极研究科学委员会、世界自然保护联盟三个国际组织首次参加南极条约协商会议，南极条约体系进一步公开。

联合国质疑南极条约体系的合法性与有效性，而建立秘书处是机制有

---

① 王婉潞：《南极治理中的权力扩散》，《国际论坛》，2016年第4期，第14页。
② 《南极条约》规定，任何国家递交文书皆可加入《南极条约》成为缔约国。但是只有在南极进行实质性科学考察活动的国家才能成为协商国。协商国具有南极事务的决策权，缔约国没有决策权。
③ Peter J. Beck, "The United Nation's Study on Antarctica, 1984," *Polar Record*, Vol. 22, No. 140, 1985, p. 503.
④ A40/156，联合国网站，https://documents-dds-ny.un.org/doc/RESOLUTION/GEN/NR0/476/03/IMG/NR047603.pdf?OpenElement。
⑤ Moritaka Hayashif, "The Antarctica Question in the United Nations," *Cornell International Law Journal*, Vol. 19, 1986, p. 285.

效性与合法性的基本体现。来自联合国的压力促使南极条约体系的议题发生变化。在体系运行早期，关于秘书处的提案是被禁止的。无论是在《南极条约》的制定会议还是在1983年前的协商会议上，提出"南极条约秘书处"的议案会被第一时间驳回，在会议议程上从未出现过有关秘书处的议题。在1983年第12届协商会议上，建立秘书处的议题首次没有遭到反对。从1987年第14届协商会议开始，各国就建立秘书处问题进行讨论，并提交有关建立秘书处的工作文件。

二、20世纪80年代末：非政府组织的权力进一步增加

20世纪六七十年代，协商国垄断南极治理。20世纪70年代中期，非政府组织兴起，并在1978年整合为南极和南大洋联盟（ASOC），形成一股合力，开始在南极治理中发挥作用。到20世纪80年代，非政府组织治理南极的意愿和能力进一步增强，它们反对协商国制定南极矿产机制，对协商国构成压力，深刻地影响了南极治理机制的发展。

《南极条约》没有任何关于矿产活动的明文规定，但反过来这也意味着条约并没有明确禁止矿产活动。在此背景下，协商国认为有必要在实质性的矿产活动开始之前预先制定一个管理机制。事实上，协商国具有制定预防性机制的传统。比如1972年的《海豹公约》便是建立在对未来远洋海豹捕捞的设想之上。一旦南极大陆的矿产开采成为现实，若缺少相应的规则或程序来规制其开采行为，极有可能严重破坏南极地区的稳定，并将损害南极条约体系的权威。出于政治、经济、法律的需要，协商国从1982年开始协商矿产机制。然而此举遭到非政府组织的强烈反对，它们认为开发矿产资源与协商国保护南极环境的目标不符。[①]

非政府组织得以在南极治理中发挥作用的根源在于南极领土主权缺失。由于南极领土主权冻结，协商国无法对其实施管辖权，无法有效治理南极环境。在主权缺失的情况下，非政府组织发挥显著作用。"非政府组织可以弥补主权真空，并增强南极的环境治理。"[②] 非政府组织对南极条约

---

① Lorraine M. Elliott, *International Environmental Politics: Protecting the Antarctic*, p. 109.

② Doaa Abdel-Motaal, *Antarctic: The Battle for the Seventh Continent*, Praeger, p. 203.

体系构成巨大压力。与第三世界开发南极矿产资源的意图不同,非政府组织的立场是保护南极环境。1983年6月,包括协商主要内容的MR/17文件被英国和新西兰两国的环保主义者发布,此举令协商国遭到南极和南大洋联盟的猛烈抨击。[①] 1984年,在非政府组织的强烈反对下,协商国的谈判仍在继续,且取得实质性进展,环保组织因此而恐慌,加强抵制活动,提出全面禁止开采的目标。[②]

不过,此时的非政府组织的权力没有足够大到可以改变南极治理的焦点议题,协商国制定矿产机制势在必行。当矿产开发和环境后果有可能变为现实时,非政府组织意识到全面禁止开采的目标不可能实现,转而参与到协商国的矿产机制协商之中,试图以此方式影响协商国的政策制定。非政府组织认为协商国所要制定的环境规则是不完整的,[③] 于是全力参与矿产机制的制定。[④] 由于非政府组织没有资格参加协商会议,它们通过各种方式影响协商国的政策制定。比如,在《矿产公约》协商时,南极和南大洋联盟在会议内外同时行动。在会议内,它们通过动员舆论、游说决策者等多种方式促使协商会议关注南极环保议题,并促使协商会议通过加强南极环保的建议;在会议之外,它们组织大规模的游行活动以及大力宣传南极的环保重要性。[⑤] 绿色和平组织(Greenpeace)到南大洋航行,号召将南极大陆作为世界公园。在此基础上,南极和南大洋联盟设置世界公园的原则,包括非军事化、养护、保护南极大陆荒野质量、禁止开矿、推动科研、禁止核废料,以及建立有市民社会参与的中心机构,等等。[⑥] 这些原则为后来的《议定书》所采纳。

---

① Malcolm Templeton, *Protecting Antarctica: The Development of the Treaty System*, p. 29.

② Ibid., p. 31.

③ Lorraine M. Elliott, *International Environmental Politics: Protecting the Antarctic*, p. 58.

④ Margaret L. Clark, "The Antarctic Environmental Protocol: NGOs in the protection of Antarctica," p. 162.

⑤ Tina Tin, "Environmental Advocacy in the Antarctic Treaty System: A Personal View from the 2000s," *The Polar Journal*, Vol. 3, No. 2, 2013, pp. 416 – 417.

⑥ Doaa Abdel – Motaal, *Antarctic: The Battle for the Seventh Continent*, Praeger, p. 206.

这些非政府组织接受了南极条约体系的原则与规范。它们通过科学研究、监督、提出新的价值理念来获得一定程度的合法性。非政府组织不同于科学家，科学家提供知识支撑，而非政府组织则充当了联系公共关切与政策制定者之间的纽带。[①] 非政府组织也起到了监督政府行为的作用。不过，非政府组织的作用也存在限制，比如协商会议要求受邀参加会议的国际组织不能在其他国际制度的议程中出现南极事务。[②]

从根本上来说，非政府组织并不反对南极条约体系，它们认为《南极条约》及南极条约体系是维持南极地区和平与稳定的保证。非政府组织所反对的是协商国开发矿产资源。这也是在生存危机中协商国得以保全的原因所在：非政府组织支持南极条约体系的存在，仅是反对其制定的矿产机制。

非政府组织真正改变南极治理的权力结构是在 1989 年。1988 年，协商国在国际社会重重反对声中出台《矿产公约》。1989 年，极地发生四起环境灾难。1989 年 1 月 28 日，阿根廷船只"巴比亚·帕莱索号"（Babia Paraiso）触礁，25 万桶柴油倾入大海，致使大量磷虾、企鹅等生物死亡。1989 年 2 月 7 日，英国船只撞冰山；1989 年秘鲁调查船漏油。最严重的是 1989 年 3 月 24 日运油船在阿拉斯加附近触礁，导致 1000 万加仑原油泄露。[③] 四起环境灾难使得人们联想到开发矿产可能会引发诸如此类的环境灾难，推动非政府组织结成"跨国倡议网络"。该网络发挥巨大力量，其所拥有的社会性权力形成合力，对协商国的政治性权力构成挑战。

第二节 显要规范：从资源获取转向环境保护

20 世纪 80 年代末、90 年代初，第三世界和非政府组织双重施压，南极条约体系面临严重的合法性危机。在强大的外界压力下，显要规范从资

---

① Lorraine M. Elliott, *International Environmental Politics: Protecting the Antarctic*, p. 46.

② Ibid., p. 46.

③ Christopher C. Joyner, "The Effectiveness of CRAMRA," in Olav Schram Stokke, Davor Vidas eds., *Governing the Antarctic: The Effectiveness and Legitimacy of the Antarctic Treaty System*, Cambridge University Press, 1996, pp. 162 – 163.

源获取转变为环境保护。

一、20世纪80年代：资源获取规范

在《南极条约》签订后，随着科学技术的发展，协商国对南极的科学认识增加，科学家在南极科学考察的过程中相继发现南极可能蕴藏着潜在的矿产资源。1973年中东石油危机爆发，西方发达国家遭遇前所未有的资源危机，而南极的矿产资源陆续被发现，导致发达国家和发展中国家同时聚焦南极。对于协商国来说，20世纪80年代南极治理的显要规范是获取资源，协商国获取南极巨大的经济利益是理所当然的。时任美国国务卿表示，美国的主要考虑是确保未来可获取资源。[①] 美国的矿产利益足够大以至于动摇了国家原先对保护南极环境和联合管理南极的承诺。[②] 除了美国之外，矿产资源导致协商国强调其对资源的占有，以澳大利亚为代表的主权声索国不希望在其声索的南极领土范围内的资源被任何国际组织监控。[③] 另一方面，协商国的态度引发体系外国家要求自由进入南极的呼声。

《南极条约》既未允许也未禁止开发南极矿产资源，而且各协商国之间的利益分歧巨大。1981年各协商国的立场存在较大分歧：声索国认为其理应拥有优先开采权，以美日德为代表的技术先进国家认为应该有同样的权利，而苏联既无声索也无先进技术，故而采用拖延战略。[④] 在这种情势下，对于协商国来说，最简单的方法是什么也不做。不过，南极问题有可能被列入联合国大会议程，这对协商国构成巨大压力。在外界压力推动下，协商国不得不采取措施。

矿产资源的兴起导致协商国陷入两难境地：一方面，矿产议题可能会削弱南极参与国之间的关系，以及南极条约体系的基础；另一方面，如果不采取行动，未规制的矿产活动将会给南极政治和环境带来不可估量的危

[①] "Telegram 3041 of 19 July 1983 from New Zealand Embassy, Washington to Wellington," in Malcolm Templeton, *Protecting Antarctica: The Development of the Treaty System*, p. 30.

[②] Barbara Mitchell, "It's Too Soon to Drill for Oil in Antarctica," *New York Times*, July 2, 1979, A17.

[③] Malcolm Templeton, *Protecting Antarctica: The Development of the Treaty System*, p. 22.

[④] Ibid., p. 28.

害。协商国开始集体认为迎接挑战要好于按兵不动。[1] 协商国面临着政治压力与恐慌,维持制度成为协商国制定机制的重要考虑。[2] 由此,协商国在1982年开始了矿产资源机制协商。

二、20世纪80年代末:环境保护规范

20世纪80年代末,外界压力日渐增大,南极条约体系面临严重的生存危机,协商国的本体安全受到威胁。本体安全理论认为,国家的行为并非如现实主义者所假设的,是由生存的物质性需求刺激的结果,而是基于身份自我认同的需要。行为体所处理的安全问题和适应性问题并非全部与外部威胁相关,它还与自身能否继续以以往的方式存在下去的能力,以及继续作为一个行为体实体存在的身份稳定相关。一旦行为满足国家自我认同的需要,便获得本体安全;若行为不能满足国家的自我认同,便失去本体安全而陷入焦虑的境地。[3]

在第三世界和非政府组织的双重压力下,南极条约体系面临严重的合法性危机,这一危机的根源在于合理利用南极资源的规范超越界限,危及和平与环保规范,导致规范竞争出现。此时,南极协商国的首要考虑是如何度过生存危机、获得稳定的南极治理身份。为了维护体系的本体安全,协商国采取一系列手段渡过危机。1989年全球发生四起极地环境灾难后,环境保护成为焦点议题。跨国倡议网络形成,活动家们重新对问题进行架构,环境保护成为南极治理中受到集体瞩目的规范,环境保护议题由此成为南极治理中的焦点议题。在危机中,协商国意识到强调环境保护是解决危机、维持合法地位的最佳方式,由此将规范从资源获取转变到环境保护,"引入环境议题来巩固南极条约"[4]。

1959年的《南极条约》没有过多关注环境保护,条约中与环境有关的

---

[1] Lorraine M. Elliott, *International Environmental Politics: Protecting the Antarctic*, p. 109.

[2] Ibid., pp. 108 – 109.

[3] 贺刚:《国际关系的本体性安全研究:一项研究议程》,《太平洋学报》,2014年第12期,第36—46页;景晓强:《身份、情感与对外政策——以本体安全研究为中心的讨论》,《外交评论》,2011年第4期,第57—68页;李格琴:《国际政治本体安全理论的建构与争论》,《国外社会科学》,2010年第6期,第20—26页。

[4] 1989年第15届协商会议《最终报告》。

第四章 南极治理机制的第二次变革

条文仅有两条，第5条第1款"禁止在南极洲进行任何核爆炸和处理放射性核废料"和第9条第1款（己）项"南极洲有生生物的保护和保存"。在《南极条约》出台后，科学家团体首先意识到保护南极环境的重要性，协商国出于科学研究的目的而关注各类南极环境问题，在科学家的推动下，保护南极脆弱的环境成为协商会议的固定议程并采取多种实质性措施。首先出台的是1964年《动植物保护协议》或称为《议定措施》，《议定措施》为管理南极环境提供了30年的基础。[1] 其后，协商国相继推出《海豹公约》（1972年）、《南极海洋生物资源养护公约》（1980年）。

制定南极管理机制的首要困难是南极归属权存在争端。协商国包括主权声索国，也包括不承认主权声索的国家。《南极条约》采用的主权冻结的方法，《养护公约》只是重复了冻结。由于矿产开发与领土主权相挂钩，到了矿产机制协商时，主权问题成为协商国不得不直面的问题。尽管协商国认为矿产议题可以在其框架内解决，但是关于现有条约安排国际合法性的讨论变成了威胁条约稳定的存在，也许会危及《南极条约》的生存。[2] 1988年《矿产公约》出台，主席毕比（Beeby）强调，《矿产公约》不是为了开采南极资源，而是将有效阻止南极的资源开发。在协商过程中，这个说法不断受到质疑，越是强调《矿产公约》不可能开发矿产，人们的疑惑就越会加重：既然如此，为何不直接禁止开发矿产资源？[3]

1988年11月，新西兰政府举办《矿产公约》签字仪式，但是当时仅有9个国家签字。到1989年3月，签字国增至15国，但是法国和澳大利亚依然没有签字。澳大利亚有代表认为，承认《矿产公约》是让出澳大利亚领土主权声索的举措，极力反对签字国家共享矿产资源的条款。[4] 而法国则面临着以雅克·库斯托（Jacques Cousteau）为首的反对。库斯托公开宣称南极勘探是不道德的，建议将其设为联合国保护下的世界公园。

1988年《矿产公约》出台后，绿色和平组织声称将在全世界范围内发

---

[1] Olav Orheim, Anthony Press, Neil Gilbert, "Managing the Antarctic Environment: The Evolving Role of the Committeee for Enviromental Protection," p. 210.

[2] Peter J. Beck, *The International Politics of Antarctica*, p. 239.

[3] Malcolm Templeton, *Protecting Antarctica: The Development of the Treaty System*, p. 26.

[4] Ibid., p. 33.

起反对。① 1989年发生四起极地环境灾难后,国际社会将关注重点集中在环境保护上,使得形势出现新变化。1989年5月,澳大利亚反对签订《矿产公约》,但是其反对理由从之前的经济利益转为环境利益,环境利益成为首要考虑。② 在1989年到1990年短短一年时间内局势出现大转折。各国国内政治变化直接影响条约体系的走向。首先是新西兰新领导人上台,与澳大利亚政策愈发接近。智利国内政局变更,新政府致力于环保。③ 美国也有新想法,开始考虑签订《议定书》。④ 1990年2月,新西兰决定退出签署《矿产公约》。此时南极条约体系面临一个外部危机,那就是协商国分崩离析,联合国可能拔得头筹抢先制定一个环保机制,而这有可能取代《南极条约》本身,因此协商国必须抢先制定出新的提案来促成协商国达成共识。为了这一目标,1990年11月在智利召开特殊协商会议,讨论环境保护机制。

第三节 权力结构与显要规范共同作用

在1988年到1991年期间,协商国废除已通过的《矿产公约》,出台《议定书》。同时,企业组成旅游协会对南极旅游进行治理。《议定书》确立了环境保护机制、旅游协会确立旅游机制,两者共同构成南极治理机制的第二次变革。

一、从委员会制向协商会议制的回潮

在权力结构上,第三世界与非政府组织共同施压,对协商国的南极治理权力造成冲击。一方面,第三世界对协商国主导下的南极治理机制提出强烈抗议,面对第三世界的反对,协商国采取一系列政策巩固其南极治理的权力,如吸纳非政府组织和缔约国作为观察员出席协商会议,实行门户开放、设立秘书处等。协商国放宽协商国准入资格,起到了分化反对阵营

---

① Christchurch Press, June 4, 1988.
② Malcolm Templeton, *Protecting Antarctica: The Development of the Treaty System*, p. 33.
③ Ibid., p. 38.
④ Ibid., p. 38.

的效果。事实上，自印度、巴西、中国等发展中大国相继成为协商国，第三世界的阵营不攻自破，虽然联合国大会每年依旧设立"南极洲问题"，但是反对浪潮逐渐削减。第三世界内部分裂，未能实现以联合国机制取代南极治理机制的目的。

另一方面，非政府组织没有南极治理的决策权，不过，非政府组织通过提供科学和技术上的信息与参与南极治理实践等途径获得了社会性权力，改变了南极治理的权力结构。非政府组织的权力虽然增长但是其本质上支持南极条约体系，仅是不满于协商国忽视南极治理中的环境保护。协商国采纳非政府组织的环保建议后，获得了非政府组织的认可。

在显要规范上，截至1988年，协商国秉持的规范是资源获取，而非政府组织秉持的规范是环境保护，这两个规范发生激烈的竞争。1989年世界上发生四起严重的环境灾难，使得人们开始重新思考南极环境问题。非政府组织适时组成"跨国倡议网络"，以环境灾难作为宣传，重新框定议题，环境保护成为集体瞩目的规范，成为新的显要规范。在国际社会的强大压力下，协商国为了维护自己的治理权力，放弃了原来秉持的资源获取规范，转而强调环境保护规范。在此次规范竞争中，环境保护规范获得南极治理所有行为体的支持，资源利用的规范退化。

实际上，《矿产公约》有其独特的价值，那就是可能会循序渐进地解决南极领土主权问题。一些学者寄希望于《矿产公约》，认为通过《矿产公约》来逐渐消融声索也许是解决南极主权问题的唯一方法。[①] 不过，环境保护成为新的显要规范，资源利用已经不合时宜。尽管《矿产公约》有可能会解决领土主权的问题，但是矿产活动无疑会引入环境问题。一些学者与官员坚持声称《矿产公约》为可能的矿产资源活动提供系统的管理，而不是致力于开发南极的矿产资源。比如，《矿产公约》设置了开矿的前提，即就是否开发应取得一致；[②]《矿产公约》主持人毕比称，制定矿产机制是为了保存和加强《南极条约》与南极条约体系。[③] 尽管如此，《矿产公

---

① Sudhir K. Chopra, Tucker R. Scully, Christopher C. Beeby, Robert Hayton, Christopher, C. Joyner, "The Antarctic Minerals Agreement," p. 205.

② Sudhir K. Chopra, Tucker R. Scully, Christopher C. Beeby, Robert Hayton, Christopher, C. Joyner, "The Antarctic Minerals Agreement," p. 205.

③ Ibid., p. 209.

约》依然遭到环境保护者的反对,其中最受质疑之处是,既然要保护南极的环境,何不直接禁止矿产开发。开采矿产已经不符合环境保护这一新的显要规范。

1989年的四起环境灾难令人们联想到开发矿产可能会引发诸如此类的灾难,环保非政府组织借势结成"跨国倡议网络"。跨国倡议网络在全球范围内反对矿产机制,令南极条约体系陷入生存危机。在危机中,协商国意识到强调环境保护是解决危机、维持合法地位的最佳方式,"引入环境议题来巩固南极条约"[1]。至此,环境保护成为南极条约体系的显要规范,再谈矿产开发已不合时宜。在权力结构与显要规范的共同变化与作用下,协商国紧急开启制定环境保护规则的程序来替代矿产规则。在讨论环境保护规则的过程中,协商国完成了从利益冲突到利益协调。在制定环境保护规则上,协商国的利益冲突体现在两个问题上:一是保护开矿权利还是禁止开矿;二是条约出台的方式。

在第一个问题上,法国和澳大利亚坚持禁止开发南极矿产资源,这遭到美国和英国的反对。美国和英国认为,此举将导致南极条约体系的崩溃,并认为如果法国和澳大利亚继续不妥协,可能会导致暂停开发矿产资源的君子协议中止,并且将没有任何规则可以保护这个地区。[2] 美国国务院开始认为在足够的压力下,澳大利亚将放弃该立场。但是,环境保护已经成为法国和澳大利亚身份的一部分。[3] 随后,美英有所让步,但是依然试图保留未来开发南极矿产资源的权利。[4] 美国成为环保规范的最大障碍。为此,法澳组成一个反对联盟,对抗美国所主导的联盟。各国内的非政府组织展开活动。以绿色和平组织和自然基金会为代表的环境非政府组织在英国、德国、新西兰和美国国内发起运动,向公众呼吁保护南极环境的

---

[1] 第15届南极条约协商会议《最终报告》,南极条约秘书处网站,https://documents.ats.aq/ATCM15/fr/ATCM15_fr001_e.pdf。(访问时间:2021年3月26日)

[2] Elliott and Australian National University, Australian Foreign Policy Publications Program, "Protecting the Antarctic Environment: Australia and the Minerals Convention," p. 52, from Gerry Nagtzaam, *The Making of International Environmental Treaties: Neoliberal and Constructivists Analyses of Normative Evolution*, Edward Elgar, 2009, p. 131.

[3] Gerry Nagtzaam, *The Making of International Environmental Treaties: Neoliberal and Constructivists Analyses of Normative Evolution*, Edward Elgar, 2009, p. 131.

[4] Ibid., pp. 131–132.

第四章 南极治理机制的第二次变革

重要性。① 非政府组织组成的"跨国倡议网络"动员公众，将南极治理的首要议题从"开采还是养护"重新框定为"养护还是保护"。

1989年5月，澳大利亚反对签订《矿产公约》，但是其反对理由从之前的经济利益转为环境利益，环境利益成为首要考虑。② 在1989年到1990年短短一年时间内局势出现大转折，各国国内政治变化直接影响条约体系的走向。首先是新西兰新领导人上台，与澳大利亚政策愈发接近。其次是智利国内政局变更，新政府致力于环境保护。③ 美国也有新想法，开始考虑签订《议定书》。④ 1990年2月，新西兰决定退出签署《矿产公约》。此时南极条约体系面临一个外部危机，那就是协商国分崩离析，联合国可能拔得头筹抢先制定一个环保机制，而这有可能取代《南极条约》本身，因此协商国必须抢先制定出新的提案来促成协商国达成共识。为了这一目标，1990年11月在智利召开特殊协商会议，讨论环境保护机制。

在第二个问题上，各国对条约形式意见不统一。1989年的第15届协商会议上，法国和澳大利亚提交保护南极环境的工作文件，倾向于制定单独的环保条约，而新西兰则倾向于制定一份《南极条约》的议定书，认为议定书更容易取得一致同意。⑤ 新西兰的理由是，《矿产公约》虽然是协商国协商一致后得到全体通过的条约，但是签订后随即被推翻，表明单独公约依然存在遭到反对而被废止的可能，绑定在《南极条约》上的议定书则不可能被推翻。另外，此时的显要规范已经转变到环境保护，绑定在《南极条约》上也表明协商国遵守环境保护规范的决心，于是协商国选择《议定书》的方式来制定环境保护机制。

法国建议召开特别会议来制定南极环境机制，澳大利亚则建议新机制内将南极定义为"荒野保留地"（wilderness reserve），以这两个提案为基础，1991年6月21日开始《议定书》的谈判。《议定书》于1991年10月

---

① Gerry Nagtzaam, *The Making of International Environmental Treaties: Neoliberal and Constructivists Analyses of Normative Evolution*, p. 132.
② Malcolm Templeton, *Protecting Antarctica: The Development of the Treaty System*, p. 33.
③ Ibid., p. 38.
④ Ibid., p. 38.
⑤ Ibid., p. 42.

· 149 ·

4日通过，1998年1月14日正式生效。《议定书》正式对南极做出界定，称其为用于和平与科学的"自然保留地"（nature reserve）。其主要目标是"全面保护南极环境及依附于它的和与其相关的生态系统"[①]，管理范围涵盖所有的人类活动，要求用环境影响评价（Environmental Impact Assessment，EIA）来评估所有的人类南极活动。

从性质上看，《议定书》与《南极条约》类似，是一个框架性条约，具体的治理措施通过"附件"来完成，每个"附件"有专门的内容。目前，《议定书》共有六个"附件"，内容分别是环境影响评估、保护南极动植物、废物倾斜与管理、预防海洋污染、区域保护与管理以及责任。为保障《议定书》的运行，实现《议定书》及其"附件"设定的保护目标，协商国设立环境保护委员会（CEP）。CEP的主要作用是负责监督《议定书》及其"附件"的落实与执行，并向协商会议提出与《议定书》及其"附件"执行有关的建议以及形成相关决议。在法律地位上，CEP是协商会议在环境保护问题上的顾问机构，不具有独立的主体资格，其讨论成果将以建议的形式向协商会议提交，协商会议批准后才能形成具有法律效力的措施、建议或程序性的决定。

从某种程度上看，这是南极条约体系的一种制度创新。因其咨询机构的地位，除了正式成员、邀请专家、顾问之外，CEP接受一些国际组织的代表作为观察员，包括南极条约体系内的国际组织以及经协商会议同意的其他国际组织。前者包括南极研究科学委员会、南极海洋生物资源养护委员会科学委员会、国家南极局局长理事会等，后者包括联合国环境规划署、世界自然保护联盟、国际南极旅游组织协会、南极和南大洋联盟、国际航道组织、世界气象组织等国际组织。[②] 根据CEP议事规则，观察员可以递交讨论文件，不参与决策。当不能达成共识时，CEP应该将该问题的各种观点记录在报告中。需制定决策时，实质性决议需要由参加会议的

---

① 《关于环境保护的南极条约议定书》第2条，南极条约秘书处网站，http：//www.ats.aq/documents/keydocs/vol_1/vol1_4_AT_Protocol_on_EP_e.pdf。

② 《关于环境保护的南极条约议定书》第11条第4款："委员会应邀请南极研究科学委员会主席和保护南极海洋生物资源科学委员会主席作为观察员参加委员会会议。经南极条约协商会议的同意，委员会亦可邀请能够对其工作做出贡献的其他有关的科学、环境和技术组织作为观察员与会。"

CEP 代表一致同意进行决策。程序性决议由在场的 CEP 代表以简单多数的方式做出。CEP 应该每年向协商会议递交报告，报告应予以公开。

很大程度上，《议定书》吸收此前多项环境措施的精华并加以整合。比如《议定书》借鉴《养护公约》经验，其 10 年的运行实践为《议定书》的制定提供丰富的经验。虽然《矿产公约》未曾生效，但其中设立严格的环境标准，成为《议定书》的来源之一。[①] 不过，《议定书》并非是原本分散法律文件的简单集合，而是赋予更多价值。例如，将原来约束力较弱的"建议"上升为具有强制约束力的法律；增加新的禁止性要求，如《议定书》第 7 条明确禁止人类在南极的矿产开发活动；提升国际社会对南极条约体系的认可度，使南极条约体系的合法性得到巩固和强化。[②] "《马德里议定书》的合法性很大程度上源于历届协商会议取得的成果，反过来又整合并强化了原来分散的环境措施的效力，使其进一步法典化"（corpus juris）。[③]

普遍认为，《议定书》最大成就是禁止开采南极矿产资源，不过《议定书》所设立的环保原则绝大部分来自于《矿产公约》。更鲜为人知的是，《议定书》所继承的环保措施要远远弱于《矿产公约》本身。[④] 事实上，《矿产公约》被废止不是因其环保措施不足，而是因为协商国没有很好地宣传这是一个环保条约。维库纳（Francisco Orrego Vicuna）认为，《矿产公约》是世界上最强有力的环保措施，因其保护范围不仅包括南极环境，还包括与南极"相关的或相联系的生态系统"。[⑤] 从某种程度上看，《矿产公约》招致失败的最大原因是其条约名称。公约的全名是《南极矿产资源

[①] R. A. Herr, "CCAMLR and the Environmental Protocol: Relationships and Interactions," in D. Vidas ed., *Implementation the Environmental Protection Regime for the Antarctic*, Dordrecht: Kluwer Academic Publishers, 2000, p.5.

[②] 陈力等：《中国南极权益维护的法律保障》，上海：上海人民出版社，2018 年版，第 101 页。

[③] Kees Bastmeijer, The Antarctic Environmental Protocol and Its Domestic Legal Implementation, Kluwer Law International, 2003, p.38. 陈力等：《中国南极权益维护的法律保障》，上海：上海人民出版社，2018 年版，第 99 页。

[④] Doaa Abdel-Motaal, *Antarctic: The Battle for the Seventh Continent*, Praeger, p.207.

[⑤] Ibid., p.207.

活动管理公约》，这一名称不免使人将其与开发南极矿产资源相联系，听者的第一印象可能认为其目的是开发南极矿产资源。但实际上，《矿产公约》为开发南极矿产资源设立了极为苛刻的条件，若按照条约规定而开发南极矿产资源是非常困难的。《矿产公约》的协商中心议题是环境保护。其为保护南极环境设置了新标准，并开启国际环保法律的新进程。《矿产公约》的目的不是授权开矿，而是建立保护南极脆弱的环境。① 如果《矿产公约》换一个名字，其结局可能大不相同。②

《议定书》第 7 条禁止开发南极矿产资源，彻底断绝第三世界在南极开发矿产的可能，联合国对南极条约体系的压力骤减。表现在：一方面，"南极洲问题"在联合国大会的讨论热度下降。继 1994 年决定每两年讨论一次"南极洲问题"，1996 年的第 51/56 决议决定每三年设立"南极洲问题"。③ 另一方面，从 1996 年开始的每一届联合国大会关于"南极洲问题"决议都几乎延续上一届决议的内容，在这些决议中，质疑南极条约体系的声音已经消失。2005 年，联合国大会全体通过第 60/47 决议，称"满意地注意到《南极条约环境保护议定书》于 1998 年 1 月 14 日生效……并满意地注意到该议定书中关于保护南极环境及依附于它的和与它相关的生态系统的规定……"，决定撤销"南极洲问题"，但是"决定继续处理此案"。④

学术界有两个误解：一是误认为《议定书》的期限为 50 年；二是误认为 2048 年《议定书》到期后可以开发南极矿产资源。实际上，《议定书》规定在生效 50 年后可以发起审查，审查《议定书》的运行情况。⑤ 审查制度来源于《南极条约》。在 1959 年讨论制定《南极条约》时，各国就条约的时限进行激烈辩论，最后达成妥协，商定《南极条约》生效 30 年

---

① Doaa Abdel - Motaal, *Antarctic: The Battle for the Seventh Continent*, Praeger, p. 206.

② *On the Antarctic Horizon: Proceedings of the International Symposium on the Future of the Antarctic Treaty System*, 1995.

③ A51/56，联合国网站，http://www.un.org/zh/ga/51/res/a51r056.htm。

④ A60/47，联合国网站，http://www.un.org/zh/documents/view_doc.asp?symbol=A/RES/60/47。

⑤ 《议定书》第 25 条第 2 款规定，"如从本议定书生效之日起满 50 年后，任何一个南极条约协商国用书面通知保存国的方式提出请求，则应尽快举行一次会议，以便审查本议定书的实施情况"。

后进行审查,决定是否继续实施条约。《南极条约》生效 30 年是 1991 年,恰逢协商国推出《议定书》,当时没有国家发起审查《南极条约》的提议。而且根据条约规定,1991 年后协商国可以随时发起审查,但是至今该项权利未曾使用。

实际上,即使 2048 年审查《议定书》,矿产禁令很可能继续生效。《议定书》第 25 条第 5 款特别提到第七条"禁止开发南极矿产资源"事项,做出特别规定,只有当存在替代制度来管理南极矿产活动,并且这一制度"充分保证南极条约第四条所指的所有国家的利益并实施第四条中的各项原则",矿产禁令才会失效。[①]

从机制类型上看,以《议定书》为核心的南极环境保护机制属于协商会议制,即协商国建立这个机制并且拥有决策权。这表明从 1972 年开始的委员会制机制被终止,南极治理机制出现了由委员会制向协商会议制的回潮。

二、行业协会制的诞生

在委员会制机制向协商会议制回潮、协商国重新巩固权力的同时,南极治理出现出乎意料的现象,那就是私人企业组成行业协会对南极旅游进行自我规制。权力结构与显要规范促使这种变化成为可能。在《南极条约》签订时,南极旅游尚为罕见,而协商国签订条约的首要目的是创造和平与合作的南极秩序。因此,在整个条约中没有任何关于南极旅游的明文规定。南极旅游兴起后,协商国开始着手处理南极旅游问题。然而,协商国并没有推出全面与系统的南极旅游机制。现有的南极旅游依靠旅游企业自我规制完成日常管理。在南极旅游规则的制定过程中,尽管各方共同意识到南极旅游对南极环境保护、南极科学考察带来的危害,但是由于协商国之间利益无法协调,导致南极旅游规则至今缺位。

---

① 《议定书》第 25 条第 5 款规定,"关于第七条,除非存在一项有效的并有法律拘束力的关于南极矿产资源活动的制度,且该制度包括一项议定办法,用以判定任何此种活动可否接受;如果可以,则在何种条件下可予接受,否则该条规定的关于南极矿产资源活动的禁止应当继续有效。这一制度应充分保证南极条约第四条所指的所有国家的利益并实施第四条中的各项原则。因此,如果在上述第 2 款所指的审查会议上提出对第七条修改或修正,该修改或修正应包括该项有法律拘束力的制度。"

(一) 1991年前协商国的南极旅游治理

与北极旅游相比，南极旅游的历史短暂。当代南极旅游首次出现于20世纪50年代末。南极旅游的形式包括船载旅游（shipborne tourism）和航空旅游两种形式。在南极旅游兴起之初，船载和航空同为常用的方式。1956年12月23日，智利的DC6B搭载游客飞越南极半岛的南设得兰群岛。[1] 1958年1月和2月，阿根廷海军"开拓者"号搭载游客游览相同区域。随后从1966年开始出现定期的年度旅游。[2]

不过，真正意义上的南极商业旅游始于1969年，美国企业家及探险家拉斯埃瑞克·林德布拉德（LarsEric Lindblad）建造了世界第一艘南极游船"林德布拉德探险者"号（Lindblad Explorer），该船配备了专门的南极旅游设施。其所发起的南极旅游重新定义了现代的南极旅游工业，即巡航与南极教育并重，这也使得船载旅游从此成为南极旅游最为常见的方式。[3]

南极旅游议题首次出现在1966年的第4届协商会议上。阿根廷、美国、澳大利亚、智利分别提交工作文件，讨论"南极旅游造成的影响"。协商国认为南极旅游是"和平利用南极"的一种方式，属于合法活动，不过南极旅游可能会影响到南极科学研究以及南极科考站的正常运作。[4] 科学家工作环境特殊，生活空间有限，加之科考时间宝贵，接待众多游客将对紧张的科考计划产生干扰。基于此，协商国认为南极旅游必须确保科研能够顺利进行。不过，该届协商会议没有出台任何有关管理南极旅游的建议。

从1968年第5届协商会议开始，协商国开始处理游客参观科考站的问

---

[1] John Splettstoesser, "IAATO's Stewardship of the Antarctic Environment: A History of Tour Operator's Concern for a Vulnerable Part of the World," *International Journal of Tourism Research*, Vol. 2, No. 1, 2000, p. 47.

[2] Robert K. Headland, "Historical Development of Antarctic Tourism," *Annals of Tourism Research*, Vol. 21, No. 2, p. 275.

[3] Robert K. Headland, "Historical Development of Antarctic Tourism," p. 275.

[4] 第4届协商会议美国提交的工作文件（WP044），南极条约秘书处网站，http://www.ats.aq/documents/ATCM4/wp/ATCM4_wp044_e.pdf；第4届协商会议澳大利亚提交的工作文件WP056，南极条约秘书处网站，http://www.ats.aq/documents/ATCM4/wp/ATCM4_wp056_e.pdf。

题。在该届协商会议上,新西兰、美国、南非、英国分别递交工作文件,对参观本国南极科考站的活动做出一系列的规定。① 随后,在1970年第6届协商会议时,英国、阿根廷继续对游客参观本国科考站提出要求。② 其中,阿根廷首次提出初步的环境保护措施,如禁止游客接近与打扰鸟类和海豹的聚集区、禁止往冰面或海洋中投掷任何物品,并严令禁止游客携带武器。此次协商会议中,协商国第一次发布关于南极旅游的建议。"建议6-7"(Recommendation VI-7)称,旅客活动对南极科研项目和南极环境造成持久的破坏影响,建议各国政府确保游客以符合南极条约原则和目的行事,规定访问科考站前必须在规定时间内通知该科考站。该条建议成为游客的行为准则。③

赴南极旅游的游客未必全部来自《南极条约》国家,对此,协商国采取措施。在1972年第7届协商会议上,比利时、智利、法国、新西兰、挪威、南非、英国联合提交工作文件,建议来自《南极条约》非缔约国的游客应遵守现有建议,并建议划定一些游客想要参观区域。④ 对此,第7届协商会议发布针对非缔约国游客的"建议7-4"(Recommendation VII-4),其中提及人类对自然生态系统不甚了解,在此情况下避免游客活动损

---

① 第5届协商会议新西兰提交的工作文件(WP020),1968年11月18日,南极条约秘书处网站,http://www.ats.aq/documents/ATCM5/wp/ATCM5_wp020_e.pdf;美国提交的工作文件WP027,1968年11月18日,http://www.ats.aq/documents/ATCM5/wp/ATCM5_wp027_e.pdf;南非提交的工作文件WP034,1968年11月20日,http://www.ats.aq/documents/ATCM5/wp/ATCM5_wp034_e.pdf;英国提交的工作文件(WP037),1968年11月20日,http://www.ats.aq/documents/ATCM5/wp/ATCM5_wp037_e.pdf。

② 第6届协商会议英国提交的工作文件(WP016),1970年10月19日,http://www.ats.aq/documents/ATCM6/wp/ATCM6_wp016_e.pdf;阿根廷提交的工作文件WP020,1970年10月21日,http://www.ats.aq/documents/ATCM6/wp/ATCM6_wp020_e.pdf。

③ "Recommendation VI-7, Final Report of the 6th ATCM," October 31, 1970, Secretariat of the Antarctic Treaty, http://www.ats.aq/documents/ATCM6/fr/ATCM6_fr001_e.pdf。

④ 第7届协商会议工作文件(WP051)修改版,1972年10月20日,南极条约秘书处网站,http://www.ats.aq/documents/ATCM7/wp/ATCM7_wp051_rev1_e.pdf。

害自然系统。[1]

不过,突然到来的资源开发问题打断了协商国的南极旅游治理进程。在1975年第8届协商会议上,由于此时协商国的关注点集中在南大洋海洋生物资源和南极大陆的矿产资源问题,仅有两个国家提交工作文件。英国提交的工作文件设计出统一的旅游登记表,包括特殊的旅游地区、旅游公司需要汇报内容等。[2] 英国的提案被协商会议所采纳,第8届协商会议出台"建议8-9"(Recommendation VIII-9),对记录旅游形式做出统一规定。1979年第10届协商会议出台"建议10-8"(Recommendation X-8),其中颁布了《南极旅游指南》,是第一个全面的建议。此后,协商国的精力集中在南极海洋生物资源养护问题上,关于南极旅游的工作文件减少。

协商国于1980年签订《南极海洋生物养护公约》后,旋即将注意力集中在矿产机制的协商上。在1981年第11届协商会议上,所有协商国仅提交一份关于南极旅游的工作文件,其为阿根廷提交的游客热点地区详细列表。1983年第12届协商会议也仅有一份工作文件。1985年第13届协商会议有两份工作文件。在协商国推翻《矿产公约》并出台《议定书》后,1991年第16届协商会议时,矿产问题的解决、环境机制的建立,使得众多协商国将精力重新转到南极旅游的问题上,提交的文件数量激增,法国、智利、日本、意大利、德国等分别提交工作文件,非政府组织开始提交信息文件。因此,会议决定成立分工作组来专门讨论南极旅游问题。[3]

协商会议历年采取的措施表明,协商国前期较为关注的是南极旅游对科学考察站和科学活动的影响,而后期则关注旅游景点的环境问题。不过,协商国从未出台专门的机制处理南极旅游问题,这至少出于四个方面的原因:第一,自1975年第8届协商会议以来,协商国将精力集中在资源开发议题上,旅游管理议题搁置。第二,南极极端的天气与广袤的冰土使得常驻管辖机构的管辖不可能实现,且《南极条约》始终未能解决管辖权

---

[1] "Recommendation VII-4, Final Report of the 7th ATCM," November 10, 1972, Secretariat of the Antarctic Treaty, http://www.ats.aq/documents/ATCM7/fr/ATCM7_fr001_e.pdf.

[2] 第8届协商会议英国提交的工作文件(WP018),1975年6月7日,南极条约秘书处网站,http://www.ats.aq/documents/ATCM8/wp/ATCM8_wp018_e.pdf。

[3] 1991年第16届协商会议《最终报告》,第111—113项。

第四章　南极治理机制的第二次变革

的问题,导致任何一个协商国无法在南极履行管辖权。第三,旅游的属性使其需要有一个统一的中心来管理船只与数据,协商国各自为政的分散管理无法完成旅游治理。协商国无法拿出有效的旅游管理方案,而报告程序也尚未统一,无法准确地统计南极游客的数量。[1] 第四,协商国存在利益冲突。具体来看,利益冲突主要存在于两个方面:一是由南极旅游引发的领土主权矛盾;二是法律程序上的问题。

首先,南极旅游引发领土主权矛盾。在早期,关注南极旅游、积极提交相关工作文件的国家几乎都是领土主权声索国。在这些行为规则中,不乏领土主权国巩固主权声索的举动。比如,1966年第4届协商会议中,澳大利亚要求"在一国政府领土上正在组织旅游或非科学探险的政府,应尽快通过外交渠道通知探险科考站所属政府"。[2] 1972第7届协商会议中,新西兰递交的工作文件称,"根据1960年南极法案,新西兰政府在罗斯属地对其国民具有完全管辖权"。[3]

南极旅游问题掀起领土主权的矛盾。领土主权声索国将制定南极旅游规则视为巩固自身声索的机会,通过制定规则的提案来巩固声索,这遭到非声索国的集体反对。与此相反,非声索国则将制定旅游规则视为淡化南极领土主权的机会,逐渐达到全球公地的效用。这样,主权声索国与非声索国之间的利益冲突导致一部分协商国选择消极处理,认为没有必要将南极旅游议题视为需要解决的问题。[4]

其次,南极旅游规则制定存在法律程序上的问题。在《议定书》的协商期间,已经有制定旅游规则的考虑。例如,第6届特别协商会议中,智利建议,可以考虑海上航线,这样可以避免陆上基础设施扩张。由于《议

---

[1] 第16届协商会议英国提交的信息报告IP038,1991年10月4日,南极条约秘书处网站,http://www.ats.aq/documents/ATCM16/ip/ATCM16_ip038_e.pdf。

[2] 第4届协商会议澳大利亚、智利、美国联合提交的工作文件(WP056)修正版,南极条约秘书处网站,http://www.ats.aq/documents/ATCM4/wp/ATCM4_wp056_rev2_e.pdf。(访问时间:2021年3月26日)

[3] 第7届协商会议新西兰提交的工作文件(WP019),南极条约秘书处网站,http://www.ats.aq/documents/ATCM7/wp/ATCM7_wp019_e.pdf。(访问时间:2021年3月26日)

[4] Jane Verbitsky, "Antarctic Tourism Management and Regulation: The Need for Change," p.279.

定书》针对南极的所有活动，该项建议并没有进入《议定书》文本。随后，在1991年第16届协商会议上，一些协商国提议出台《议定书》的"附件六"来管理旅游，为此，建立了特别工作组来讨论单独的附件。然而，协商国的意见难以统一。智利、法国、德国、意大利、西班牙等国共同提出附件草案，但是协商国无法达成一致。其中一个重要理由，就是《议定书》管理包括南极在内的所有人类南极活动，一个单独的旅游附件将影响《议定书》的实施与批准。

纵观1991年之前协商国有关南极旅游的治理，不难发现关注南极旅游、积极提交相关工作文件的国家几乎都是领土主权声索国。南极旅游管理触及了领土主权这一南极治理中的核心问题，在此问题上，协商国之间的利益尚无法取得平衡，这也是目前协商国难以推出旅游机制的根本原因。

（二）企业成为南极旅游治理主体

从20世纪70年代开始，南极旅游快速发展。在南极旅游业蓬勃发展的同时，南极旅游企业获得治理南极旅游的权力，企业成为南极旅游治理的主体。旅游协会获得南极旅游治理权力来源于四个方面：一是旅游协会通过旅游治理实践中获得权力；二是协商国在事实上让渡治理南极旅游的权力，导致行业拥有自我规制的机会；三是船载旅游成为南极旅游的基本形式，为旅游企业的管理提供基础；四是旅游协会建立得到美国的支持。

首先，在旅游协会成立之前，企业已经直接治理南极旅游20余年，掌握大量的一手资料，获得南极旅游治理的权力。在旅游协会成立前几年，旅游协会成员针对南极脆弱的生态系统而专门制定指导原则，处理了协商国所担忧的问题，比如禁止进入特殊科学利益的地区或保护区、禁止海洋污染等，规定带队人员中至少有75%的人曾有南极旅行的经验。[1] 不仅如此，旅游协会成员还解决一系列协商国无法处理的事项。比如，协商国并未针对南极旅行可能出现的事故做出安排，旅游协会则建立应急措施；协

---

[1] 第16届协商会议英国提交的信息报告IP020，南极条约秘书处网站，http://www.ats.aq/documents/ATCM16/ip/ATCM16_ip020_e.pdf。

第四章 南极治理机制的第二次变革

商国无法准确地统计南极游客的数量,[①] 旅游协会则在治理实践中掌握大量的一手资料,精确统计各个年度以各种形式赴南极旅游的数据,为有效的旅游管理提供基础,旅游协会通过治理南极旅游的实践而获得权力。

其次,协商国在事实上让渡治理南极旅游的权力,原因是南极旅游触及南极管辖权,而管辖权是南极条约体系至今仍未解决的问题。拥有主权的地区才能有管辖权。南极主权被冻结,管辖权成为长久以来悬而未决的问题。在《养护公约》协商时,管辖权就成为一个严重问题,威胁到《南极条约》本身。在《矿产公约》出台时,一些学者对管辖权的解决寄予厚望,希望通过矿产开发管理活动来消融领土声索国的主权声索,从而解决管辖权问题。但是,随着《矿产公约》的夭折,管辖权问题的解决进程受阻。另外,协商国之间的利益难以调和,对南极旅游治理积极的国家多为南极主权声索国,颁布旅游管理条例也成为其巩固主权声索的一个方式。但是,同样因领土主权问题过于敏感,主权声索国不敢轻易制定南极旅游的机制,以免打破现有的利益平衡,削弱自己的权力。在各方的利益冲突中,旅游问题长期得不到有效处理,协商国曾经回避南极旅游治理,倾向于将管理责任交给旅游协会。[②]

最后,旅游协会的成立背后有大国的支持。1991年,美国国家科学基金会极地项目办公室鼓励旅游企业建立一个中心联络点。[③] 由此,当时的七家美国旅游运营商建立了旅游协会,以"共同倡导、促进和实践安全和环保的南极旅行"[④]为目标。旅游协会在成立后迅速出台《南极旅游组织者指南》,该指南在1994年第18届协商会议上成为"建议18-1"(Rec-

---

① 第16届协商会议英国提交的信息报告 IP038,南极条约秘书处网站,http://www.ats.aq/documents/ATCM16/ip/ATCM16_ip038_e.pdf。

② Julia Jabour, "Strategic Management and Regulation of Antarctic Tourism," in Tina Tin, Daniela Liggett, Patrick T. Macher, Machiel Lamers eds., *Antarctic Futures: Human Engagement with the Antarctic Environment*, Springer, 2014, p. 276.

③ Daniela Haase, Machiel Lamers, Bas Anelung, "Heading into Uncharted Territory? Exploring the Institutional Robustness of Self-regulation in the Antarctic Tourism Sector," p. 418.

④ John Splettstoesser, "IAATO's Stewardship of the Antarctic Environment: A History of Tour Operator's Concern for a Vulnerable Part of the World," *International Journal of Tourism Research*, Vol. 2, No. 1, 2000, pp. 47-49.

ommendation XVIII－1），从法律上将该旅游协会所颁发的指南确定为正式指南。

在协商国治理缺失的情况下，私人企业开始管理旅游。另外，协商国的不作为也导致旅游协会的权力增加。随着时间的推移，旅游协会与各国的科学家、环境组织和国家科学委员会合作紧密，获得越来越多的专业治理经验，使得协商国在南极治理问题上越来越依赖于旅游协会。

（三）旅游协会的诞生

由于协商国存在严重的利益冲突，导致数十年无法制定系统的南极旅游规则，这使得旅游行业获得治理南极旅游的机会。1991年，七个美国旅游运营商组成了行业协会——国际南极旅游组织协会（International Association of Antarctica Tour Operators，IAATO）对南极旅游进行企业自我规制（self－regulation），到现在已发展为124个成员。[①] 当前的南极旅游治理呈现双层结构，即协商国确立南极旅游治理的准则，日常的治理实践则由旅游协会完成。

从权力结构上看，旅游协会解决了协商国无法完成的问题。在出台《矿产公约》之后，协商国本来可以为南极旅游制定单独的条约。但是，受到《矿产公约》夭折的影响，协商国不再出台独立公约、建立专门国际组织。与此同时，旅游企业已经直接治理南极旅游20余年，掌握大量的一手资料与管理经验，获得了南极旅游治理中的实质权力。从显要规范上看，南极治理的显要规范从资源利用转变到环境保护。旅游协会同样奉行环境保护规范，原因在于，作为营利性机构，旅游协会需要提供严格的环境保护方案，以满足游客游览纯净环境的愿望，以此才能正常运转。这样，环境保护规范得到企业和协商国的支持，旅游协会也因此得以诞生。

旅游协会自成立后对南极旅游进行卓有成效的治理。为了避免因无规制而造成的拥挤无序以及环境破坏，旅游协会制定一个重要原则，即"同一时间同一地点一条船"，有效地避免了南极旅游混乱的局面。旅游协会

[①] 国际南极旅游组织协会提交给协商会议的信息报告，"IP84 Report of the International Association of Antarctica Tour Operators 2014－15"，https：//iaato.org/past－iaato－information－papers。（访问时间：2021年3月26日）

第四章 南极治理机制的第二次变革

不仅维持着可持续的南极旅游,还积极地与协商国、环保组织以及专家进行沟通,与此同时还对游客普及南极教育来保护其独一无二的环境。[①]

不过,旅游协会的自我规制虽然在一定程度上避免南极旅游的无序与混乱,但是仅靠行业自我规制无法提供长期的综合性治理战略,[②] 南极条约体系严重依赖旅游行业协会的自我规制,这一战略存在相当大的风险。[③] 虽然治理南大洋生物资源的《养护公约》也存在一些问题,但是其提供了综合的、系统的治理战略,即生物系统养护。与此相反,基于企业的自我规制并没有任何长远的、系统的战略统领,因而是短视的,长期以往可能会对南极旅游治理造成负面影响。另外,虽然目前旅游协会卓有成效,但是存在一个先天缺陷,即没有能力强制要求所有南极旅游运营商成为旅游协会的成员,也无法强制旅游协会外的成员按其要求行事。[④]

南极旅游治理的困境在于,协商国没有达成南极旅游管理和监管的框架。[⑤] 一些声索国试图以南极旅游来巩固主权声索,这必然会遭到其他协商国的反对,利益冲突导致一部分协商国选择消极处理,认为没有必要将南极旅游议题视为需要解决的问题。[⑥] 随着人类大规模涌入南极,南极旅游议题不再是"不需要解决的问题"。但是,协商国长期无法达成一致使其无力处理旅游问题,这不仅体现在旅游协会成立之前未能出台专门旅游机制,而且从1991年至今依然没有提出实质性措施。2009年协商报告指出,虽然"各国取得广泛共识",但是"在限制旅游人数或类型上的不同的提案之间存在显著差别"。这表明协商国尚未寻找合适处理南极旅游问题的方法,当前南极旅游治理主要依靠旅游协会的自我规制。

---

① Jillian Student, Bas Amelung, Machiel Lamers, "Towards a Tipping Point? Exploring the Capacity to Self-regulate Antarctic Tourism Using Agent-based Modelling," p. 413.

② Ibid., pp. 412-429; Kees Bastmeijer, Ricardo Roura, "Regulating Antarctic Tourism and the Precautionary Principle," *American Journal of International Law*, Vol. 98, No. 4, 2004, pp. 763-781.

③ Haase, Lamers, Anelung, "Heading into Uncharted Territory? Exploring the Institutional Robustness of Self-regulation in the Antarctic Tourism Sector," p. 413.

④ Jane Verbitsky, "Antarctic Tourism Management and Regulation: The Need for Change," p. 281.

⑤ Ibid., p. 279.

⑥ Ibid., p. 279.

小 结

从1988年底到1991年,在短短的3年时间里,南极治理的权力结构和显要规范同时变化。在权力结构上,国际社会和非政府组织秉持不同的理念。第三世界由于实力的不足,无法通过南极条约体系设定的标准而进入南极,转而以联合国为平台对南极条约体系发起质疑,目标是分享南极大陆的矿产资源。非政府组织则完全不同,它们致力于保护南极脆弱的生态环境,反对任何形式的矿产资源开发。这两股力量随后各有消长。一方面,第三世界力量消退。第三世界虽然对南极治理机制提出强烈抗议,但是其内部分裂,尤其是印度、巴西、中国等第三世界大国加入《南极条约》成为协商国后,第三世界阵营在事实上已经分裂,无法再有力地进行反对。无法获得协商国资格的第三世界国家则缺乏南极信息与治理南极的经验,不可能提出新机制,因此第三世界未能达成以联合国机制取代南极条约体系的目的。另一方面,非政府组织的力量增长,不过其本质上支持南极条约体系,认为条约体系有效地维护南极和平与稳定,对体系施压的主要原因是不满于体系的环境保护措施。非政府组织依靠自己从南极治理实践获得的知识、经验间接参与到协商国关于矿产机制的制定。正是因为非政府组织的支持,条约体系虽然面临压力但是不至于崩溃。

在显要规范上,20世纪80年代末90年代初,南极治理的显要规范从获取资源转变为保护环境。与第一次变革中显要规范的平稳过渡不同,此次变革中,显要规范出现了激烈的规范竞争。当时,协商国秉持的规范是资源获取,而非政府组织秉持的规范是环境保护。随着20世纪80年代末大规模环境灾难的突发,环境保护成为南极治理中集体瞩目的规范,进而赢得规范竞争,成为南极治理的显要规范。显要规范的转变使得协商国曾经激烈反对的决策变得可能,如吸纳非政府组织和缔约国作为观察员出席协商会议、进行门户开放等等。

在权力结构与显要规范的共同作用下,南极治理机制同时出现两个变化,共同构成第二次变革。第一个变化是《议定书》取代《矿产公约》,标志着委员会制向协商会议制回潮。第二个变化是作为行业协会的南极旅游协会成立,负责南极旅游的日常管理,代表着行业协会制的诞生。

第五章

当前南极治理机制的最新发展

2021年是《南极条约》生效60周年。在60年的演进中,南极治理发生显著变化。从南极治理的前30年来看,南极治理形成为特定议题制定专门机制的传统。协商国制定专门机制的领域包括:南极动植物保护、海豹捕捞、南大洋海洋生物资源捕捞、南极矿产资源活动(南极矿产资源现已冻结)、环境保护等。然而近年来,南极旅游与生物勘探成为当前南极治理中的焦点议题。在这两个焦点议题上,协商国多年未能推出专门的机制,这种专门导向的问题处理方式似乎失效。顺承南极治理的逻辑与实践,这种"失效"令人费解。一方面,协商国早已就南极旅游和生物勘探达成需要治理的共识;另一方面,前30年的南极条约体系被誉为国际机制的典范,1991年《议定书》更被视为南极治理中的极大成功。取得巨大成功的南极条约体系为何在达成治理共识的情况下无法推出专门机制?有学者将这种现象称为"成功综合症"(success syndrome),即成功者无法实现众人所投射的更高期望而陷入失败境地。[①] 此说法可以描述南极条约体系当前面临的困难,但没有给出明确的解释因素。那么,是什么原因导致南极治理机制更新陷入困境?南极前景模糊不明,按照本书的分析框架,当前南极治理中正在发生的权力变化与规范竞争可以在一定程度上解析这个问题,进而为我国有效参与南极外交提供参考。

第一节 当前南极治理中的权力变化与规范竞争

从1991年至今30年时间里,协商国持续巩固南极治理权力,同时削弱各类国际组织,甚至是体系内国际组织的权力。当前,权力再度集中于协商国,尤其是美国和主权声索国。与此同时,南极治理规范出现竞争态

[①] Kees Bastmeijer, "Introduction: The Madrid Protocol 1998 – 2018. The need to address 'the Success Syndrome'," *The Polar Journal*, Vol. 8, No. 2, 2018, p. 230.

势，商业利用规范的兴起对信息交流规范、环境保护规范构成挑战。

一、权力变化：协商国收束权力

自 1991 年以来，南极权力结构发生两个变化：一是协商国开始从国际组织手中收回权力；二是新兴协商国的数量和力量增强，引起美国与声索国的担忧，促使美国与声索国加大巩固权力的力度。

（一）国际组织的权力受到削弱

从 1991 年至今的 30 年时间里，协商国持续巩固南极治理权力，同时削弱各类国际组织，甚至是体系内国际组织的权力。1991 年《议定书》出台，南极条约体系将环境保护规范列为优先选项，达到了非政府组织的目标，环境非政府组织取得非凡胜利。但耐人寻味的是，非政府组织在取得巨大成就的同时，其在南极治理中的权力地位迅速下落。自 1991 年以来，环境非政府组织主要在政策细节上提供专业支持，例如在《议定书》"附件二"有关南极动植物养护中，协商国没有为"特别保护物种"提供明确的保护标准，这一标准由世界自然保护联盟提供。[1]又如，在生物勘探议题中，世界自然保护联盟、南极和南大洋联盟提供其他国际论坛有关生物勘探的讨论情况与最新进展，[2]为协商国处理该问题提供专业信息。

尽管非政府组织依然在南极治理中发挥重要作用，但其影响力与之在 20 世纪 80 年代相比已不能同日而语，非政府组织在南极治理中发挥的作用受到限制，无法挑战南极治理的议程设置与决策制定。举例来说，南极和南大洋组织曾在废除《矿产公约》的过程中发挥重要力量。然而，其在 1991 年后很长一段时间内不再提交工作文件，至今一共提交七份工作文件。[3]甚至出现协商国排斥该组织的情况，在 2007 年，南极和南大洋联盟

---

[1] Rodolfo Andres Sanchez, Ewan McIvor, "The Anatarctic Committee for Environmental Protection: Past, present, and future," *Polar Record*, Vol. 43, No. 3, 2007, p. 241.

[2] 2008 年第 31 届协商会议最终报告，南极和南大洋联盟报告、世界自然保护联盟报告中有关生物勘探的介绍。

[3] 南极和南大洋联盟仅在 2004 年南极旅游专家会议上提交三份有关南极旅游的文件。2013 年，与美国、阿根廷等协商国和国际组织联合提交题为《难言岛南极条约区域指南修改草案》。2018 年、2019 年相继联合多国提交有关南极保护区管理计划审查和区域指南。

第五章 当前南极治理机制的最新发展

监测会间联络组有关生物勘探的讨论情况,却被拒之门外。[1]

除了非政府组织,南极条约体系中传统组织的权力亦受到限制,主要体现在协商国削弱南极研究科学委员会的作用、限制国家南极局局长理事会活动。在南极研究科学委员会(SCAR)方面,国际南极合作促成《南极条约》,科学是《南极条约》的基石。尽管1987年南极研究科学委员会成为协商会议的正式观察员,南极研究科学委员会提供的建议日益增多,[2]但是从职能结构来看,南极研究科学委员会的作用下降,环境保护委员会分割了原属于科学委员会的职能。在环境保护委员会成立以前,南极研究科学委员会成立专门工作组,即环境事务与保护专家小组(Group of Specialists on Environmental Affairs and Conservation, GOSEAC),为协商会议提供专业的环境建议。在环境保护委员会成立后,经过初期与南极研究科学委员会调整相互关系后,环境保护委员会成为协商会议在环境保护问题上的专门咨询机构。自1991年《议定书》出台后,环境保护是南极治理中最重要的议题,南极研究代表着南极治理中的"政治正确",有关环境保护规则的磋商与制定成为新的权力博弈与体现平台。在如此重要的议题中,科学委员会提供环境保护建议的资格不复存在,表明其权力部分被协商国收回。虽然南极研究科学委员会依然是协商会议的科学咨询机构,但是其职能被限定在纯粹的科学领域,无法为南极治理中最重要的环境保护议题提供建议,南极研究科学委员会的咨询作用被削弱。

在国家南极局局长理事会方面,局长理事会来自于南极研究科学委员会。在1986年,南极研究科学委员会会议上出现相关成立独立组织的动议。1988年,南极研究科学委员会的后勤工作组被分离出来,形成局长理事会。局长理事会最初的职责是为南极研究科学委员会提供建议。1991年前后局长理事会快速发展,甚至出现越界行为,开始尝试制定政策,触及协商会议的权力。对于南极条约体系内的各类组织而言,协商会议是南极治理中的中央决策机构,其所发布的"建议"与"措施"是法律意义上的存在。局长理事会的权限是根据协商会议的决策来协调各自国家的南极活

---

[1] 2008年第31届协商会议最终报告,第588页。

[2] David W. H. Walton, "The Scientific Committee on Antarctic Research and the Antarctic Treaty," p. 80.

动,提供工作建议与来自南极一线作业的信息,[1] 而不是为协商会议制定政策。在环境影响评估(EIA)上,局长理事会举办研讨会、发布《操作指南》、拟定《议定书》及其关于 EIA 初稿的进度走在协商会议之前;在南极旅游问题上,局长理事会超越其应该管理旅游的操作范围,触及政策制定领域,这引发协商会议的不满,认为局长理事会虽然发挥重要作用,但其对协商国的地位构成威胁,要求正视其自身的地位和职责。[2] 这导致在局长理事会成立后将近10年时间里,其地位没有得到协商会议的承认,甚至有学者认为局长理事会未来可能会消失。[3] 直到1997年,协商会议"议事规则"将局长理事会列为协商会议观察员,赋予其正式法律地位。

(二) 领土主权声索国和美国收紧权力

新形势下,重新审视协商国,可以发现其内部亦存在三层结构。根据在南极领土主权问题上持有的不同立场,协商国可以被分为三类:保留领土主权声索的国家(美俄)、领土主权声索国(七国),以及非主权声索国。这三类国家之间的权力分配并不稳定,在南极治理的不同阶段,这三类国家的权力博弈将南极治理引向不同方向。实际上,该三层结构在南极治理之初就存在,不过在1991年前这一结构并不明显,这是因为在早期南极秘密治理时期,在面临外界压力时,协商国通常作为一个整体采取应对策略。

随着20世纪80年代一批发展中国家涌入南极,南极权力结构发生显著变化,非声索国的力量大大增强,虽然这些国家的南极知识与南极实践相对不足,但从数量上已经形成优势,引起声索国和保留国的担忧。南极一超多强的格局至今并未打破,不过其内部有所变化。尤其近年来,在中美战略竞争的大背景下,中国实力的增长引发南极协商国的担忧,"中国

---

[1] Alfred N. Fowler, *COMNAP: The National Managers in Antarctica (Five Star Special Edition)*, American Literary Press, Inc., 2000, pp. 79 – 81.

[2] Andrew Jackson ed., *On the Antarctic Horizon: Proceedings of the International Symposium on the Future of the Antarctic Treaty System*, Hobart: Australian Antarctic Foundation, 1995.

[3] *On the Antarctic Horizon: Proceedings of the International Symposium on the Future of the Antarctic Treaty System*, 1995.

南极威胁"论的说法开始出现。随着中国南极实力骤增以及国际影响力的上升，成为西方眼中最大的变数，甚至将中国与气候变化并列，共同称为南极治理中的最大挑战。实际上，这一恐慌来源于《南极条约》的隐藏目标，即防止新崛起的世界大国在南极事务中获得压倒性优势，担心南极利益平衡的局面就此打破。非声索国数量增加，连同新兴大国的崛起，促使美国和主权声索国共同收紧南极治理权力，隐秘地体现在协商国近年来频繁修改协商会议"议事规则"（rules of procedure）。

南极协商会议"议事规则"是保障协商会议顺利展开讨论、制定规则的规定，其以书面形式正式确立了开会的程序和标准。议事规则于1961年第1届协商会议上出台，于1962年第2届协商会议上通过，具体包括出席会议的代表资格、观察员资格、秘书处职责、议事过程的规则、代表发言的顺序、议题表决、议程设置、闭会期间决策等事宜。"议事规则"有效地限制大国的权力，并维护弱势国家的权力，确保南极治理中各协商国的权力处于平衡。由于"议事规则"的存在，一个国家实力再大，亦无法任由其垄断会议事务，而是按照规则行事；而一个国家实力再弱，其权力亦受到制度上的保障，不至于为大国所侵蚀。至今为止，协商会议议事规则共修改11次，2016年推出最新版本（第12版）。每一次议事规则的修改都出于特殊的历史背景与原因，表达协商国的某种意愿，清晰地反映出南极治理权力结构的变化。

在进入21世纪前，协商国五次修改议事规则，而这五次几乎是为了应对联合国挑战而被动修改。在联合国冲击南极条约体系的背景下，协商国于1983年首次修改中增加"非协商国"一项，赋予非协商国参加协商会议的权利，以获得体系内非协商国对南极条约体系的支持。1987年，协商国第二次修改议事规则，新增"南极条约体系观察员"一项，赋予部分国际组织以南极条约观察员的地位，并邀请国际组织代表出席协商会议，以获得这些国际组织的支持，并借由国际组织的影响力，来获得南极治理的合法性。

在《议定书》出台后，1991年第16届协商会议决定，改协商会议为年度会议，并取消预备会议。①预备会议的一个重要作用是确定当届协商会议的议程，为此，1992年协商国第三次修改议事规则，新增"协商会议议程"一项，就制定会议议程的程序做出规定。同时，为便于国际组织的专家参与实质性工作，②协商国新增"国际组织专家"一项，为邀请联合国的专家做准备。③ 1995年第四次修改议事规则，将决策"建议"细化为"措施""决议"和"决定"。1997年第五次修改，赋予国家南极局局长理事会协商会议观察员的身份。

进入21世纪以来，伴随着南极条约秘书处的建立，协商国修改议事规则趋于主动，相关规则制定体现协商国巩固权力的意图。这一时期协商国修改议事规则有两大方向，分别围绕秘书处和工作组进行。在秘书处规则制定上，2004年，南极条约秘书处在阿根廷首都布宜诺斯艾利斯建立。围绕闭会期间的协商程序和执行秘书处的职责等问题，协商国于2004年对议事规则进行第六次修改。很多协商国认为有必要设立专门的程序来规制闭会期间的协商过程，④但各方就闭会协商的决策方式发生分歧。⑤ 2005年，协商国议事规则进行第七次修改，修订后的议事规则在"国际组织专家"

---

① 1992年第17届协商会议《最终报告》，南极条约秘书处网站，https://documents.ats.aq/ATME1992/fr/ATME1992_fr001_e.pdf，第61项。

② 1992年第17届协商会议《最终报告》，南极条约秘书处网站，https://documents.ats.aq/ATME1992/fr/ATME1992_fr001_e.pdf，第62项。

③ 不过国际组织专家的权力受到一系列限制。首先，专家没有参与决策的权力，决策权始终牢牢掌控在协商国手中。其次，专家是否能参加协商会议由所有协商国决定。再次，专家可参与的会议项目受到限制，例如新增的第41条规定，"所有邀请专家可出席所有项目审议会议，但是上届会议已确定的有关南极条约体系运行的项目，或议程已通过的项目除外"。最后，专家的话语权亦受到限制，新增的第42条规定，会议发言的优先顺序为，协商国代表先于非协商国和观察员。"主席可邀请某一专家到会发言，应对其就某议题发言的时间和次数予以限制。"

④ 2004年第27届协商会议《最终报告》，第47项。

⑤ 一些协商国认为闭会期间可以决策，而另一些国家则担心其法律后果，这将意味着协商会议于闭会期间存在，这些国家坚持认为协商会议仅能在年度会议期间存在，协商会议的决策方式需要受到保护，强调闭会期间所做决策与在协商会议期间所做决策的地位并不相同。参见2005年第28届协商会议《最终报告》，南极条约秘书处网站，https://documents.ats.aq/ATCM28/fr/ATCM28_fr001_e.pdf，第30项。

第五章 当前南极治理机制的最新发展

一项下新增第46条，对执行秘书的职权做出严格限定。[①] 需要指出的是，闭会期间执行秘书与协商国之间的协商程序规则本应设立在"秘书处"项下。然而，协商国却将其设立在"国际组织专家"项下，表明协商国防止秘书处获得更多的权力。2011年，协商国第9次修改议事规则，要求对闭会期间收到对南极洲有科学或技术兴趣的国际组织有关协商会议活动信息的请求时，执行秘书所应遵循的更为细节的程序，防止秘书处获得更多的权力。

在工作组规则制定上，协商国近年来主要关注工作组流程和官员任命问题。针对工作组主席连任的现象，2008年第八次修改议事规则，规定工作组主席不能连续担任超过四次会议或委员会会议。[②] 不过，这一规则似乎并未得到遵守。在随后的2009年协商会议上，担任法律工作组的主席依然是挪威的奥拉夫·奥海姆教授（Prof. Olav Orheim），担任体系运行工作组主席的依然是智利的专家何塞·雷塔马莱斯（Jose Retamales），而这两位专家已经连续五年担任工作组主席，超出了议事规则的规定。其中，智利的专家何塞·雷塔马莱斯一直担任运行工作组的主席直至2014年，总计连续担任十年。为此，协商国于2015年第十次修改议事规则，再次对任期

---

① 第46条规定："闭会期间，执行秘书应在其职权范围内，根据措施1（2003年）制定的法规以及秘书处的运作，在法律要求的情况下咨询协商国，根据协商会议的相关文书以及在紧急情况下，在下一届协商会议开启之前，需要采取行动。"在其之下又设立五个分条款。第一条是执行秘书应向全体协商国通过指定联系人的方式，传送相关资料和任何拟议的行动，指定要求答复的适当日期。第二条是执行秘书应当确保所有协商国承认接收此类传送，并且还应确保联系人列表正在使用。第三条是每一个协商国应当考虑其所回复的事宜，并在指定日期之前通过其各自的联系人将其答复（如果有的话）传达给执行秘书。第四条是执行秘书在将协商结果告知协商国后，若协商国没有反对，则可继续采取拟议的行动。第五条是执行秘书应保存闭会期间协商的记录，包括其结果和他/她采取的行动，并应在其提交协商会议报告中反映这些结果和行动。

② 议事规则第11条由原来的"会议或委员会可成立工作组"扩增至如下内容："会议或其委员会可以设立工作组来处理各种议程项目。在会议或委员会会议开始时任命工作组主席。除非另有决定，否则主席不能连续担任超过四次会议或委员会会议。在每次会议结束时，会议可以决定由哪个工作组为下一次会议做出初步提议。"

做出安排。①

担任工作组主席是出于专业资质与丰富的经验，但是从另一个角度看，固定的专家或国家把持工作组主席职位，有可能做出倾向于本国的政策选择。从《南极条约》签订伊始便惧怕南极事务国际化的智利，其专家长期担任"南极条约体系运行"工作组的专家，在一定程度上不是巧合。从另一个方面也可以看出工作组的主席具有倾向性，从1992年起，工作组主席分别来自智利（15次）、挪威（10次）、荷兰（9次）、乌拉圭（8次）、新西兰（8次）、英国（5次）、阿根廷（5次）、法国（4次）、美国（4次）、德国（2次）、意大利（3次）、南非（2次）、澳大利亚（2次）。

上述事实体现出三个方面：第一，领土主权声索国全部担任过工作组主席；第二，智利、挪威等领土主权声索国为了维护本国的利益，防止南极事务进一步国际化，采用担任工作组主席的方式来维护本国的国家利益。其中，比较明显的是智利，来自智利的专家于2002年开始担任"运行事务"工作组主席，尽管期间换了主席人选，但该国一直担任该组主席直到2015年。第三，协商国的制度竞争白热化，已经深入到工作组主席。比如，英国曾于2008年提交工作文件，要求工作组主席不得连任。2015年议事规则再次规定工作组主席不得连任超过四次，同年，英国由此获得担任"运行、科学与旅游"工作组主席的机会，而目前已经连任5年。

（三）引发权力结构变化的原因

领土主权问题一直是南极治理中的根本问题与核心问题，几乎所有南极治理方案或者绕过或者从某种程度上解决这个问题。历史上，曾经有七个国家对南极领土主权提出要求，不过1959年的《南极条约》既不承认也不否认这些要求，而将南极领土主权做冻结处理。在20世纪四五十年代，南极领土主权纷争导致南极陷入"安全困境"。在当时美苏全球争霸的背景下，南极安全困境极有可能成为战争乃至核战争的导火索。《南极条约》冻结南极领土主权，使得参与国的关注点从领土主权争夺转移到国

---

① 2005年修订的"议事规则"规定，"如果会议决定一个工作组应持续一年以上，其主席可以担任一至二次连续会议。随后可以任命工作组主席，任期为一至两年，但在同一个工作组中担任不得超过四年。"

际科学合作。随后,协商国试图利用各个议题来加强自身的领土主权优势。

随着20世纪80年代一批发展中国家涌入南极,南极权力结构发生显著变化,非声索国的力量大大增强,虽然这些国家的南极知识与南极实践相对不足,但从数量上已经形成优势,引起声索国和保留国的担忧。担忧正是出于对领土主权的考虑。当前,南极协商会议共有29个协商国。对领土主权的担忧亦导致领土主权声索国坚决维护一致同意的决策方式。有学者提出南极治理中可以使用3/4或2/3多数同意的方式推出决策。无论是3/4还是2/3,随着协商国的数量越来越多,领土主权声索国的占比只会越来越小。如果采用多数制的方式,那么第四条领土主权冻结原则有可能被动摇,进而声索国的主权声索亦可能遭到否认。所以协商会议的决策一致方式在可预见的未来不会发生改变。

领土主权始终是协商国的首要考虑。但当前,领土主权再次成为一个新的争夺点,集中体现在设立保护区以及由生物勘探引发的资源归属上。《议定书》第11条设立环境保护委员会,作为协商会议的环境保护咨询机构,每年在协商会议年度会议期间召开。这是至今为止,协商会议建立的唯一一个正式咨询机构。其建立凸显南极条约体系中的环境保护转向。在《议定书》之后,环境保护成为南极治理中"政治正确"的议题。随着环境保护委员会逐渐摸索出设立保护区这一方式,设立环境保护区成为协商会议的焦点议题。进入21世纪以来,协商会议出台的措施几乎全都与保护区相关。

二、规范竞争:商业利益规范与科研合作规范

根据本书的分析框架,显要规范是决定南极治理机制变革的核心因素之一。不过,显要规范需要被激发,只有在触发事件作用下,显要规范才能出现。需要注意的是,显要规范亦有可能与当时体系内流行的规范截然不同,比如20世纪80年代,体系内流行的规范是资源获取,但1989年四起极地灾难触发环境保护规范成为显要规范,进而导致南极治理机制的变革。当前,触发事件尚未出现,但南极治理规范出现新变化,商业利益规范对信息交流规范与科研合作规范构成挑战,商业利益规范与科研规范构成规范竞争。

（一）商业利益规范对信息交流规范的挑战

有效的科学信息是南极治理的基础，充分的信息交流可以避免重复性的科研工作，提高南极治理的效率。南极条约秘书处问题曾是南极治理中难以推进的议题，然而现实的需求推动了秘书处的建立，这一需求就是新时期内南极科研信息交流。自20世纪80年代以来，随着南极条约体系的扩大，获取更多信息、加快传递速度、扩大国际交流，成为南极治理的新需求，进而推动秘书处的建立。

然而，生物勘探的兴起对信息交流规范造成直接冲击。早期的生物勘探讨论已表明，南极遗传资源有相当大的商业利益，一些公司已经开始销售来自南极遗传资源的产品，这些产品包括磷虾油、抗癌药物、酶，以及化妆品。[①] 由于生物勘探活动蕴含着巨大的经济利益和商业利益，导致科学团体和企业倾向于将获取的数据和信息作为机密，而不再公开分享。比如，在2003年生物勘探刚刚成为协商会议议程之际，在企业参与南极生物勘探活动的调研中，由于涉及商业机密，调研者频繁被拒，"拒绝谈论实质性议题"。[②]

无论是科学团体还是企业，不会主动分享在生物勘探活动中获取到的敏感信息，这将挑战《南极条约》中自由获取科研信息条款。[③]《南极条约》第三条明确规定："南极的科学考察报告和成果应予交换并可自由得到科研信息分享条款。"事实上，这也是在历届协商会议上协商国反复讨论并强调的内容。不过，由于巨大的经济利益以及涉及成果申请专利等问题，在生物勘探问题上，第三条并没有收到协商国满意的成效，以至于协商国在某种程度上妥协，例如，荷兰称"期望通过提议而实现获得过去在《南极条约》区域内的所有生物勘探数据是不现实的"。[④]

生物勘探的兴起对南极条约体系中的科研合作与信息交换这一原则造成巨大挑战。在巨大的商业利润驱使下，行为体更倾向于选择信息保密，

---

① 2008年第31届协商会议 IUCN 报告，第635页。
② 2004年第27届协商会议，联合国环境署提交的信息文件 IP106，第3页。
③ Alan D. Hemmings, "Does bioprospecting risk moral hazard for science in the Antarctic Treaty System?" *Ethics in Science and Environmental Politics*, Vol. 10, 2010, p. 9.
④ 2019年第42届协商会议荷兰提交的工作文件 WP12，第3页。

第五章 当前南极治理机制的最新发展

这对自由与开放的信息交换原则造成巨大冲击。如果以国际合作科学自由，以及南极环境保护为代价而获得的商业利益仅为某个国家或某个企业所有，那么这将会引发南极条约体系的内部矛盾。[①]

（二）商业利用规范对科研合作规范的挑战

科研合作是南极治理中最为古老的规范，南极治理得以实现正是建立在领土主权冻结与科研合作的基础之上。尽管科研合作在促成《南极条约》的过程中厥功至伟，但科研合作规范的内涵频频发生变化。这种变化最早开始于20世纪70年代，曾显著发生在20世纪80年代。在南极科学考察过程中，协商国不断发现新的南极资源，比如南极海洋生物资源、矿产资源等。在20世纪70年代，为避免磷虾过度捕捞、养护南大洋生态系统，南极科学曾投入到生物资源上，在某种程度上与资源利用规范开始相连。这种连接在20世纪80年代达到顶峰，当时协商国正在讨论制定矿产公约，科学家们因此将科学重点放在勘探矿产资源上。直至1991年《议定书》出台、冻结南极矿产资源后，这种以矿产资源为导向的科研活动才停止。

前文曾经提及，南极治理中有两类规范：一类是积极规范；另一类是中性规范。科研合作规范由于其经常被赋予新的内涵，所以不能算是积极规范。因为积极规范是确保导向南极和平与稳定的规范。从其性质上看，科研合作规范属于中性规范，即随着时代的发展与人类社会演进而被赋予新内涵，有可能导致南极出现纷争的规范，其部分来源于《南极条约》"前言"及第1条，第1条规定"南极应仅用于和平目的"。然而条约没有明确指出"和平目的"的具体内涵，随着时代的变化，"和平目的"的内涵从避免军事冲突延伸到资源开发领域。

当前，生物勘探的出现再次深刻挑战科研合作规范，生物勘探使南极科学首次拥有两个功能：一是传统的南极科学；二是商业私利。[②] 科学家直接参与生物勘探，国家的公共科学研究机构与私人公司共同承担南极生

[①] Alan D. Hemmings, "Does bioprospecting risk moral hazard for science in the Antarctic Treaty System?" pp. 5–11.

[②] Alan D. Hemmings, "Does bioprospecting risk moral hazard for science in the Antarctic Treaty System?" p. 11.

物遗传资源研究活动,[①] 难以区分科学家团体和企业。在整个国际层面的生物遗传资源讨论中,如何区分科学研究与商业活动亦是重要问题。联合国亦表示,很难区分纯粹的科学研究与商业活动。这是因为在大多数情况下,遗传资源是科研项目的一部分,由科学机构与企业联合收集与分析。从这些资源中提取的信息、有用材料只有在后期才会进入商业阶段。因此,是否利用这些活动谋求利益,无法由这些活动本身进行判断。[②]

由于中性规范一般存在边界,在合理的范围内使用这些规范可以取得良好的效果;若不加节制地无限地使用则可能引发严重后果。丰厚的利益驱使着生物勘探持续发展,亦有可能对《南极条约》"在南极各考察队和各考察站之间交换科学人员"这一条款造成冲击,而这将可能挑战南极国际科学合作与后勤合作中长期形成的良好氛围。商业利益规范所蕴含的危险在于,其将可能触及南极条约体系的底线,对其他规范构成挑战,继而引发南极治理的动荡。

第二节 当前南极治理的焦点议题

自 1991 年《议定书》签订以来,南极保护区、南极旅游,以及生物勘探成为焦点议题。各协商国,尤其是领土主权声索国和美国,指定大量南极特别管理区和特别保护区。南极生物勘探和南极旅游问题殊难解决,这两个议题皆触及"南极属于谁"这一有关领土主权的讨论,而南极旅游与生物勘探专门机制缺失,进一步削弱南极条约体系"预防性"与"回应性"属性。领土主权争夺日益激烈,伴随着资源利用规范的兴起,南极治理正处于新一轮的调试之中。本节将通过回溯协商会议《最终报告》,梳理焦点议题的机制建设过程,以期为我国参与南极制度建设提供参考。

一、南极保护区

南极保护区系统不仅包括设立于南极大陆的保护区,还包括设立于南大洋的海洋保护区(Marine Protected Area,MPA)。在南极大陆方面,自进

---

① 2009 年第 32 届协商会议《最终报告》,第 313 条。
② 2009 年第 32 届协商会议,IUCN 提交的报告。

入21世纪以来,协商会议上出台的"措施"(measure)几乎皆与保护区相关。领土主权要求国利用环境保护规范来加强本国的领土主权要求,非要求国则同样利用环境保护规范,积极加入这轮新的竞争,以免自身参与南极的利益受到损害。

在海洋保护区方面,海洋保护区所选取的区域,皆位于提案国所要求的南极大陆领土区域的海洋延伸。当前,南极海洋保护区尤其受到广泛关注。随着科学的进步,获取更远区域的海洋资源成为可能,如何可持续利用国家管辖范围外海洋生物多样性资源成为全球焦点议题。在法理上,南极被视为全球公域,环绕南极大陆的南大洋被视为公海。相应地,建立在南大洋范围内的保护区被视为公海保护区。在全球大背景下,建立南极海洋保护区对全球公海保护区(Marine Protected Areas on the High Seas)具有重要意义。在某种程度上来说,南极海洋保护区是全球超大型公海保护区发展的风向标。

(一)南极大陆保护区

南极保护区系统于1966年启动。南极保护区最初是为保护南极地区的生态学价值,其后,生态环境、科研、美学、荒野形态等多种价值逐渐成为保护的新目标。[①] 在1991年《议定书》出台之前,协商国设立8类、42个保护区。这8类保护区分别为:特别保护区(Specially Protected Area, SPA)、特别科学兴趣区(Sites of Special Scientific Interest, SSSI)、特别旅游兴趣区(Areas of Speciac Toarist Interst, ASTL,一直未设立)历史遗址与纪念物(Historic Sites or Monument, HSM)、坟墓(Tomb)、海洋特殊科学兴趣区(Marine Sites of Special Scientific Interest, MSSSI)、特别保留区(Specially Reserved Area, SRA),以及多用途规划区(Multiple-use Planning Area, MPA)。[②] 其中,特别保护区、特别科学兴趣区、历史遗址与纪念物的决策生效,协商国设立大量此类保护区域。而特别保留区与多用途规划区的决议从未生效,没有在实际中推行。这两类保护区的提出是协商

[①] 李影:《南极特别保护区发展现状与影响因素研究》,复旦大学硕士学位论文,2013年,第11—12页。

[②] 凌晓良等:《南极特别保护区的现状与展望》,《极地研究》,2008年第1期,第49页。

国在废除《矿产公约》，将关注点转向南极环境保护后，试图更新保护区系统的尝试。在1989年第15届协商会议上，协商会议通过了"建议15-10"（Recommendation XV-10）与"建议15-11"（Recommendation XV-11），分别设立特别保留区和多用途规划区。其中，特别保留区用以保护南极洲的地质价值、美学价值和其他价值；多用途规划区则用来帮助规划和协调活动，从而避免相互干扰，以及尽量减少在使用频率高的区域中积累环境影响。[1] 在设立特别保留区和多用途规划区后，美国随即在第16届协商会议上提交建立特别保留区的提案。不过，由于"建议15-10"和"建议15-11"从未生效，且被《议定书》"附件"所取代，有关特别保留区和多用途规划区的提法从南极保护区系统中消失。

随着南极保护区的类型越来越多，在实际运用中混乱不便，协商国开始简化保护区制度。2002年，依据《议定书》附件五"区域保护及管理"的规定，第25届协商会议通过了决定1（2002）"南极特别保护区的命名与编号系统"，将以往设立的各类保护区重新归类，化繁为简归为两类，即南极特别保护区（Antarctic Specially Protected Areas，ASPAs）与南极特别管理区（Antarctic Specially Mangement Areas，ASMAs）。此前已设立的特别保护区和特别科学兴趣区均归入南极特别保护区，其他几类均归入南极特别管理区。[2] 特别保护区旨在保护南极具有重大荒野价值、环境价值、科学价值、美学价值和历史价值的区域；[3] 特别管理区是组织、限制和控制包括南极旅游在内的活动，引导其与条例规定相协调，从而避免相互影响，并将环境影响降到最低。截至2021年5月，协商国已指定7个特别管理区和75个特别保护区（有3个被取消）。

实际上，南极保护区系统自出现以来，就隐含着国家巩固主权声索或者获得领土主权优势的战略动机。在环境保护的大背景下，各国更是巧妙利用划定南极保护区的方式，为自身参与南极事务增加筹码。自1991年《议定书》出台、1998年生效以来，审议新的或修订的保护区管理计划是南极环境保护委员会（Committee on Environmental Protection，CEP）讨论的

---

[1] 1991年第16届协商会议《最终报告》，第78项。
[2] 凌晓良等：《南极特别保护区的现状与展望》，《极地研究》，2008年第1期，第49页。
[3] 李影：《南极特别保护区发展现状与影响因素研究》，第6页。

优先议题，同时，协商会议出台的"措施"几乎全部与保护区相关。各协商国竞相指定保护区，成为南极治理中最显著的现象。领土主权声索国和美国表现最为突出。一方面，指定特别保护区的多为领土主权声索国，且指定区域几乎落在其声索的领土范围内；另一方面，在指定保护区数量上，现今共有 7 个南极特别管理区，其中 5 个区域由美国单独或联合他国指定；在现有的 75 个特别保护区中，美国指定 16.5 个，占特别保护区总数的 22%，位居诸国第一。7 个声索国共申请 46.41 个特别保护区，占特别保护区总数的 61.9%。①

伴随中国成为世界大国，南极保护区的设立过程出现竞争，在设立标准上，既得利益者采用"双重标准"，最显著的案例是中国"冰穹 A"（Dome A）特别管理区申请失败。中国自 2013 年开始，指认"冰穹 A"地区为特别管理区，连年遭到西方国家反对。中国建立特别管理区的理由是，在"冰穹 A"地区尚无大规模国际合作时出台管理计划，以协调未来可能出现的多国合作。这一思路也是此前申请所用思想，符合南极治理中的预防机制。但是，中国的提案连年遭到激烈反对。反对理由是，"冰穹 A"地区还没有开展国际合作，只有中国一个国家，不需要建立特别管理区。这一状况从 2013 年开始出现，直到 2018 年中国通过推出《南极冰穹 A 地区勘探和研究行为守则》来完成该地区的环境保护。

（二）南极海洋保护区

与南极大陆设立保护区相比，南大洋设立海洋保护区的行动相对迟缓。管理南大洋的养护委员会于 1982 年成立，其成立之初的目标是用生态系统方法养护南大洋的磷虾。此后，养护委员会逐渐摸索养护南大洋生物资源的方法。建立南极海洋保护区的理念源头来自协商国于 1964 年启动的南极保护区系统。在国际社会推动以及南极环境保护需求推动下，从 2002 年开始，养护委员会开始将建立海洋保护区提上议程。2008 年，养护委员会设立建立海洋保护区代表性网络的优先区域（the priority areas）。2009 年，养护委员会通过了英国提议设立的南奥克尼群岛海洋保护区，建立世

---

① Antarctic Protected Areas Database, https：//www.ats.aq/devph/en/apa-database. （访问时间：2021 年 11 月 17 日）

界上首个公海保护区。2011年养护委员会表示欢迎制定海洋保护区代表网络的规划领域（planning domains for representative systems of MPAs）。[①] 此后，相继出现罗斯海、威德尔海、东南极和南极半岛保护区等提案，成为养护委员会讨论的重点内容。截至目前，南大洋已经建立两个海洋保护区，分别是南奥克尼群岛南大陆架保护区与罗斯海保护区。与此同时，养护委员会正在审议三个海洋保护区提案，分别是澳大利亚、欧盟、法国提交的东南极保护区（EAMPA）提案、欧盟和挪威提交的威德尔海保护区（WSMPA）提案，以及阿根廷和智利提交的南极半岛保护区（D1MPA）提案。由于成员方在科学数据、保护边界和目标方面、科学分析存在分歧，这三个保护区提案至今尚处于讨论之中，未能获得通过。[②]

1. 南极条约体系中已建立的海洋保护区

截至目前，南大洋已经建立两个海洋保护区，分别是南奥克尼群岛南大陆架保护区与罗斯海保护区。南极海洋保护区的建立不仅使海洋保护区从理念变成现实，亦极大地推动全球公海保护区的发展进程。

（1）南奥克尼群岛南大陆架保护区的设立与现状

2005年，养护委员会下设科学委员会（SC-CAMLR）所指定的一份路线图，该路线图的目标是实现国际上关于"在2012年前建立一个一致的有代表性的海洋保护区网络"的要求。2009年，该路线图得到养护委员会的认可，并在同年的第28届养护委员会会议上，英国提议设立南奥克尼群岛南陆架海洋保护区（South Orkney Islands Southern Shelf MPA，SOISS MPA）。该提案得到一致同意而通过，成为"养护措施91-03"，这是第一个南极海洋保护区，同时也是全球第一个真正意义上的公海保护区。

南奥克尼群岛保护区主要保护《养护公约》渔业分区中第48.2分区内的海洋生物多样性，[③] 保护面积为94000平方千米，该保护区禁止商业

[①] 2012年第35届协商会议，CCAMLR提交的信息文件IP027，第14段。

[②] 付玉：《南极海洋保护区事务的发展及挑战》，《中国工程科学》，2019年第6期，第13页；2019年第38届CCAMLR会议报告，para. 6.48；2019年第38届CCAMLR会议报告，para. 6.49。

[③] 庞小平、季青、李沁彧、李冰洁：《南极海洋保护区设立的适宜性评价研究》，《极地研究》，2018年第3期，第339页。

第五章　当前南极治理机制的最新发展

捕鱼，但经南极研究科学委员会同意，允许科学研究活动。①建立该保护区的关键任务之一是评估南大洋生物区域化，用以鉴定各区域的生物多样性。其中生物区域化的指标包括地质与地貌、海洋、气候、海冰、生物群、动态模型结构以及潜在压力等内容。②该保护区于2010年5月正式建立，保护措施包括整理数据以描述11个重点海域的生物多样性情况和生态系统过程、物理环境特征和人类活动；召开研讨会审议不同的选址方法，供南极研究科学委员会进一步审议；禁止在这个区域内所有类型的捕鱼活动，禁止倾倒和排放渔船废物，禁止实施与任何渔业船只有关的转运活动，鼓励科学研究，并进行定期评议，③使之在理论上成为保护水平最高的区域。

根据《养护公约》第9条第2款（g）项，养护委员会需要对保护区措施执行的有效性进行持续跟踪。根据《养护公约》第15条第2款（b）（e）项，南极研究科学委员会应定期评估南极海洋生物资源种群的现状和趋势，以及按要求或主动向南极研究科学委员会提交对以实施本公约为目的的措施和研究进行的评估、分析、报告和建议。据此，南极研究科学委员会每五年进行一次评估。根据《养护公约》第24条第2款（b）项，"为检查依据本公约制定的措施的遵守情况，委员会成员指派的观察员和检查员应按照委员会制定的条款和条件，在公约适用区内从事海洋生物资源科学研究或捕捞的船舶上进行观察和检查"，通过视察手段来检查措施的遵守情况。

然而，在实践中，该保护区设立以来的保护效果并不明显：一是，该保护区未能涵盖该群岛周边生物多样性最为丰富的区域，该海域磷虾资源丰富，具有极高的生态保护价值；④二是缺乏本底数据、衡量成功的标准和衡量具体保护成果的科学指标和标准；三是缺乏必要的管理和监测计

---

① CCAMLR 网站，https://www.ccamlr.org/en/science/marine-protected-areas-mpas。
② 庞小平、季青、李沁彧、李冰洁：《南极海洋保护区设立的适宜性评价研究》，第339页。
③ 桂静、范晓婷、公衍芬、姜丽：《国际现有公海保护区及其管理机制概览》，《环境与可持续发展》，2013年第5期。
④ 李洁：《南大洋海洋保护区建设的最新发展与思考》，《中国海商法研究》，2016年第4期，第93页。

划，设立年限较短，不足以观测出物种的变化。① 其中，研究与监测计划（RMP）至今无法达成一致，成为众成员方讨论的焦点。

尽管实践效果不如人意，南奥克尼群岛南大陆架保护区的设立仍具有重大意义，这是养护委员会在公海上设立的首个海洋保护区，也是世界上首个全部为公海的海洋保护区，其设立标志着实现"在南大洋建立一个具有代表性海洋保护网络"的目标迈出第一步，这不仅确立了养护委员会在国际海洋生物资源管理方面的领先地位，② 也在实践中赋予养护委员会设立海洋保护区的合法性，更成为后来一系列南极海洋保护区提案可供参考的先例。

（2）罗斯海保护区的设立与现状

罗斯海（Ross Sea）被称为"最后的海洋"，是地球上仅存的完整海洋生态系统。因其独一无二的科研与生物价值，养护委员会将罗斯海视为在南大洋建立一个具有代表性海洋保护网络的关键区域。③ 罗斯海保护区于2016年第35届养护委员会会议上达成一致，于2017年正式建立。该保护区旨在保护罗斯海大规模的生态系统过程，保护生物多样性，④ 重点保护物种是犬牙鱼和磷虾。保护区面积超过155万平方千米，是世界上面积最大的公海保护区，其中72%的面积是彻底禁渔区，不允许任何捕鱼活动。

在推动罗斯海保护区建设的过程中，科学家团体与环境非政府组织组成的"跨国倡议网络"发挥了重要作用。2007年，罗斯海被养护委员会认定为生物多样性丰富的区域。2010年，南极条约体系内部的生态系统监视与管理工作组将罗斯海认定为11个值得密切监察的区域之一。2011年10月，南大洋联盟建议在南大洋19个特定区域建立一个海洋保护区网络和禁捕保护区，罗斯海则为特定区之一。南大洋联盟建议在罗斯海建立一个360万平方千米的全面禁捕保护区。此外，超过500名科学家联合签名请

---

① 陈力：《南极海洋保护区的国际法依据辨析》，《复旦学报（社会科学版）》，2016年第2期，第160页。

② Cassandra M. Brooks, "Competing values on the Antarctic high seas: CCAMLR and the challenge of marine-protected areas," *The Polar Journal*, Vol. 3, No. 2, 2013, p. 277.

③ Ibid., p. 285.

④ CCAMLR 网站，https://www.ccamlr.org/en/science/marine-protected-areas-mpas。

第五章 当前南极治理机制的最新发展

愿，要求采取有效措施保护罗斯海，防止过度捕捞。[①]

2011年，美国和新西兰分别向南极研究科学委员会提交建立罗斯海保护区的提案。在讨论提案过程中，成员方之间在科学依据和政策目标方面发生严重分歧。[②] 2011年，美国与新西兰分别提出设立罗斯海保护区提案。两份提案的保护目标相同，即保护罗斯海的生态结构与生态系统的运行，将鸟类、哺乳动物和鱼类活动区域纳入保护范畴。[③] 不过，美国和新西兰有不同的利益诉求。美国的犬牙鱼捕捞活动相对不重要，其提案中建议删除新西兰提议中的商业捕鱼。新西兰作为捕鱼国，具有长期在此区域捕捞犬牙鱼的权力。2012年，美国与新西兰在协商后将两国议案合并，形成统一的新提案。该提案中，保护区总面积约为227万平方千米，其中160万平方千米被划为"一般保护区"，禁止渔业作业，此外还设有"特别研究区"和"产卵期保护区"。"特别研究区"是为专门保护犬牙鱼而设立的，"产卵期保护区"在冬季禁止犬牙鱼捕捞，且全年禁止其他类型的渔业捕捞。不过，该议案遭到部分成员方的反对，委员会达成一致，决定次年召开闭会期间会议对该提案进行专门讨论。

在2013年，养护委员会召开两场会议专门讨论罗斯海保护区提案。2013年7月，养护委员会举行历史上第二次闭会期间会议以及第一次南极研究科学委员会会议。在这次会议上，25个成员方中，12个成员方支持设立保护区，另有12个成员方（印度缺席）反对。反对方的主要理由集中在干扰捕鱼作业、海洋保护区的期限、科研与监管计划以及科研问题。在此次会议上，俄罗斯、乌克兰和中国分别提出异议。三国质疑养护委员会是否有建立海洋保护区的合法性。在2013年10月，美国和新西兰提交修改后的提案，在该提案中，保护区面积进一步缩小为134万平方千米，其中包括125万平方千米的禁捕区。同时，"产卵保护区"由于数据不足被取消。

---

① Cassandra M. Brooks, "Competing values on the Antarctic high seas: CCAMLR and the challenge of marine-protected areas," p. 285.
② 杨雷等：《〈关于建立CCAMLR海洋保护区的总体框架〉有关问题分析》，《极地研究》，2014年第4期，第523页。
③ Cassandra M. Brooks, "Competing values on the Antarctic high seas: CCAMLR and the challenge of marine-protected areas," p. 285.

2014年乌克兰危机导致罗斯海提案没有进展。2015年，中美两国首脑对话期间，中方公开支持罗斯海海洋保护区提案。在"习近平主席对美国进行国事访问的中方成果清单"中，第49项涉及加强中美两国在科学研究方面的合作，共同推进建立罗斯海海洋保护区。[①] 2016年，"磷虾研究区"允许研究性捕鱼活动，以获得俄罗斯支持，俄罗斯赞同建立罗斯海海洋保护区。2017年12月，罗斯海海洋保护区生效。

罗斯海保护区有10个具体目标，可将其归为"保护目标"与"科学目标"两类。设立保护区的主要目标包括：（1）保护罗斯海地区的生物结构和生态功能，通过保护栖息地，对当地的哺乳动物、鸟类、鱼类和无脊椎动物进行必要的保护。（2）提供濒危鱼类种群的研究资料，更好地研究气候变化对鱼类生态效应的影响，提供更好的研究南极海洋生物系统的机会。（3）对南极犬牙鱼的栖息地提供特殊保护。（4）保护磷虾。[②]

罗斯海保护区被划分为3个区域，每个区域允许一些活动，限制其他活动。除少数例外情况外，该保护区大部分地区禁止捕鱼活动。[③] 罗斯海保护区的手段主要包括：（1）分区管理，将罗斯海保护区分为3个区域，实行不同的管理措施。（2）采取禁渔和限制捕捞的措施。（3）管理渔船，要求进出罗斯海保护区的渔船报告，并限制渔船在保护区内转运。[④] 在管理上，罗斯海保护区依赖于养护委员会、南极研究科学委员会、秘书处以及成员方的协作。其中，养护委员会制定相关管理措施，研究科学委员会审议保护区提案的科学基础并向委员会提供建议，审查和评估相关研究计划和活动；秘书处处理行政事宜；成员方有义务向委员会报告其在海洋保护区内进行的活动。[⑤]

2. 正在讨论中的南极海洋保护区提案

当前，养护委员会正在审议三个海洋保护区提案，分别是澳大利亚、

[①] 《习近平主席对美国进行国事访问中方成果清单》，新华网，2015年9月26日，http://www.xinhuanet.com/world/2015-09/26/c_1116685035.htm。（访问时间：2020年10月4日）

[②] 付玉：《南极海洋保护区事务的发展及挑战》，第11页。

[③] CCAMLR 网站，https://www.ccamlr.org/en/science/marine-protected-areas-mpas。

[④] 付玉：《南极海洋保护区事务的发展及挑战》，第11页。

[⑤] 同上，第11页。

欧盟、法国提交的东南极保护区（EAMPA）提案，欧盟和挪威提交的威德尔海保护区（WSMPA）提案，以及阿根廷和智利提交的南极半岛保护区（D1MPA）提案。

（1）东南极海洋保护区提案

在2011年第30届养护委员会会议上，新西兰和美国在罗斯海规划区域提出罗斯海保护区提案，与此同时，澳大利亚和法国在整个东南极规划区域（East Antarctic planning domain）提出东南极保护区提案。澳大利亚指出，南极东南部海域具有丰富的生物资源和矿产资源，该提案主要是为了养护该片具有代表性的海洋生物多样性地区。

2012年，欧盟加入申请行列，澳大利亚、法国和欧盟共同提交提案，该提案计划区域为190万平方千米。[①] 计划设立7个海洋保护区，这7个区域旨在保护东南极生物多样性，[②] 每个保护区包含该地区生物多样性的代表性地区，试图建立多用途系统，例如可在不损害海洋保护区目标的情况下进行捕鱼活动，[③] 其中3个区域作为科研参考区，来评估未来气候变化对该区域生产力和生态的影响。[④] 在经过3年的科研准备后，在2015年养护委员会会议上，提案国将之前规划的7个海洋保护区减少至3个。[⑤] 在本次会议上，日本、中国、俄罗斯认为，东南极保护区提案需要进一步明确研究与监测计划。[⑥] 2019年，由于成员方在科学数据、保护边界和目标方面存在分歧，该保护区未能获得通过。[⑦]

（2）威德尔海保护区提案

从2013年开始，德国开始为建设威德尔海（Weddell Sea）保护区做

[①] 澳大利亚南极项目网站，https://www.antarctica.gov.au/news/2012/australia-france-and-european-union-propose-marine-protected-areas/。

[②] 澳大利亚南极项目网站，https://www.antarctica.gov.au/magazine/issue-24-june-2013/policy/southern-ocean-marine-protected-areas/。

[③] 2012年第31届CCAMLR会议报告，para. 7.63。

[④] 澳大利亚南极项目网站，https://www.antarctica.gov.au/news/2012/australia-france-and-european-union-propose-marine-protected-areas/。

[⑤] 2015年第34届CCAMLR会议报告，para. 8.42.

[⑥] 2015年第34届CCAMLR会议报告，para. 8.72-8.75。

[⑦] 付玉：《南极海洋保护区事务的发展及挑战》，《中国工程科学》，2019年第6期，第13页。

科学准备，其后分别于 2014 年和 2015 年召开国际专家研讨会。2016 年，德国和欧盟在养护委员会会议上正式提交提案。① 该提案的规划区域为 180 万平方千米，② 目的是保护生物多样性与栖息地，建立科学参考区域。在提案中，规划区域包含 Domain 3 和部分 Domain 4 地区，共包括六个优先地区，分为三种保护区类型：普遍保护区、特别保护区，以及渔业研究区。③ 提案的基础是德国在该地区收集了 30 余年的科学数据。④ 在科学数据方面，该提案遵循系统养护计划方式进行为期 4 年准备，根据两个国际专家工作组确定了养护目标。多数成员方认为，威德尔海保护区提案是建设 CCAMLR 代表性保护区网络中重要的一环。

在 2016 年，挪威、新西兰认为，该提案没有反映出最佳科学依据，需要由科委会及其工作组进一步审议。俄罗斯则认为提案中有关何为有效海洋保护区缺少明确定义。⑤ 由于需要进一步的工作，2017 年就该提案举行闭会期间国际研讨会。在 2018 年，大多数国家支持该提案，并称其具备最佳科学数据。挪威、中国、俄罗斯等国对保护区的范围、科学数据、区域范围，以及捕鱼等方面提出建议。⑥ 2019 年，挪威加入申请行列，挪威联同欧盟共同提交修改后的威德尔海保护区提案。俄罗斯认为需要补充有关未来合理利用主要鱼类和磷虾的信息，⑦ 中国认为该提案中尚有科学问题需要解决，包括对南极海洋生物资源潜在威胁的机制和程度的分析。⑧

（3）南极半岛海洋保护区提案

阿根廷和智利于 2011 年开始启动南极半岛海洋保护区的建设进程。智利和阿根廷于 2011 年提议举办一场国际技术研讨会，以确定 Domain1 地区

---

① 2016 年第 35 届 CCAMLR 会议报告，para. 8. 85。
② https://www.awi.de/fileadmin/user_upload/AWI/Ueber_uns/Service/Presse/2016/4_Quartal/KM_Weddellmeer_MPA/WEB_UK_Factsheet_Weddellmeer.pdf.
③ 付玉：《南极海洋保护区事务的发展及挑战》，第 13 页。
④ 2016 年第 35 届 CCAMLR 会议报告，para. 8. 86。
⑤ 2016 年第 35 届 CCAMLR 会议报告，para. 5. 76 – 5. 78。
⑥ 2018 年第 37 届 CCAMLR 会议报告，para. 6. 33 – 6. 35。
⑦ 2019 年第 38 届 CCAMLR 会议报告，para. 6. 48。
⑧ 2019 年第 38 届 CCAMLR 会议报告，para. 6. 49。

第五章 当前南极治理机制的最新发展

海洋保护区指定的优先地区，该请求得到养护委员会的批准。① 从 2011 年至 2018 年，在经过 21 场科学会议论证之后，② 在 2018 年，两国正式向养护委员会提交提案。包括南极半岛西部地区在内的南大洋南大西洋部分是南大洋最多产的地区之一，供养着 70% 的南极磷虾。该地区高储量的南极磷虾支持了生物多样性。在 2008 年，该地区被养护委员会科学家确定为优先保护地区。与南大洋其他区域相比，该区域拥有其他地区无可比拟的长期记录和广泛的空间研究，这为南极海洋保护区计划提供坚实的科学基础。③

在 2018 年养护委员会会议上，阿根廷和智利提出在规划区域 1 建立南极半岛海洋保护区的提案。提案声称该海洋保护区的设立符合《总体框架》，并且回应了自 2012 年以来养护委员会机制内各组织所讨论的建议。④ 该提案的目的是保护有代表性的栖息地、生态系统过程、物种生命周期重要区域，以及稀有的、脆弱的生态系统等。⑤ 提案中，该海洋保护区被分为三类：一般保护区（GPZ）、特殊渔业管理区（SFMZ）和磷虾渔业研究区（KFRZ）。这三个区域都是为了保护有代表性的栖息地而设计的，但每个区域的保护等级和目标不同。一般保护区是为了保护各类物种的关键生活史阶段，包括在气候变化的情况下；特殊渔业管理区有助于减轻捕鱼的潜在威胁。一般保护区禁止商业捕鱼，而特殊渔业管理区允许商业捕鱼。磷虾渔业研究区是理解渔业和气候变化影响的科学参考区域，为了实现这一目标，该区域的保护水平每 10 年从一般保护区状态转变为特殊渔业管理

---

① Zephyr T. Sylvester, Cassandra M. Brooks, "Protecting Antarctica through Co-production of actionable science: Lessons from the CCAMLR marine protected area process," *Marine Policy*, Vol. 111, 2020, p. 5.
② Zephyr T. Sylvester, Cassandra M. Brooks, "Protecting Antarctica through Co-production of actionable science: Lessons from the CCAMLR marine protected area process," *Marine Policy*, Vol. 111, 2020, p. 6.
③ Zephyr T. Sylvester, Cassandra M. Brooks, "Protecting Antarctica through Co-production of actionable science: Lessons from the CCAMLR marine protected area process," p. 3.
④ 第 37 届 CCAMLR 会议上阿根廷和智利提交的提案，para. 6.43。
⑤ 付玉：《南极海洋保护区事务的发展及挑战》，第 14 页。

区状态。[1]

3. 建立南极海洋保护区的障碍

虽然科学家团体与环保非政府组织强力推动海洋保护区的建设过程，但是成果并不尽如人意。综合来看，建立海洋保护区存在至少以下三个障碍。

首先，南极领土主权冻结引发的地缘政治问题。《南极条约》将南极领土主权冻结，既不承认也不否认各国的领土主权要求。主权要求国通过在其声索区的海洋延伸范围内建立海洋保护区来巩固其主权。例如，英国提议建立的南奥克尼群岛保护区位于英国声索区的海洋延伸区域。新西兰、美国建立的罗斯海保护区位于新西兰声索区的海洋延伸区；澳大利亚和法国提议建立的东南极海洋保护区位于澳大利亚和法国声索区的海洋延伸区。这导致海洋保护区建成后将涉及一系列具体的管理问题，包括发放许可、行驶视察权等，引发相关疑虑，如一些南极大国或者近南极国家是否会趁机"圈地"，或者通过管理实践来完成对该区域的实际控制。俄罗斯曾直言称，"鉴于《南极条约》和《养护公约》的七个缔约国在南极主张陆地领土，俄罗斯不得不考虑海洋保护区被用于对其原主张区域建立地缘政治控制的可能性。"[2] 虽然该观点在现场遭到美国、英国、法国、澳大利亚、新西兰等众多国家的反对，但是协商国设立保护区以加强其对该区域的控制之意图是不言自明的。

其次，海洋保护区的设立将会限制各国在该区域内的渔业活动与科考活动。保护区提案国倾向于将海洋保护区设置成为长期性或永久性禁捕区，这将影响部分国家的经济利益。比如，在2012年提议、2016年通过的南极罗斯海保护区中，俄罗斯曾是最大的反对者，其反对理由之一是担心海洋保护区的设立将会危及俄罗斯在南极海域的捕捞作业，从而严重影响俄罗斯的经济利益。而东南极提案的一个重要特点就是限制捕鱼活动。俄罗斯指出，澳大利亚、英国、新西兰、法国等提案国都是犬牙鱼的主要捕捞国，有理由怀疑这些国家是利用海洋保护区，排除其他犬牙鱼捕捞国，垄断犬牙鱼生产。

---

[1] 第37届CCAMLR会议上阿根廷和智利提交的提案。
[2] 俄罗斯2014年先后向协商会议和养护委员会提交工作文件。

第五章 当前南极治理机制的最新发展

最后，目前南极海洋保护区制度建设尚未健全。《养护公约》和《总体框架》是南极海洋保护区最重要的法律依据，其中未对海洋保护区、合理利用等概念进行精确定义。从某种程度上看，养护委员会机制是在发展中不断完善制度，这也导致其缺少科学指标、数据收集与处理、设立标准等方面的清晰规定。例如在建立威德尔海保护区的讨论中，挪威认为威德尔东部地区数据缺乏、了解有限，而欧盟提案中规定的具体保护措施没有考虑到这一点，这可能导致措施既没有目标，也没有效果。近年来，成员方围绕"研究与监测计划"展开争论，中国强调在建立海洋保护区前确定好研究与监测计划的重要性，但是一部分国家认为，建立研究与监测计划不是目的。在研究与监测计划问题上无法达成一致，阻碍海洋保护区的建设进程。

南极保护区系统的兴起体现了各国的南极战略选择。在环境保护的大背景下，各国巧妙利用划定南极保护区的方式，为自身参与南极事务增加筹码。在南极大陆方面，自进入21世纪以来，协商会议上出台的措施几乎皆与特别保护区和特别管理区相关，协商国指定大量保护区。这固然符合南极环境保护的原则，但其中暗含着各国的战略考量。在海洋保护区方面，在罗斯海海洋保护区建成之后，2018年出现三个海洋保护区提案，分别是澳大利亚、欧盟、法国提交的东南极保护区、威德尔海保护区，以及阿根廷与智利提交的南极半岛保护区。这些海洋保护区地点的选择，皆是提案国所要求的南极大陆领土区域的海洋延伸。领土主权声索国利用环境保护来加强本国的领土主权要求，非声索国则积极加入这轮新的竞争，以免自身参与南极的利益受到损害。

4. 南极海洋保护区对全球公海保护区的影响

在全球大背景下，建立南极海洋保护区对全球公海保护区（Marine Protected Areas on the High Seas）具有一定影响。在法理上，南极被视为全球公域，环绕南极大陆的南大洋被视为公海。相应地，建立在南大洋范围内的保护区被视为公海保护区，南极海洋保护区作为"具有代表性海洋保护网络"备受国际社会瞩目。随着科学的进步，获取更远区域的海洋资源成为可能，如何可持续利用国家管辖范围外海洋生物多样性资源成为全球焦点议题。全球海洋面积总计大约3600万平方千米，其中国家管辖范围以外区域占其中的64%,[①] 在保存海洋生物多样性方面发挥重要作用。南极保护区数量占现有世界公海保护区总数的50%，在公海自由转向公海治理的背景下，来自南极海洋保护区的经验可以为公海保护区的建立提供参考和借鉴。

从积极方面来看，首先，南极海洋保护区的设立使完全建立在公海上的公海保护区从理论走向现实，鼓舞国际社会建立公海保护区的决心。其次，南极海洋保护区包含一系列的养护措施，从严格保护到多层次利用地区，将保护区分为不同功能区域，允许一定限度的捕鱼活动。该措施来源于《养护公约》第二条"合理利用"，即养护包括合理捕捞，这对公海而言意义重大。现行海洋法的原则之一是公海自由原则，若在公海上建立完全禁止捕鱼的海洋保护区规则与现行海洋法产生冲撞，而南极海洋保护区的多层次利用则可以部分地解决这一问题。

然而，来自南极的经验亦反映出消极方面。首先，南极海洋保护区的一个亮点是能将理念快速付诸于实践，然后在实践中不断修补疏漏。这固然导致养护委员会成为全球建立公海保护区的先行者，但与此同时，快速发展而未有足够的科研数据支撑与理论支撑，导致后续出现多种问题。解决这些问题并非易事，从某种程度上来说，这些问题有可能打断建立海洋保护区的信心与势头，使得海洋保护区的设立更加艰难。以南奥克尼群岛南大陆架保护区为例，该保护区是养护委员会在南大洋建立的第一个海洋保护区，也是全球首个真正意义上的海洋保护区，至今建立已有11年。该保护区在建立时，制度并不完备，存在很多制度上没有解决或者没有考虑到的问题，甚至连提案本身在程序上亦有不足。这些不足至今仍需弥补与完善。例如，该保护区制订复查计划，规定成员方每5年进行一次复查。然而，具体如何复查，养护委员会并未给出明确的指南。另外，该保护区至今没有一份明确的"研究与监测计划"，成员方至今未能就南奥克尼群岛保护区的研究与监测计划达成一致。

其次，地缘政治超越科学数据、环境保护等议题，成为养护委员会成

---

① C. Corrign, F. Kershaw, Working Towards High Seas Marine Protected Areas: An Assessment of Progress Made and Recommendations for Collaboration, Cambrige, 2008, p. 4. 沈罗怡：《公海保护区对公海自由的限制研究》，北京大学硕士学位论文，2018年，第1页。

员方的首要考虑。南极海洋保护区的申请与南极领土主权要求有关,现有所有申请保护提案国都是本国所要求的南极大陆领土区域的海洋延伸。例如,新西兰申请的罗斯海区域、英国申请的南奥克尼群岛区域、澳大利亚申请的东南极区域,阿根廷与智利申请的Domain1区域,皆是这些国家要求的南极领土的海洋延伸区域。这也是2016年挪威反对威德尔海保护区提案的根本原因。由德国和欧盟发起的威德尔海保护区提案范围涵盖挪威声索区的海洋延伸区域,挪威对此表示反对,反对的理由是科研数据不足,但其根本上是出于地缘政治考虑,该区域排除挪威而设立保护区的行为,损害了挪威的利益。出于同样的原因,2019年挪威成为申请者,与欧盟共同申请在该区域建立海洋保护区,从提案反对者变为提案发起者。可以看出,在申请南极海洋保护区从某种程度上来看变成地缘政治竞争的工具,领土主权声索国利用海洋保护区来加强本国的领土主权要求,非声索国则提出不同的反对意见,以免自身参与南极的利益受到损害。

最后,南极海洋保护区陷入大国博弈与准对抗状态。至今为止的南极海洋保护区进程显示,养护委员会在此问题上明显分为两个阵营,支持者是以美国、欧盟与七个领土主权声索国,这些国家积极推动南极海洋保护区的建设;反对者通常是俄罗斯和中国。中俄强调海洋保护区需要充分的科学依据,分别提出确立研究监测计划与完善《总体框架》等倡议,要求在建立保护区之前首先做好充分的准备。对此,推动者一方则强调现有数据已然完备,对无法建立表示失望。2020年,受新冠肺炎疫情影响,中美关系全面倒退,国际合作与全球治理前景悲观,中美进入战略竞争的框架,这一趋势势必也会对南极海洋保护区的建设进程产生消极影响。

南极海洋保护区是全球公海保护区的先行者。但是,来自南极海洋保护区的经验并不必然能积极推动全球公海保护区的建立。如南奥克尼群岛南大陆架保护区的实践表明,该保护区自建成十余年后,养护委员会还在讨论其研究与监测计划等基本问题,在这种基本问题上争论不下,无法达成统一。南极海洋保护区的设立进程很可能因此受阻,如果没有外界强大因素推动,养护委员会成员方很难联合在一起,推出新的海洋保护区。这种趋势亦体现在全球的公海保护区建立上。来自南极的经验既是推动因素,同时也可能是阻碍,即国家因养护委员会设立海洋保护区的实践而对设立海洋保护区有更多的认识,也因此了解建立公海保护区所必备的条件，比如复查计划、复查标准、程序设立清单、研究与监测计划等更为细节和深入的现实问题，而不复设想之时的理想主义状态与美好愿景。

二、南极旅游

协商国早在1966年便开始关注南极旅游问题。1966年，美国递交第一份关于南极旅游的工作文件（WP044）。《南极条约》没有明确提及南极旅游，但是，协商国意识到南极迟早会出现旅游活动。协商国不排斥南极旅游，甚至在某种程度上推崇赴南极旅游。这其中有出于领土主权声索的考虑，比如阿根廷曾让本国公民在南极结婚、生子，来制造"南极公民"，增加在领土主权谈判中的筹码。

在南极条约体系运行早期，协商国开始关注并处理南极旅游的重要原因在于，南极旅游干扰了正常的科研活动。[1] 不过，由于南极旅游涉及领土主权问题，使得协商国将主要注意力放在其所引发的领土主权问题上。由于南极治理中存在三类协商国，即保留领土主权声索的国家（美国和俄罗斯）、领土主权声索国，以及非领土主权声索国。这些国家在南极旅游的利益互相冲突。1966年第4届协商会议，"南极旅游"成为协商会议的议题，在1968年第5届协商会议即出现领土主权声索国利用管理南极旅游来巩固主权声索的行动。1968年，澳大利亚递交工作文件（WP017），利用南极旅游保护麦格理岛（Macquarie Island），来加强领土主权声索。该岛并不在《南极条约》范围内，但澳大利亚却以"澳大利亚南极领地"（Australian Antarctic Territory, AAT）的名义来管辖。该文件遭到协商国反对并未通过。同年，新西兰也出现相似陈述。在新西兰递交的工作文件（WP020）中，出现"提前告知其他政府进入其领土内的旅行团"的陈述。

南极旅游从在协商会议出现之日便难以解决，这是因为南极旅游与南极领土主权问题挂钩。各国通过对南极旅游的管理来巩固自身领土主权声索。声索国开始用颁布旅游规则、旅游声明等宣示主权。这理所当然地遭到保留声索的国家和非声索国的集体反对。在互相冲突的国家利益诉求下，协商国认为拖下去是最好的方法，而管理南极旅游则可以依靠被参观

---

[1] 1966年第4届协商会议美国提交的工作文件（WP044），南极条约秘书处网站，http://www.ats.aq/documents/ATCM4/wp/ATCM4_wp044_e.pdf。

第五章 当前南极治理机制的最新发展

科考站的站长来解决，各科考站站长制订旅游守则。在这一期间，协商国虽然没有推出南极旅游的专门机制，但是其也在管理南极旅游，各国各自制定管理规则。例如，美国的管理规则为：某个国家首先发出参观美国科考站的申请，美国通过核实来决定是否许可，美国的海军负责人或者科考站站长有权决定是否接待该旅游团。[1] 当时的南极旅游局限于参观各国科考站，协商国认为由各个被参观的国家来管理南极旅游便足够。如果从南极条约体系层面颁布条令，则可能被利用，因而丧失自身声索南极领土主权的权益，或者加强了他国声索南极领土主权的优势。因此，条约体系的既定方略是尽量避而不谈南极旅游机制制定的问题，由各国科考站自行颁布参观规则。值得注意的是，美国政府一开始便有意通过扶植本国的企业来管理南极旅游。工作文件（WP027）明确提及，美国游客仅能通过林德布拉德公司（Lindblad）到达南极。[2]

在1968年协商会议上，尽管各国就南极旅游议题递交多份工作文件，但是这些工作文件没有一份成为"建议"。协商国有关南极旅游的矛盾之大，难以调和。各协商国通过递交工作文件来占据优势，提出初步的管理方案。在1991年《议定书》出台前，协商国相继推出"建议4-2"（Recommendation IV-2）、"建议6-7"（Recommendation VI-7）、"建议7-4"（Recommendation VII-4）、"建议8-9"（Recommendation VIII-9）"建议10-8"（Recommendation X-8）来对南极旅游进行初步管理。在此阶段，协商国的共识是，不反对南极旅游，南极旅游需要管理，但不需要制定专门的议定措施。从1975年第8届协商会议开始，由于当时南极治理的焦点议题是矿产资源开发，以及南大洋生物资源养护，南极旅游在议程中的地位下降，仅有部分国家递交工作文件，南极旅游不受重视。比如，1975年第8届协商会议上，决议称留待第9届协商会议讨论"附件A"与"附件B"，但实际上在1977年第9届协商会议上并未讨论，协商国被资源问题分散精力。

声索国在工作文件中强调领土主权，想以此方式来消融主权冻结方

---

[1] 1968年第5届协商会议美国递交的工作文件（WP027），南极条约秘书处网站，https：//documents.ats.aq/ATCM5/wp/ATCM5_wp027_e.pdf。

[2] 1968年第5届协商会议美国递交的工作文件（WP027），南极条约秘书处网站，https：//documents.ats.aq/ATCM5/wp/ATCM5_wp027_e.pdf。

案,渐渐拿回主权。这是因为,当时的《南极条约》是有时限的,时限为30年。在1991年时,召开审查会议,决定《南极条约》是否继续使用。当时,距离审查会议只有10年,声索国试图用南极旅游问题来巩固声索。

1991年《议定书》推出后,协商国皆认为《议定书》及其"附件"可施用于所有南极活动,包括南极旅游。[①]不过,此时协商国仍然将南极旅游的重点放在其对南极科研的影响上,协商国认为,用"特别管理区"来防止科研受旅游干扰。[②]在这次协商会议上,协商国达成共识,即协商会议的目标不是创造新规则,而是为游客创制旅游指南。为此,会议通过"建议18-1"(Recommendation XVIII-1),这是一份非常详细的游客指南,这表明此时协商国在南极旅游引发的领土主权问题上的矛盾依然不可调和。

此时,南极旅游博弈的格局基本确定,积极提出规则制定的国家为美国、英国、新西兰、阿根廷、智利和德国。其中,制定规则的国家是美国、英国与新西兰。旅游协会直接负责南极旅游的日常管理,而国际海事组织、世界贸易组织与南大洋联盟试图参与南极旅游治理。

进入21世纪,协商国重新关注旅游问题,各协商国的谈判没有达成一致。其中,一部分协商国认为没有必要使用"新附件"的方式来规制旅游,它们认为《议定书》有效地处理了南极旅游的环境问题。而另一部分协商国认为,现有框架无法满足协商国规制南极旅游的需求,尤其是在安全方面,各国就旅游规则的形式产生矛盾。南极旅游机制的形式有四个选项:新的议定书、议定书附件、单独措施、更新现有指南。[③]反对"附件"的理由是,《议定书》应用于包括南极旅游在内的一切人类活动,单独的旅游附件将影响《议定书》整体实施与批准。

三、生物勘探

生物勘探是南极治理中的新兴议题,是协商国面临的全新挑战。生物勘探至今没有统一的定义,其大致含义是指对本地微生物、植物以及动物

---

① 1992年第17届协商会议《最终报告》,第111项。
② 1994年第18届协商会议《最终报告》,第57项。
③ 2003年第26届协商会议《最终报告》,第134项。

第五章　当前南极治理机制的最新发展

等具有商业价值的遗传资源以及生物化学资源的开发。生物勘探产业营利丰厚，已在全球盛行多年。极寒地带的生物勘探具有显著价值，广泛应用于医药、农业、食品、化妆品和化学等产业。南极地区的生物勘探活动兴起于20世纪80年代末期，如今已达到相当规模。然而，南极条约体系中没有专门的生物勘探机制，南极生物勘探尚处于无规制的状态。

协商国虽然从2002年开始连年递交文件，[①] 讨论生物勘探问题，并共同认为解决该问题迫在眉睫。但是直到目前，协商国仍然没有出台专门管理生物勘探的机制，就连有效力的"决议"亦相当有限。在2013年后，尽管生物勘探活动越来越多，协商国却再未出台任何决议。生物勘探机制难以出台，在于生物勘探议题不仅触犯了科研信息自由交流的原则，也触及南极领土主权这一根本问题，还引发南极资源如何分配、南极条约体系如何与域外法律兼容，以及条约体系内部职责分工等新问题。在南极治理历史上，唯有《矿产公约》可做部分借鉴。

（一）南极生物勘探问题的发展历程

以2017年为界，生物勘探分为两个阶段：第一阶段是从2004年至2011年，协商国讨论生物勘探，但是没有达成一致意见。在2017年第40届协商会议上，荷兰提交工作文件，指出目前联合国海洋法正在谈判，有关国家管辖区域外生物多样性问题。南极条约体系再度面临制度竞争，协商国不得不再次讨论采取共同立场。但是，当年甚至未能就成立会间联络组而达成一致。一些协商国开始担忧新制度的潜在含义，包括赋予第四条的含义。[②]

南极生物勘探问题在1999年得到协商国的关注，协商会议对此正式讨论则是在2004年。在1998年第25届南极研究科学委员会会议上，委员会的生物工作组指出，南极地区的生物勘探正在快速发展，现有南极条约体系没有专门机制来规制这一商业活动，建议成员国相关机构关注该问题。生物勘探问题首次出现在南极条约协商会议上是在1999年第23届协商会

[①] 2002年第25届协商会议，英国递交有关生物勘探的第一份工作文件（WP43）。

[②] 2018年第41届协商会议，阿根廷、智利、法国、挪威共同提交的工作文件（WP25），第4页。

议，在此届会议上，南极研究科学委员会提交题为《南极科研活动》的信息文件（IP123），其中称南极已经出现出于制药目的的微生物采集活动，对南极生物勘探的兴趣正在迅速发展，而《南极条约》似乎没有处理除渔业之外的生物资源开发的规定。

2002年，英国递交题为《南极生物勘探》的工作文件（WP043）。长久以来，南极条约体系具有建立预防性机制的传统。英国认为，尽管当时生物勘探对南极环境和野生生物影响甚微，但是需要在生物勘探活动大幅度增加之前尽早解决这一问题，在生物勘探问题变得严重之前，预先确立基本原则。[①] 在英国的推动下，2003年第26届协商会议上，环境保护委员会将"生物勘探"列为议题，新西兰、挪威与英国认为生物勘探引发"诸多复杂的法律和政治议题"。在此次会议上，决定将其列为下届协商会议的讨论议题。在2004年第27届协商会议上，生物勘探首次成为协商会议议程，由"法律与制度工作组"负责讨论，亦在环境保护委员会讨论。此后，生物勘探成为协商会议历年讨论的重点议题。

从1999年南极研究科学委员会首次递交信息文件至今，协商国连年递交工作文件和信息文件。递交文件的国家集中为欧洲国家，其中，递交最多的国家为荷兰（115份）与比利时（11份），递交最多的国际组织是联合国环境规划署（5份）。会议文件递交情况有两个现象值得关注：首先，该议题的话语权逐渐从英国转移到荷兰、比利时等国。英国最先发起这个议题，但在英国制定的生物勘探规则遭到反对后，英国不再递交任何有关此议题文件。荷兰、比利时、新西兰、法国、瑞典、罗马尼亚等国家则后来居上，成为这个议题的积极讨论者，尤其是近年来，荷兰、比利时、罗马尼亚等国递交文件相当积极。其次，在2012年之前，联合国环境规划署递交6份文件，在2012年之后不再递交文件。与此同时，从2014年至今，南极条约秘书处共递交4份文件，表明国际组织的参与渐渐被排除。

自2002年英国递交第一份有关生物勘探的工作文件以来，截至2021年5月，协商国共递交18份相关工作文件。尽管文件数量不少，且协商国就此问题讨论多年，然而目前协商会议没有推出生物勘探机制，仅出台三个决议。这三份决议分别出台于2005年第28届协商会议"决议28-7"、

[①] 2002年第25届协商会议，英国提交的工作文件（WP23）。

2009年第32届协商会议"决议32-9",以及2013年第36届协商会议"决议36-6"。在这三份决议中,协商国就生物勘探问题达成共同意见。

在2005年的第一份决议("决议28-7")中,协商国建议各国政府持续关注生物勘探问题,每年就此问题交换信息。[①] 这是因为生物勘探活动中的生物遗传资源数据涉及商业机密,各行为体更倾向于选择保密,而不是公开分享数据,这直接冲击了南极治理中的科研信息交流规范。与此同时,对于协商国来说,有关生物勘探的数据匮乏,详细的数据是制定相关规则的基础,在此背景下,协商国针对信息交流问题,要求各协商国汇报本国的南极生物勘探活动。这一决议也从侧面反映出生物勘探活动中信息交流的难度及其对科研合作规范的冲击。

2009年的第二份决议("决议32-9")则重点强调南极条约体系是管理南极生物遗传资源的合适框架,认为《议定书》和《养护公约》可以解决南极科研和收集生物数据中的环境问题,并要求协商国持续关注这个问题。值得关注的一个方面是该决议试图令养护委员会发挥更多作用。该决议侧重于制度竞争问题,在全球生物勘探规则讨论的背景下,协商国难以推出专门机制,试图用现有的规制框架来管理南极生物勘探活动以占据制度优势。

2013年的第三份决议("决议36-6")指出生物勘探还没有统一的工作定义,并再次强调"南极条约体系是处理生物资源的合适框架"。为此,敦促各国进一步理解和评估生物勘探活动的类型,鼓励各国政府考虑是否需要为提升信息交流而建立"电子信息交流系统"(EIES)。这表明,为了避免在制度竞争中处于弱势,协商国考虑深入讨论该问题,包括给出正式的工作定义、确定明确的机制框架,以及为了解决信息交流问题而建立电子信息交流系统。

(二)生物勘探机制与决议难以出台的原因

就整个南极条约体系而言,生物勘探议题的出现已有20年了。这20

---

① 在2005年的"决议28-7"中,协商国重申根据《南极条约》科研观测和科研成果交换自由条款,以及《议定书》规制南极活动,保护南极环境条款,建议各协商国关注其本国的国家南极项目,以及其他参与南极生物勘探活动的研究机构。

年以来,协商国和相关国际组织围绕生物勘探议题进行讨论,然而,南极条约体系内不仅没有推出生物勘探机制,甚至协商会议上的决议出台亦更加艰难。生物勘探问题之所以难以解决,在于其触及一系列南极治理的根本原则和复杂问题,包括科学信息分享与和平利用原则、法律兼容问题、公平正义问题、体系职责分工问题等。

第一,南极条约体系重视信息交换,协商国在《南极条约》中规定科研观测和科研成果交换自由,这是《南极条约》乃至整个条约体系的基础。信息交换极为重要,这不仅因信息本身提供科研价值,还因为信息交换是协商国之间建立信任的方式。信息交换问题最早于1956年第3届国际地球物理年上提出。科学家们预见到在南极地区的合作中,信息交换将成为巨大的障碍。为此,《南极条约》第三条就科研信息交换问题做出明确规定,要求科学信息分享和获取自由,这也成为体系的一大原则。不过,生物勘探活动的出现对这个原则造成破坏。在巨大的商业利润驱使下,行为体更倾向于选择信息保密,这对自由与开放的信息交换原则造成巨大冲击。

第二,涉及南极条约体系与《联合国生物多样性公约》(CBD)和《联合国海洋法公约》(UNCLOS)中有关生物勘探规制的兼容问题。国际上,有三个法律文件和国际规则与南极生物勘探问题相关,分别是《联合国生物多样性公约》《联合国海洋法公约》,以及《与贸易有关的知识产权协议》(TRIPS)。这三个法律文件分别与南极条约体系产生法律兼容问题。

第三,生物勘探成果的分配问题。生物勘探触及资源分配问题,而资源问题是《南极条约》中避而不谈的问题,原因在于,如何规制获取与利益分享是南极治理中最难以处理的问题之一。南极资源大讨论的问题曾由矿产资源引发。20世纪80年代,联合国试图取代协商会议,建立联合国主导下的南极治理机制,联合国发起冲击的根本原因是受到开发南极矿产资源的吸引,主张为全人类所共享。1991年《议定书》禁止开发矿产资源,资源分配问题暂且搁置。然而,如今生物勘探的兴起再次引发这一问题。就全球范围内的生物勘探讨论来看,其讨论焦点是生物样品所有权与利益受益方问题。这一问题同样是南极生物勘探中留待解决的问题。①

---

① 2007年第30届协商会议《最终报告》,第13页。

第五章 当前南极治理机制的最新发展

第四，生物勘探问题涉及协商会议和养护委员会两个机构的协调，引发南极条约体系内职责分工上的新问题。到目前为止，生物勘探问题在协商会议和环境保护委员会会议上有所讨论，而养护委员会几乎不参与讨论。从现有分工来看，南极协商会议负责南极大陆的事务，养护委员会负责南大洋的事务。养护委员会理应汇报南极生物勘探活动进展以及参与规则制定，但实际上，养护委员会在这一问题上几乎无作为。生物勘探问题的出现打破体系内现有分工。对此，有学者提出，是否可以由养护委员会处理南大洋的生物勘探问题，环境委员会处理南极大陆上的生物勘探问题。有学者认为，如果要达成这一目的，至少要解决两个问题：一是养护委员会是否有足够的法律权限来管理生物勘探；二是养护委员会是否拥有相应的科学技术来处理该问题。

此外，生物勘探问题的出现导致南极条约体系内各部门的权力有所消长。南极研究科学委员会在20世纪80年代曾因支持协商国开采南极矿产资源而导致其在体系内的地位下降，其作用逐步被环境委员会所取代。然而，生物勘探问题的出现再次凸显南极研究科学委员会的作用。该问题由南极研究科学委员会提出，并且协商国数次咨询南极研究科学委员会。

虽然南极生物勘探问题棘手，触及一系列南极治理中的根本原则和根本问题，但这并不必然表示机制不能出台。这种情况在南极治理历史上已有先例。20世纪80年代，矿产资源问题也曾是困扰协商国的重大难题，但是在内外压力之下，协商国最终推出了《矿产公约》。当前，生物勘探问题没有得到解决，除了其本身复杂之外，还在于有以下几个原因。

首先，生物勘探因其对科研技术要求高，导致参与国家有限，没有引起全体国家的重视。生物勘探本身是科技发展的产物，这一活动需要以先进的科研技术水平为支撑。其次，大国在生物勘探中的立场尚不明显。与生物养护、矿产资源等南极治理议题不同的是，大国尤其是美国就此问题尚未递交工作文件或信息文件。大国的态度不明朗，导致这一问题仅由技术先进的国家如荷兰、比利时等国主导，无法出台机制。最后，生物勘探问题在整个国际社会浮现具有延迟性。有学者指出，生物勘探从最初的资料采集到最终成果投入市场，平均需要16年左右的时间。这也就意味着从某个国家开始生物勘探活动到投入市场后引起国际社会关注,需要有16年左右的延迟期。因此,尽管生物勘探是南极治理中引人关注的问题,但是其真正的市场收益远未浮现,进而延缓协商国制定机制的进程。

(三)来自《矿产公约》的启示

在南极治理的众多议题中,矿产资源议题是唯一可以类比的先例。矿产资源与生物勘探相似之处在于,二者都涉及一系列复杂的问题,包括领土主权、利益分享等。协商国对待矿产资源议题的态度曾是"什么都不做"。20世纪80年代,在联合国的猛烈冲击下,协商国启动密集的谈判程序,制定出从勘探到分享的一系列规则,最终推出《矿产公约》。目前来看,生物勘探问题尚缺少这一刺激因素,而且生物勘探问题更为复杂,其不仅触及领土主权,还触及科学信息自由交换原则。此外,与矿产资源相比,生物勘探因其存在16年左右的延迟期,即从采集数据到获取市场收益大约需要16年的时间。因此,国际社会尚未如密切关注矿产资源一样关注生物勘探问题。

尽管如此,矿产资源与生物勘探具有一定的相似性。与矿产资源问题相同,生物勘探重启有关南极领土主权合法性的讨论。另外,矿产资源开发之前需要勘探资源,《矿产公约》第三章与"勘探"有关,并采取设立特殊机构和灵活的办法来处理主权议题,其中处理信息和数据的方法亦值得为生物勘探机制所借鉴。为了保护科学交流自由,同时也保护运营商的专利数据,《矿产公约》设立了矿产管理委员会这一特别机构。《矿产公约》对生物勘探机制的制定具有极强的借鉴意义,其至少有五个可以借鉴之处。

第一,《矿产公约》中的勘探将不会授予任何运营商获取矿产资源的权利;第二,勘探必须全程符合《矿产公约》;第三,勘探发起国必须确保运行商拥有足够的财力以及反应能力,以及具备严格的标准;第四,多个运行商共同勘探同一地区,要确保不损害他国权利;第五,发起国至少在活动9个月前通知矿产管理委员会。

协商国虽然从2002年开始连年递交文件,讨论生物勘探问题,并共同认为解决该问题迫在眉睫。但是直到目前,协商国仍然没有出台专门管理生物勘探的机制,就连有效力的"决议"亦相当有限。在2013年后,尽管生物勘探活动越来越多，协商国却再未出台任何决议。南极生物勘探依然处于无规制的状态。生物勘探机制难以出台，在于生物勘探议题不仅触及"南极属于谁"这一根本问题，也触犯了科研信息自由交流的原则，还引发南极资源如何分配、南极条约体系如何与域外法律兼容，以及条约体系内部职责分工等新问题。在南极治理历史上，唯有《矿产公约》可做部分借鉴。

小 结

前文指出并分析当前南极治理中的三个焦点问题，即南极环境保护区、南极旅游与生物勘探问题。虽然协商国在30年来关注环境保护，但其采用的设立保护区方式受到领土主权因素驱动，尤为明显的是领土主权声索国和美国指定大量南极特别管理区和特别保护区，这导致南极治理陷入权力博弈和利益争夺之中，保护区的成效并不明显。南极海洋保护区更是隐约形成两方对弈的态势。伴随着中美战略竞争，未来相关国家在设立保护区上的博弈更加激烈。南极旅游因直接与南极领土主权问题相挂钩，因此部分协商国始终反对建立专门的南极旅游机制，多年来就是否建立专门机制，以及机制采用何种形式推出等问题无法达成共识。生物勘探议题不仅涉及领土主权，其所倡导的商业利用规范亦对信息交流规范构成严重挑战，重新开启有关南极分配的难题。南极治理中的权力扩散有所回落，但是陷入更为激烈的权力博弈。生物勘探与南极旅游的兴起促使南极治理出现规范竞争。南极治理中的权力结构发生变动，规范陷入竞争，这一变化导致南极治理陷入不稳定。

南极环境保护区、南极旅游、生物勘探三个焦点议题都涉及领土主权问题。这也触及更大的问题，即国家如何在主权冻结的条件下参与国家事务。在南极，由于没有主权限制，我国可凭能力参与南极治理与秩序构建。我国参与南极治理先后经历学习规则与利用规则阶段，当前，创制规则、参与南极制度建设成为中国新时代南极治理的重心。作为南极治理中实力增长最快的国家，我国参与南极治理得到各方广泛关注。我国有必要深度关注南极保护区、南极旅游、生物勘探等焦点领域，动用学界、商界等各层级的智慧和力量，提早制订对策。例如，在生物勘探问题上，多年

南极治理机制变革研究

来围绕是否建立专门机制展开讨论，但是协商国至今未能就此达成一致，目前所能达到的最大妥协是利用现有南极条约体系中的规则来管理生物勘探活动。为此，我国亟需加强对南极条约体系的理解与解读。就南极旅游而言，旅游活动的数据与实践是参与南极旅游治理的基础，政府可以通过支持相关旅游公司参与旅游组织协会来获得更多的实践。通过学界、商界等各界共同深入参与南极研究与实践，以此加强中国的南极外交能力建设。

结　论

通过探究南极治理机制及其变革，本书希望做两件事：一是对南极治理机制进行合理分类，以此清晰呈现南极治理研究的具体内容，同时，通过分类来界定南极治理机制所发生的变革；二是建立权力结构与显要规范的分析框架，为南极治理机制变革提供有效的解释。这种解释不仅能全面理解历史上的南极治理，也为未来的南极治理发展找到一种可靠的分析视角。

南极治理机制出现两次变革，第一次变革是从协商会议制主导到委员会制分治；委员会制向协商会议制回潮与行业协会制诞生共同构成第二次变革。因此，南极治理机制变革的问题可以细化为三个问题，分别是：南极治理机制为何能从协商会议制完全主导转变到委员会制分而治之？为何委员会制发展势头正劲，却出现向协商会议制的回潮？为何协商国通过协商会议制巩固治理权力，行业协会制却能获得权力而诞生？

借鉴分析折中主义的研究路径，本书提出一个新的分析框架来解析这一组问题。这个分析框架包括权力结构与显要规范两个变量，两者交互作用促成南极治理机制的变革。权力扩散是导致治理机制变革的因素之一。当协商国完全垄断南极治理的权力时，国际社会与非国家行为体的诉求被压制。南极治理的权力扩散改变了南极治理中权力主体的构成，进而引发南极治理机制的变革。规范是引发机制变革的另外一个因素，是协商国在不同时期拥有不同利益认知的根源。本书将一个时期受到集体瞩目的规范称为显要规范，显要规范的更替改变了行为体的利益认知，进而改变它们的行为。不过，显要规范需要触发事件方可被激活。

1972—1988年，南极治理机制出现第一次变革，其表现为由协商会议制垄断向委员会制分治。在权力结构上，非政府组织通过知识、价值、实践获得社会性权力，导致南极治理的权力结构发生变化。在显要规范上，资源利用取代科学合作成为新的显要规范。资源利用规范受到协商国的支持，虽然非政府组织的权力尚不足以挑战协商国的权力，但是其深刻地影响了决策制定,将自己的部分理念融入机制中,在权力结构与显要规范的共同作用下,以养护机制为代表的委员会制产生,南极治理完成第一次变革。

1988—1991年,南极治理机制出现第二次变革,其表现为由委员会制机制向协商会议制回潮,同时行业协会制诞生。在权力结构上,非政府组织的社会性权力大大增强,导致南极治理的权力结构发生变化。在显要规范上,环境保护取代资源利用成为新的显要规范。其所秉持的环境保护规范与协商国秉持的资源获取规范进行激烈的竞争。随着国际上反对的声势愈发浩大,面临着合法性危机的协商国选择遵循环境保护的规范。在此番规范竞争中,环境保护规范成为新的显要规范,资源获取规范出现退化。在权力结构与显要规范的共同作用下,以《议定书》出台为标志,表明委员会制向协商会议制回潮。在南极旅游治理中,旅游协会获得南极旅游治理的权力,同时环境保护规范得到企业和协商国的支持,行业协会制产生,南极治理完成第二次变革。

案例研究表明,当南极治理的权力结构与显要规范同时发生变化,南极治理机制会发生变革。在变革过程中,如果新旧显要规范的性质不同,则将发生规范竞争,失去权力支撑的规范会发生退化,而获得权力支撑的显要规范将决定南极治理机制的走向。南极治理机制的稳定与否也取决于两个因素的配合。当权力结构与显要规范匹配时,体系稳定;当权力结构与显要规范不匹配时,虽然其中任何一个因素发生的单独变化不足以产生变革,但是会令南极治理陷入动荡或不稳定的状态之中。

显要规范的变化不足以解释体系为何发生变革,配合权力结构的变化使之成为可能。在南极治理的早期,权力垄断在协商国手中,更确切地说,是在以美国为代表的南极强国手中。南极治理呈现出"大国提出议案,中小国家选择附和"的局面。随着科学技术在全球范围内的扩散与世界关注点发生变化,环境保护组织参与南极治理,导致南极治理出现从"预防式"到"回应式"的变化。进入21世纪,随着新兴国家的群体性崛起与协商国数量的增加,南极权力结构发生显著变化,南极治理中协商国的权力不再集中于几个传统大国,在不同问题上,各协商国开始追求自身的国家利益,不再甘愿附和美英等传统南极大国的议案。南极权力结构的变化导致议案难以推行。而协商一致的决策方式又导致各国可以否定不利于己的议案,即使美英等国的议案亦时常遭到否决,这就导致有关问题迟迟无法得以有效处理。

案例研究还表明,协商国处理南极治理中的新问题发生了从"预防式"到"回应式",再到"滞后式",甚至无法推出新机制的变化。在20世纪80年代之前,协商国对问题的处理方式是"预防式",对尚未出现或刚刚出现问题的领域制定机制。在20世纪80年代,协商国采用"回应式"的处理方式,针对南极治理中的新问题,采取快速且有效的措施来应对各种新问题,以维持体系的正常运转。无论是"预防式",还是"回应式",南极条约体系能够快速有效地处理问题,这得到体系内外的盛赞。然而,在1991年《议定书》签订之后,尤其是进入21世纪以来,协商国处理问题产生滞后,原先的"预防式"与"回应式"方式陷入停滞状态,无法就当前的焦点议题提供专门机制,这与此前的灵活有效形成明显不同。更确切地说,预防性措施是伴随《矿产公约》的夭折而消失的。《矿产公约》实为南极治理机制创新的顶峰,其夭折不仅导致委员会制发展的趋势受阻,也导致南极条约体系原有的创新思潮停滞。在南极条约体系废除《矿产公约》消解外界压力的同时,也损害了体系的创新能力。在《矿产公约》之后,协商国一方面更加关注环境问题,另一方面则更加关注领土主权问题,这两方面的关注使得新机制难以制定,南极治理暗流涌动。

南极治理的案例表明,权力与规范共同作用可以改变国际机制。权力能够使规范发挥效力,受到权力支持的规范能够赢得规范竞争,进而发生扩散。同时,规范虽然难以识别,但是不可违背,其赋予权力合法性。当权力与规范相互配合时,国际机制将会发生变革。当前,在南极治理的权力结构相对稳定的情况下,中国在南极治理中不仅需要提升制度性话语权,更需要用心引导规范,确保环境保护规范成为显要规范,以此维持南极的稳定与有序。

南极条约体系创造南极和平,并处理科研合作、生物养护、环境保护区等关键问题。但是在气候变化背景下,南极地区的新问题已经超越了《南极条约》范畴,超越协商国的能力范围,需要协商国在全球治理大框架下进行解决。中国已是世界大国,也是南极非声索国,中国的南极参与不可避免对南极治理产生影响。目前,在南极治理挑战增多的背景下,亟

南极治理机制变革研究

需确立新规则来稳定南极治理秩序。南极治理的规则制定竞争呈现白热化态势。中国参与南极治理需要熟悉南极治理的规则,同时也要学会利用规则来保护自身利益。南极治理规则如何制定,以及中国如何参与南极规则制定,是下一步研究的主题。

参考文献

一、中文文献

[1] 安玛丽·布蕾迪. 新西兰与南极 [J]. 中国海洋大学学报（社会科学版）. 2010（04）。

[2] [美] 奥兰·扬. 世界事务中的治理 [M]. 陈玉刚, 薄燕译. 上海：上海人民出版社, 2007.

[3] [美] 彼得·卡赞斯坦. 国家安全的文化：世界政治中的规范与认同 [C]. 宋伟, 刘铁娃译. 北京：北京大学出版社, 2009.

[4] [美] 彼得·卡赞斯坦, 罗伯特·基欧汉, 斯蒂芬·克拉斯纳. 世界政治理论的探索与争鸣 [C]. 秦亚青, 苏长和, 门洪华, 魏玲译. 上海：上海人民出版社, 2006.

[5] 薄燕, 高翔. 原则与规则：全球气候变化治理机制的变迁 [J]. 世界经济与政治, 2014（02）.

[6] 常李艳, 华薇娜, 李煜. 通过国际南极论文分析南极研究现状 [J]. 极地研究, 2010（02）.

[7] 陈丹红. 南极海洋生物资源养护委员会反南大洋IUU捕捞活动策略分析 [J]. 海洋开发与管理, 2009（11）.

[8] 陈力. 美国的南极政策与法律 [J]. 美国研究, 2013（01）.

[9] 陈力. 南极治理机制的挑战与变革 [J]. 国际观察, 2014（02）.

[10] 陈力. 论南极海域的法律地位 [J]. 复旦学报（社会科学版）, 2014（05）.

[11] 陈力. 南极海洋保护区的国际法依据辨析 [J]. 复旦学报（社会科学版）, 2016（02）.

[12] 陈力, 屠景芳. 南极国际治理：从南极协商国会议迈向永久性国际组织？[J]. 复旦学报（社会科学版）, 2013（03）.

［13］陈立奇．南极和北极地区变化对全球气候变化的指示和调控作用——第四次 IPCC 评估报告以来一些新认知［J］．极地研究，2013（01）．

［14］陈玉刚．试析南极地缘政治的再安全化［J］．国际观察，2013（03）．

［15］陈玉刚．南极战略研究分析框架初探［J］．中国战略观察，2014（05）．

［16］陈玉刚，秦倩．南极：地缘政治与国家权［M］．北京：时事出版社，2017．

［17］陈玉刚，王婉潞．试析中国的南极利益与权益［J］．吉林大学社会科学学报，2016（04）．

［18］陈玉刚，俞正樑．21 世纪权力的流变：集中与分散［J］．学习与探索，1998（06）．

［19］陈玉刚，周超，秦倩．批判地缘政治学与南极地缘政治的发展［J］．世界经济与政治，2012（10）．

［20］程少华．现代信息技术与现代南极研究［J］．南极研究（中文版），1992（03）．

［21］［澳］大卫·戴．南极洲：从英雄时代到科学时代［M］．李占生译．北京：商务印书馆，2017．

［22］丁煌．极地国家政策研究报告（2012—2013）［M］．北京：科学出版社，2013．

［23］丁煌．极地国家政策研究报告（2013—2014）［M］．北京：科学出版社，2014．

［24］甘露．南极主权问题及其国际法依据探析［J］．复旦学报（社会科学版），2011（04）．

［25］高尚涛．规范的含义与作用分析［J］．国际政治研究，2006（04）．

［26］高尚涛．国际关系的权力与规范［M］．北京：世界知识出版社，2008．

［27］顾婷．南极旅游：现实挑战与法律应对［J］．政治与法律，2010（03）．

［28］郭道晖．权力的多元化与社会化［J］．法学研究，2001（01）．

［29］郭培清．非政府组织与南极条约关系分析［J］．太平洋学报，2007（04）．

［30］郭培清．南极旅游影响评估及趋势分析［J］．中国海洋大学学报（社会科学版），2007（05）．

［31］郭培清，石伟华．马来西亚南极政策的演变（1982年—2008年）［J］．中国海洋大学学报（社会科学版），2009（03）．

［32］郭培清，石伟华．试析南极科学与南极政治的关系［J］．中国海洋大学学报（社会科学版），2009（06）．

［33］郭培清，石伟华．《南极条约》50周年：挑战与未来走向［J］．中国海洋大学学报（社会科学版），2010（01）．

［34］郭培清，石伟华．南极政治问题的多角度探讨［M］．北京：海洋出版社，2012．

［35］郭培清，孙凯．北极理事会的"努克标准"和中国的北极参与之路［J］．世界经济与政治，2013（12）．

［36］郭培清，卢瑶．北极治理模式的国际探讨及北极治理实践的新发展［J］．国际观察，2015（05）．

［37］郭培清，闫鑫淇．制度互动视角下北极次区域治理机制有效性探析——以北极地区传染病治理为例［J］．中国海洋大学学报（社会科学版），2015（05）．

［38］何光强，宋秀琚．创造性介入：中国参与北极地区事务的条件与路径探索［J］．太平洋学报，2013（03）．

［39］贺刚．国际关系的本体性安全研究：一项研究议程［J］．太平洋学报，2014（12）．

［40］胡键．中国参与全球治理的制约性因素分析［J］．学术月刊，2015（11）．

［41］华薇娜，张洁，刘芳，邓三鸿．美国WoS数据库收录的中国南北极研究论文的调研与分析［J］．极地研究，2009（02）．

［42］华薇娜，张侠．南极条约协商国南极活动能力调研统计报告［M］．北京：海洋出版社，2012．

［43］贾宇．极地法律问题［M］．北京：社会科学文献出版社，2014．

［44］简军波，丁冬汉．国际机制的功能与道义［J］．世界经济与政治，2002（03）．

［45］景晓强．身份、情感与对外政策——以本体安全研究为中心的讨论［J］．外交评论，2011（04）．

［46］康建成，李吉均．15万年以来中国黄土与南极冰芯环境演化记录的对比［J］．南极研究，1991（03）．

［47］李格琴．国际政治本体安全理论的建构与争论［J］．国外社会科学，2010（06）．

［48］李国强．论南极微生物遗传资源的国际法保护［D］．中国海洋大学硕士论文，2012．

［49］李升贵，潘敏．中国南极软科学研究的意义、现状与展望［J］．极地研究，2005（03）．

［50］梁咏．对南极地区的国际法展望与中国立场：人类共同遗产的视角［J］．法学评论，2011（05）．

［51］凌晓良，陈丹红，刘小汉，龙威，陈立奇，张洁，何剑锋．南极区域保护和管理研究——我国首个南极特别保护区设立的回顾与总结［J］．中国海洋大学学报（社会科学版），2010（03）．

［52］凌晓良，温家洪，陈丹红，李升贵．南极环境与环境保护问题研究［J］．海洋开发与管理，2005（05）．

［53］凌晓良，朱建钢，陈丹红，张侠，潘敏．透过南极条约协商会议文件和议案看南极事务［J］．中国软科学，2009（S2）．

［54］刘宏松．正式与非正式国际机制的概念辨析［J］．欧洲研究，2009（03）．

［55］刘宏松，钱力．非政府组织在国际组织中影响力的决定性因素［J］．世界经济与政治，2014（06）．

［56］刘惠荣，陈明慧，董跃．南极特别保护区管理权辨析［J］．中国海洋大学学报（社会科学版），2014（06）．

［57］刘惠荣，刘秀．国际法体系下南极生物勘探的法律规制研究［J］．中国海洋大学学报（社会科学版），2012（04）．

［58］刘军，David Willer，Pamela Emanuelson．网络结构与权力分配：要素论的解释［J］．社会学研究，2011（02）．

［59］刘伟．探索国际公共政策的演化路径——基于对全球气候政策的考察［J］．世界经济与政治，2013（07）．

［60］刘昕畅，邹克渊．国际法框架下中国南极旅游规制的立法研究［J］．太平洋学报，2016（02）．

［61］刘秀．可持续利用和保护南极资源的法律研究及中国的战略选择［J］．青岛科技大学学报（社会科学版），2013（01）．

［62］刘秀．南极生物遗传资源利用与保护的法律规制研究［D］．中国海洋大学，2013．

［63］刘云涛．南极生物勘探管理法律制度研究［D］．中国海洋大学，2013．

［64］刘志东，曲映红，王媛，李灵智，黄洪亮．南极磷虾生物活性物质的研究进展［J］．天然产物研究与开发，2012（10）．

［65］［美］鲁德拉·希尔，彼得·卡赞斯坦．超越范式：世界政治研究中的分析折中主义［M］．秦亚青，季玲译．上海：上海人民出版社，2013．

［66］陆龙骅，卞林根，贾朋群，张永萍．近十年来我国的南极气象考察与研究［J］．气象科技，1990（03）．

［67］［美］罗伯特·基欧汉，约瑟夫·奈．权力与相互依赖［M］．门洪华译．北京：北京大学出版社，2012．

［68］［美］玛格丽特·E．凯克，凯瑟琳·辛金克．超越国界的活动家：国际政治中的倡议网络［M］．韩召颖，孙英丽译．北京：北京大学出版社，2005．

［69］［美］迈克尔·巴尼特，玛莎·芬尼莫尔．为世界定规则：全球政治中的国际组织［M］．薄燕译．上海：上海人民出版社，2009．

［70］潘敏．论南极矿物资源制度面临的挑战［J］．现代国际关系，2011（06）．

［71］潘敏．国际政治中的南极：大国南极政策研究［M］．上海：上海交通大学出版社，2015．

［72］潘亚玲．国际规范更替的逻辑与中国应对［J］．世界经济与政

治，2014（04）．

［73］潘忠岐．广义国际规则的形成、创制与变革［J］．国际关系研究，2016（05）．

［74］秦大河．气候变化科学与人类可持续发展［J］．地理科学进展，2014（07）．

［75］秦大河，任贾文，效存德．揭示气候变化的南极冰盖研究新进展［J］．地理学报，1995（02）．

［76］秦亚青．权力·制度·文化［M］．北京：北京大学出版社，2005.

［77］秦亚青．国际关系理论：反思与重构［M］．北京：北京大学出版社，2012.

［78］阙占文．论南极环境损害责任制度［J］．江西社会科学，2011（03）．

［79］阮振宇．南极条约体系与国际海洋法：冲突与协调［J］．复旦学报（社会科学版），2001（01）．

［80］沈鹏．美国的极地资源开发政策考察［J］．国际政治研究，2012（01）．

［81］盛建明，钟楹．关于WTO"协商一致"与"一揽子协定"决策原则的实证分析及其改革路径研究［J］．河北法学，2015（08）．

［82］石伟华．既有南极治理机制分析［J］．极地研究，2013（01）．

［83］苏长和．全球公共问题与国际合作：一种制度的分析［M］．上海：上海人民出版社，2009.

［84］孙松．南极磷虾［J］．极地研究，2002（04）．

［85］孙兴华．国际规范的权威性及其衡量［J］．国际论坛，2010（06）．

［86］唐建业．南极海洋生物资源养护委员会与中国：第30届年会［J］．渔业信息与战略，2012（03）．

［87］唐建业．南极海洋保护区建设及法律政治争论［J］．极地研究，2016（03）．

［88］唐建业，石桂华．南极磷虾渔业管理及其对中国的影响［J］．资源科学，2010（01）．

[89] 仝志辉,贺雪峰.村庄权力结构的三层分析——兼论选举后村级权力的合法性[J].中国社会科学,2002(01).

[90] [美]托马斯·G.怀斯.治理、善治与全球治理:理念和现实的挑战[J].国外理论动态,2014(08).

[91] 王明国.机制复杂性及其对国际合作的影响[J].外交评论,2012(03).

[92] 王明国.国际制度理论研究新转向与国际法学的贡献[J].国际政治研究,2013(03).

[93] 王乐夫,刘亚平.国际公共管理的新趋势:全球治理[J].学术研究,2003(03).

[94] 王婉潞.南极治理中的权力扩散[J].国际论坛,2016(4).

[95] 王婉潞.南极治理机制的类型分析[J].太平洋学报,2016(12).

[96] 王玮.从例外到通例——美国缔约机制的全球扩散[J].世界经济与政治,2012(08).

[97] 位梦华.南北极探险史话[M].北京:中国旅游出版社、商务印书馆,1999.

[98] 位梦华,郭琨.南极政治与法律[M].北京:法律出版社,1989.

[99] 吴军,赵宁宁.美国与南极治理:利益考量及政策实践[J].太平洋学报,2015(12).

[100] 吴庐山,邓希光,梁金强,付少英.南极陆缘天然气水合物特征及资源前景[J].海洋地质与第四纪地质,2010(02).

[101] 吴伟平,谢营襟.南极磷虾及磷虾渔业[J].现代渔业信息,2010(01).

[102] 吴依林.澳新南极战略研究[J].海洋开发与管理,2008(09).

[103] 吴依林.南极研究及其趋势展望[J].中国科学技术大学学报,2009(01).

[104] 吴依林.《南极条约》的背景意义及展望[J].中国海洋大学学报(社会科学版),2009(03).

[105] 徐敬森,孙立广,王希华. 澳大利亚南极政治浅析 [J]. 极地研究, 2010 (03).

[106] 徐世杰. 浅析南极条约协商会议工作机制及影响 [J]. 海洋开发与管理, 2004 (03).

[107] 徐世杰. "关于环境保护的南极条约议定书"对南极活动影响分析 [J]. 海洋开发与管理, 2008 (03).

[108] 薛澜,俞晗之. 迈向公共管理范式的全球治理——基于"问题－主体－机制"框架的分析 [J]. 中国社会科学, 2015 (11).

[109] 颜其德. 南极——全球气候变暖的"寒暑表" [J]. 自然杂志, 2008 (05).

[110] 颜其德,胡领太. 南极洲政治前景浅析 [J]. 极地研究, 2005 (03).

[111] 颜其德,朱建钢. 《南极条约》与领土主权要求 [J]. 海洋开发与管理, 2008 (04).

[112] 杨剑. 北极治理新论 [M]. 北京:时事出版社, 2014.

[113] 杨剑,于宏源. 中国科学家群体与北极治理议程的设定——基于问卷的分析 [J]. 国际关系研究, 2014 (06).

[114] 于宏源. 知识与制度:科学家团体对北极治理的双重影响分析 [J]. 欧洲研究, 2015 (01).

[115] 曾胤新,陈波,邹扬,郑天凌. 极地微生物——新天然药物的潜在来源 [J]. 微生物学报, 2008 (05).

[116] 张红凤. 西方政府规制理论变迁的内在逻辑及其启示 [J]. 教学与研究, 2006 (05).

[117] 张磊. 国际法视野中的南北极主权争端 [J]. 学术界, 2010 (05).

[118] 张丽珍. 南极旅游的国际法规制 [J]. 中国海洋大学学报(社会科学版), 2009 (06).

[119] 张林. 南极条约体系与我国南极区域海洋权益的维护 [J]. 海洋开发与管理, 2008 (02).

[120] 张侠,程少华,朱建钢. 中国极地科学数据库系统的研究与建立 [J]. 极地研究, 2002 (01).

[121] 赵隆. 北极治理范式研究 [M]. 北京：时事出版社, 2014.

[122] 赵宁宁. 北极治理中的制度供给研究——兼论中国的参与策略 [D]. 武汉大学, 2015.

[123] 赵汀阳. 普遍价值和必要价值 [J]. 世界哲学, 2009 (06).

[124] 赵汀阳. 新游戏需要新体系 [J]. 国际安全研究, 2015 (01).

[125] 赵学功. 核武器与美苏冷战 [J]. 浙江学刊, 2006 (03).

[126] 赵小平, 王乐实. NGO 的生态关系研究——以自我提升型价值观为视角 [J]. 社会学研究, 2013 (01).

[127] 周雪光, 艾云. 多重逻辑下的制度变迁：一个分析框架 [J]. 中国社会科学, 2010 (04).

[128] 朱瑛, 薛桂芳, 李金蓉. 南极地区大陆架划界引发的法律制度碰撞 [J]. 极地研究, 2011 (04).

[129] 朱建钢, 颜其德, 凌晓良. 南极资源及其开发利用前景分析 [J]. 中国软科学, 2005 (08).

[130] 朱建钢, 颜其德, 凌晓良. 南极资源纷争及我国的相应对策 [J]. 极地研究, 2006 (03).

[131] 朱听昌. 中国地缘安全环境中的"安全困境"问题解析 [J]. 国际展望, 2012 (03).

[132] 邹克渊. 在南极矿物资源法律中的视察制度 [J]. 法学杂志, 1989 (06).

[133] 邹克渊. 南极条约体系及其未来 [J]. 中外法学, 1990 (01).

[134] 邹克渊. 南极矿物资源制度中的争端解决程序评析 [J]. 法商研究, 1990 (02).

[135] 邹克渊. 南极矿物资源勘探和开发的技术和经济问题 [J]. 海洋与海岸带开发, 1990 (02).

[136] 邹克渊. 南极矿物资源与南极环境的法律保护 [J]. 政法论坛, 1991 (03).

[137] 邹克渊. 南极法——国际法中的又一新分支 [J]. 法学杂志, 1991 (04).

［138］邹克渊．南极全面保护的法律思考［J］．中外法学，1991（04）．

［139］邹克渊．规范未来南极矿物资源开发利用的法律原则［J］．海洋开发与管理，1994（03）．

［140］邹克渊．捕鲸的国际管制［J］．中外法学，1994（06）．

［141］邹克渊．南极条约体系与第三国［J］．中外法学，1995（05）．

［142］邹克渊．两极地区的法律地位［J］．海洋开发与管理，1996（02）．

［143］邹克渊．南极矿物资源与国际法［M］．北京：北京大学出版社，1997.

二、英文文献

［1］Adriana Fabra, Virginia Gascon, 2008. The Convention on the Conservation of Antarctic Marine Living Resources (CCAMLR) and the Ecosystem Approach［J］. The International Journal of Marine and Coastal Law.

［2］Alan D. Hemmings, 2007. Globalisation's Cold Genius and the Ending of Antarctic Isolation. in Lorne K. Kriwoken, Julia Jabour, Alan D. Hemmings. Looking South: Australia's Antarctic Agenda［C］. Federation Press.

［3］Alan D. Hemmings, 2009. Beyond Claims: Towards a Non – Territorial Antarctic Security Prism for Australia and New Zealand［J］. New Zealand Yearbook of International Law.

［4］Alan D. Hemmings, 2009. From the New Geopolitics of Resources to Nanotechnology: Emerging Challenges of Globalism in Antarctica［J］. Yearbook of Polar Law.

［5］Alan D. Hemmings, 2010. Does Bioprospecting Risk Moral Hazard for Science in the Antarctic Treaty System?［J］. Ethics in Science and Environmental Politics.

［6］Alan D. Hemmings, 2010. Afer the Party: The Hollowing of the Antarctic Treaty System and the Governance of Antarctica［J］. Conference Paper, July 2010, University of Canterbury.

[7] Alan D. Hemmings, Donald R. Rothwell, Karen N. Scott. Antarctic Security in the Twenty – First Century: Legal and Policy Perspectives [C]. New York: Routledge, 2012.

[8] Andrew Constable, 2002. CCAMLR Ecosystem Monitoring and Management: Future Work [J]. CCAMLR Science, 9 (1).

[9] Andrew Jackson. On the Antarctic Horizon [M]. Hobart: Australian Antarctic Foundation, 1995.

[10] Anne – Marie Brady. The Emerging Politics of Antarctica [C]. New York: Routledge, 2013.

[11] Anthony Parsons. Antarctic: The Next Decade [M]. Cambridge University Press, 1987.

[12] Barbara Mitchell. It's Too Soon to Drill for Oil in Antarctica [N]. New York Times. 1979 – 7 – 2.

[13] Barbara Mitchell, 1977. Resources in Antarctica: Potential for conflict [J]. Marine Policy.

[14] Barbara Mitchell. The Management of the Southern Ocean [M]. London: International Institute for Environment and Development, 1980.

[15] Barbara Mitchell. Frozen Stakes: The Future of Antarctic Minerals [M]. London: International Institute for Environment and Development, 1983.

[16] Barbara Mitchell, Lee Kimball, 1979. Conflict over the Cold Continent [J]. Foreign Policy.

[17] Barbara Mitchell, Richard Sandbrook. The Management of the Southern Ocean [M]. London: International Institute for Environment and Development, 1980.

[18] Boleslaw A. Boczek, 1984. The Soviet Union and the Antarctic Regime [J]. The American Journal of International Law, 78 (4).

[19] Christopher Beeby. The Antarctic Treaty [M]. Wellington: New Zealand Institute of International Affairs, 1972.

[20] Christopher C. Joyner. Governing the Frozen Commons: The Antarctic Regime and Environmental Protection [M]. Columbia: University of South Carolina Press, 1998.

[21] Christopher C. Joyner, 1998. United States Legislation and the Polar Oceans [J]. Ocean Development & International Law, 29 (3).

[22] Christoph Knill, Andrea Lenschow. Modes of Regulation in the Governance of the European Union: Towards a Comprehensive Evaluation. in Jacint Jordana, David Levi-Faur, The Politics of Regulation: Institutions and Regulatory Reforms for the Age of Governance [C]. Cheltenham: Edward Elgar Publishing Limited, 2004.

[23] Christopher Marcoux, 2011. Understanding Institutional Change in International Environmental Regimes [J]. Global Environmental Politics, 11 (3).

[24] Christy Collis, 2010. Critical Legal Geographies of Possession: Antarctica and the International Geophysical Year 1957–1958 [J]. Geo Journal, 75 (4).

[25] Clark, Harris, 2003. Polar marine ecosystems: Major threats and future change [J]. Environmental Conservation, 30 (1).

[26] Daniel W. Drezner. All Politics is Global: Explaining International Regulatory Regimes [M]. New Jersey: Princeton University, 2007.

[27] Daniel W. Drezner, 2009. The Power and Peril of International Regime Complexity [J]. Perspectives on Politics, 7 (1).

[28] Daniela Liggett, Alan D. Hemmings. Exploring Antarctic Values [C]. New Zealand: Gateway Antarctica Special Publication, 2013.

[29] Daniela Haase, Bryan Storey, Alison McIntosh, Anna Carr, Neil Gilbert, 2007. Stakeholder Perspectives on Regulatory Aspects of Antarctic Tourism [J]. Tourism in Marine Environments, 4 (2–3).

[30] David Day, Antarctica: A Biography [M]. Oxford University Press, 2013.

[31] David W. H. Walton. Antarctica: Global Science from a Frozen Continent [M]. Cambridge University Press, 2013.

[32] David W. H. Walton. The Scientific Committee on Antarctic Research and the Antarctic Treaty. in Science Diplomacy: Antarctica, Science, and the Governance of International space [C]. Washington, D. C.: Smithsonian Insti-

tution Scholarly Press, 2011.

[33] David Winston Heron, 1954. Antarctic Claims [J]. Foreign Affairs, 32 (4).

[34] Diana Panke, Ulrich Ptersohn, 2016. Norm Challenges and Norm Death: The Inexplicable? [J]. Cooperation and Conflict, 51 (1).

[35] Donald R. Rothwell, 1999. UNEP and the Antarctic Treaty System [J]. Environmental Policy and Law, 29 (1).

[36] Donald R. Rothwell, Hitoshi Nasu, 2008. Antarctic and International Security Discourse: A Primer [J]. New Zealand Yearbook of International Law, 6.

[37] Duncan French, Karen Scott, 2009. International Legal Implications of Climate Change for the Polar Regions: Too Much, Too Little, Too Late? [J]. Melbourne Journal of International Law, 10 (2).

[38] F. M. Auburn. Antarctic Law and Politics [M]. Canberra: Croom – Helm, 1982.

[39] Florian Saurwein, 2011. Regulatory Choice for Alternative Modes of Regulation: How Context Matters [J]. Law & Policy, 33 (3).

[40] Francisco Orrego Vicuna. Antarctic Resources Policy: Scientific, Legal and Political Issues [C]. Cambridge University Press, 1983.

[41] Francisco Orrego Vicuna. Antarctic Mineral Exploitation: The Emerging Legal Framework [M]. Cambridge University Press, 1988.

[42] Gerry Nagtzaam. The Making of International Environmental Treaties: Neoliberal and Constructivist Analyses of Normative Evolution [M]. Edward Elgar, 2009.

[43] Gillian D. Triggs, 1985. The Antarctic Treaty Regime: A Workable Compromise or a 'Purgatory of Ambiguity'? [J] Case Western Reserve Journal of International Law, 17 (2).

[44] Gillian D. Triggs. The Antarctic Treaty Regime: Law, Environment and Resources [C]. Cambridge University Press, 1987.

[45] Haase, Lamers, Anelung, 2009. Heading into Uncharted Territory? Exploring the Institutional Robustness of Self – regulation in the Antarctic Tourism

Sector [J]. Journal of Sustainable Tourism, 17 (4).

[46] Holly M. Tanner. Regime Formation and the Antarctic Treaty System [D]. University of Oregon, 1995.

[47] Howard J. Taubenfeld, 1961. A Treaty for Antarctica [J]. International Conciliation, 531.

[48] Inigo Everson. Introducing Krill. in Inigo Everson. Krill: Biology, Ecology and Fisheries [C]. Oxford: Blackwell Science, 2000.

[49] J. M. Spectar, 1999. Saving the Ice Princess: NGOs, Antarctica and International Law in the New Millenium [J]. Suffolk Transnational Law Review, 23 (1).

[50] Jacint Jordana, David Levi – Faur. The Politics of Regulation: Institutions and Regulatory Reforms for the Age of Governance [C]. Cheltenham: Edward Elgar Publishing Limited, 2004.

[51] Jane Harris, Marcus Haward, Julia Jabour, Eric J. Woehler, 2007. A New Approach to Selecting Marine Protected Areas (MPAs) in the Southern Ocean [J]. Antarctic Science, 19 (2).

[52] Jane Verbitsky, 2013. Antarctic Tourism Management and Regulation: The Need for Change [J]. Polar Record, 49.

[53] Jason R. Swanson, Daniela Liggett, Gabriela Roldan, 2015. Conceptualizing and Enhancing the Argument for Port State Control in the Antarctic Gateway States [J]. The Polar Journal, 5 (2).

[54] Jeffrey D. Myhre. The Antarctic Treaty Consultative Meetings, 1961 – 1968 [D]. London School of Economics, 1983.

[55] Jillian Student, Bas Amelung, Machiel Lamers, 2006. Towards a Tipping Point? Exploring the Capacity to Self – Regulate Antarctic Tourism Using Agent – Based Modelling [J]. Journal of Sustainable Tourism, 24 (3).

[56] Johannes Huber. Notes on the ATCM Recommendations and Their Approval Process. in Gianfranco Tamburelli. The Antarctic Legal System and Environmental Issues [C], Milano: Giuffre, 2006.

[57] John Splettstoesser, 2000. IAATO's Stewardship of the Antarctic Environment: A History of Tour Operator's Concern for a Vulnerable Part of the

World [J]. International Journal of Tourism Research, 2 (1).

[58] Julia Jabour, 2008. Safe Ships and Clean Seas: Evading a Mandatory Shipping Code for Antarctic Waters [J]. New Zealand Yearbook of International Law, 6.

[59] Karen J. Alter, Sophie Meunier, 2009. The Politics of International Regime Complexity [J]. Perspectives on Politics, 7 (1).

[60] Karl–Hermann Kock, 2007. Antarctic Marine Living Resources – exploitation and Its Management in the Southern Ocean [J]. Antarctic Science, 19 (2).

[61] Kees Bastmeijer, Ricardo Roura, 2004. Regulating Antarctic Tourism and the Precautionary Principle [J]. American Journal of International Law, 98 (4).

[62] Keith Suter. Antarctica: Private Property or Public Heritage? [M]. Pluto Press Australia, 1991.

[63] Kevin R. Wood, 2003. The Uncertain Fate of the Madrid Protocol to the Antarctic Treaty in the Maritime Area [J]. Ocean Development & International Law, 34 (2).

[64] Klaus Dodds, 2010. Governing Antarctica: Contemporary Challenges and the Enduring Legacy of the 1959 Antarctic Treaty [J]. Global Policy, 1 (1).

[65] Laurence M. Gould. Antarctica in World Affairs [M]. New York: Foreign Policy Association, 1958.

[66] Lewis M. Alexander, Lynne Carter Hanson. Antarctic Politics and Marine Resources: Critical Choices for the 1980s [C]. Center for Ocean Management Studies, University of Rhode Island, 1985.

[67] Lorraine M. Elliott. International Environmental Politics: Protecting the Antarctic [M]. Macmillan Press, 1994.

[68] M. J. Peterson. Managing the Frozen South: The Creation and Evolution of the Antarctic Treaty System [M]. London: University of California Press, 1988.

[69] Machiel Lamers, Daniela Liggett, Bas Amelung, 2012. Strategic

Challenges of Tourism Development and Governance in Antarctica: Taking Stock and Moving Forward [J]. Polar Research, 31 (1).

[70] Malcolm Templeton. Protecting Antarctica: The Development of the Treaty System [M]. Wellington: New Zealand Institute of International Affairs, 2002.

[71] Marcus Haward, Donald R. Rothwell, Julia Jabour, Robert Hall, Aynsley Kellow, Lorne Kriwoken, Gail Lugten, Alan D. Hemmings, 2006. Australia's Antarctic Agenda [J]. Australian Journal of International Affairs, 60 (3).

[72] Marcus Haward, Julia Jabour. Science and Politics in the Polar Regions [C]. International Studies Association Conference, 2007.

[73] Margaret L. Clark. The Antarctic Environmental Protocol: NGOs in the protection of Antarctica. in Thomas Princen, Matthias Finger. Environmental NGOs in World Politics: Linking the Local and the Global [C]. Routledge, 1994.

[74] Melissa Weber, 2006. Accreditation as a Regulatory Option for Antarctic Bioprospecting [J]. Polar Record, 42 (223).

[75] Moritaka Hayashif, 1986. The Antarctica Question in the United Nations [J]. Cornell International Law Journal, 19.

[76] Morten Walloe Tvedt, 2011. Patent Law and bioprospecting in Antarctica [J]. Polar Record, 47 (240).

[77] Olav Schram Stokke, Davor Vidas. Governing the Antarctic: The Effectiveness and Legitimacy of the Antarctic Treaty System [C]. Cambridge University Press, 1996.

[78] Paul Arthur Berkman. Science into Policy: Global Lessons from Antarctica [M]. Academic Press, 2002.

[79] Paul Arthur Berkman, Michael A. Lang, David W. H. Walton, Oran R. Young. Science Diplomacy: Antarctica, Science, and the Governance of International Space [C]. Washington, D.C.: Smithsonian Institution Scholarly Press, 2011.

[80] Peter J. Beck. The International Politics of Antarctica [M]. Sydney:

Croom Helm, 1986.

[81] Peter J. Beck, 1986. The Antarctic Treaty System after 25 years [J]. The World Today, 42 (11).

[82] Philip W. Quigg. A Pole Apart - The Emerging Issue of Antarctica [M]. New York: McGraw - Hill, 1983.

[83] R. A. Herr. CCAMLR and the Environmental Protocol: Relationships and Interactions. in Davor Vidas. Implementation the Environmental Protection Regime for the Antarctic [C]. Boston: Kluwer Academic Publishers, 2000.

[84] R. Tucker Scully, 1978. The Marine Living Resources of the Southern Ocean [J]. University of Miami Law Review, 33 (2).

[85] R. Tucker Scully, Lee A. Kimball, 1989. Antarctica: Is There Life after Minerals? [J] Marine Policy, 3 (2).

[86] Rebecca Pincus, Saleem H. Ali. Diplomacy on Ice: Energy and the Environment in the Arctic and Antarctic [C]. New Haven: Yale University Press, 2015.

[87] Robert Clancy, John Manning, Henk Brolsma. Mapping Antarctica: A Five Hundred Year Record of Discovery [M]. Praxis Publishing, 2014.

[88] Robert D. Hayton, 1960. The Antarctic Settlement of 1959 [J]. The American Journal of International Law, 54 (2).

[89] Roland Dumas, 1990. The Antarctic in World Politics [J]. International Challenges, 10 (1).

[90] Robert K. Headland, 1994. Historical Development of Antarctic Tourism [J]. Annals of Tourism Research, 21 (2).

[91] S. K. N. Blay, 1992. New Trends in the Protection of the Antarctic Environment: The 1991 Madrid Protocol [J]. The American Journal of International Law, 86 (2).

[92] Sebastien Duyck, 2011. Drawing Lessons for Arctic Governance from the Antarctic Treaty System. in Gudmundur Alfredsson, Timo Koivurova, Kamrul Hossain [J]. The Yearbook of Polar Law, 3.

[93] Steven J. Burton, 1979. New Stresses on the Antarctic Treaty: Towards International Legal Institutions Governing Antarctic Resources [J]. Vir-

ginia Law Review, 65 (3).

[94] Sudhir K. Chopra, Tucker R. Scully, Christopher C. Beeby, Robert Hayton, Christopher C. Joyner, 1989. The Antarctic Mineral Agreement [J]. American Society of International Law, 83: 204-224.

[95] Thomas Princen, Matthias Finger. Environmental NGOs in World Politics: Linking the Local and the Global [C]. Routledge, 1994.

[96] Tina Tin, 2013. Environmental advocacy in the Antarctic Treaty System: A Personal View from the 2000s [J]. The Polar Journal, 3 (2).

[97] Tina Tin, Daniela Liggett, Patrick T. Macher, Machiel Lamers. Antarctic Futures: Human Engagement with the Antarctic Environment [M]. Springer, 2014.

[98] Tim Stephens, David L. Vander Zwaag. Polar Oceans Governance in an Era of Environmental Change [C]. Edward Elgar Publishing Limited, 2014.

[99] Trevor Hughes, 2005. Strengthening the Antarctic Treaty System: Advances in the Management of Antarctic Tourism and Fishing over 2004 [J]. New Zealand Yearbook of International Law, 2.

[100] Trevor Hughes, 2007. CCAMLR in the Antarctic Treaty System: New Zealand's Initiative at ATCM [J]. New Zealand Yearbook of International Law, 4.

[101] Truls Hanevold, 1971. The Antarctic Treaty Consultative Meetings: Form and Procedure [J]. Cooperation and Conflict, 6 (1).

[102] United States Hosts Antarctic Treaty Parties; Secretary of States Discusses Polar Issues [J]. The American Journal of International Law, 2009, 103 (3).

[103] Virginia Gascon, Rodolfo Werner, 2006. CCAMLR and Antarctic Krill: Ecosystem Management around the Great White Continent [J]. Sustainable Development Law& Policy, 7 (1).

三、官方网站

1. 国际南极旅游组织协会网站：https://iaato.org/home
2. 国家海洋局极地考察办公室网站：http://www.chinare.gov.cn/

3. 国家南极局局长理事会：https://www.comnap.aq/SitePages/Home.aspx

4. 南极条约秘书处网站：http://www.ats.aq/index_e.htm

5. 南极海洋生物资源养护委员会网站：https://www.ccamlr.org/

6. 南极研究科学委员会：http://www.scar.org/

7. 南极和南大洋联盟网站：http://www.asoc.org/

8. 中国极地研究中心：http://ccmpe.chinare.org.cn/

附　录

附录1　《南极条约》（中译本）

阿根廷、澳大利亚、比利时、智利、法兰西共和国、日本、新西兰、挪威、南非联邦、苏维埃社会主义共和国联盟、大不列颠及北爱尔兰联合王国和美利坚合众国政府，承认为了全人类的利益，南极应永远专为和平目的而使用，不应成为国际纷争的场所和对象；认识到在国际合作下对南极的科学调查，为科学知识做出了重大贡献；确信建立坚实的基础，以便按照国际地球物理年期间的实践，在南极科学调查自由的基础上继续和发展国际合作，符合科学和全人类进步的利益；并确信保证南极只用于和平目的和继续保持在南极的国际和睦的条约将促进《联合国宪章》的宗旨和原则；协议如下：

第一条

一、南极应只用于和平目的。一切具有军事性质的措施，例如建立军事基地、建筑要塞、进行军事演习以及任何类型武器的试验等等，均予禁止。

二、本条约不禁止为了科学研究或任何其他和平目的而使用军事人员或军事设备。

第二条

在国际地球物理年内所实行的南极科学调查自由和为此目的而进行的合作，应按照本条约的规定予以继续。

第三条

一、为了按照本条约第二条的规定，在南极促进科学调查方面的国际合作，缔约各方同意在一切实际可行的范围内；

（甲）交换南极科学规划的情报，以便保证用最经济的方法获得最大的效果；

（乙）在南极各考察队和各考察站之间交换科学人员；

（丙）南极的科学考察报告和成果应予交换并可自由得到。

二、在实施本条款时，应尽力鼓励同南极具有科学和技术兴趣的联合国专门机构以及其他国际组织建立合作的工作关系。

第四条

一、本条约的任务规定不得解释为：

（甲）缔约任何一方放弃在南极原来所主张的领土主权权利或领土的要求；

（乙）缔约任何一方全部或部分放弃由于它在南极的活动或由于它的国民在南极的活动或其他原因而构成的对南极领土主权的要求的任何根据；

（丙）损害缔约任何一方关于它承认或否认任何其他国家在南极的领土主权的要求或要求的根据的立场。

二、在本条约有效期间所发生的一切行为或活动，不得构成主张、支持或否定对南极的领土主权的要求的基础，也不得创立在南极的任何主权权利。在本条约有效期间，对在南极的领土主权不得提出新的要求或扩大现有的要求。

第五条

一、禁止在南极进行任何核爆炸和在该区域处置放射性废物。

二、如果在使用核能包括核爆炸和处置放射性废物方面达成国际协定，而其代表有权参加本条约第九条所列举的会议的缔约各方均为缔约国时，则该协定所确立的规则均适用于南极。

第六条

本条约的规定应适用于南纬60°以南的地区，包括一切冰架；但本条约的规定不应损害或在任何方面影响任何一个国家在该地区内根据国际法所享有的对公海的权利或行使这些权利。

第七条

一、为了促进本条约的宗旨，并保证这些规定得到遵守，其代表有权参加本条约第九条所述的会议的缔约各方，应有权指派观察员执行本条所规定的任何视察。观察员应为指派他的缔约国的国民。观察员的姓名应通知其他有权指派观察员的缔约每一方，对其任命的终止也应给以同样的通知。

二、根据本条第一款的规定所指派的每一个观察员，应有完全的自由在任何时间进入南极的任何一个或一切地区。

三、南极的一切地区，包括一切驻所、装置和设备，以及在南极装卸货物或人员的地点的一切船只和飞机，应随时对根据本条第一款所指派的任何观察员开放，任其视察。

四、有权指派观察员的任何缔约国，可于任何时间在南极的任何或一切地区进行空中视察。

五、缔约每一方，在本条约对它生效时，应将下列情况通知其他缔约各方，并且以后应事先将下列情况通知它们：

（甲）它的船只或国民前往南极和在南极所进行的一切考察，以及在它领土上组织或从它领土上出发的一切前往南极的考察队；

（乙）它的国民在南极所占有的一切驻所；

（丙）它依照本条约第一条第二款规定的条件，准备带进南极的任何军事人员或装备。

第八条

一、为了便利缔约各方行使本条约规定的职责，并且不损害缔约各方关于在南极对所有其他人员行使管辖权的各自立场，根据本条约第七条第一款指派的观察员和根据本条约第三条第一款（乙）项而交换的科学人员以及任何这些人员的随从人员，在南极为了行使他们的职责而逗留期间发生的一切行为或不行为，应只受他们所属缔约一方的管辖。

二、在不损害本条第一款的规定，并在依照第九条第一款（戊）项采取措施以前，有关的缔约各方对在南极行使管辖权的任何争端应立即共同协商，以求达到相互可以接受的解决。

第九条

一、本条约序言所列缔约各方的代表，应于本条约生效之日后两个月内在堪培拉城开会，以后并在合适的期间和地点开会，以便交换情报、共同协商有关南极的共同利益问题，并阐述、考虑以及向本国政府建议旨在促进本条约的原则和宗旨的措施，包括关于下列各方的措施：

（甲）南极只用于和平目的；

（乙）便利在南极的科学研究；

（丙）便利在南极的国际科学合作；

（丁）便利行使本条约第七条所规定的视察权利；

（戊）关于在南极管辖权的行使问题；

（己）南极有生资源的保护与保存。

二、任何根据第十三条而加入本条约的缔约国当其在南极进行例如建立科学站或派遣科学考察队的具体的科学研究活动而对南极表示兴趣时，有权委派代表参加本条第一款中提到的会议。

三、本条约第七条提及的观察员的报告，应送交参加本条第一款所述的会议的缔约各方的代表。

四、本条第一款所述的各项措施，应在派遣代表参加考虑这些措施的会议的缔约各方同意时才能生效。

五、本条约确立的任何或一切权利自本条约生效之日起即可行使，不论对行使这种权利的便利措施是否按照本条的规定而已被提出、考虑或同意。

第十条

缔约每一方保证作出符合《联合国宪章》的适当的努力，务使任何人不得在南极从事违反本条约的原则和宗旨的任何活动。

第十一条

一、如两个或更多的缔约国对本条约的解释或执行发生任何争端，则该缔约各方应彼此协商，以使该争端通过谈判、调查、调停、和解、仲裁、司法裁决或它们自己选择的其他和平手段得到解决。

二、没有得到这样解决的任何这种性质的争端，在有关争端所有各方都同意时，应提交国际法院解决，但如对提交国际法院未能达成协议，也不应解除争端各方根据本条第一款所述的各种和平手段的任何一种继续设法解决该争端的责任。

第十二条

一、（甲）经其代表有权参加第九条规定的会议的缔约各方的一致同意，本条约可在任何时候予以变更或修改。任何这种变更或修改应在保存国政府从所有这些缔约各方接到它们已批准这种变更或修改的通知时生效。

（乙）这种变更或修改对任何其他缔约一方的生效，应在其批准的通知已由保存国政府收到时开始。任何这样的缔约一方，依照本条第一款甲项的规定变更或修改开始生效的两年期间内尚未发出批准变更或修改的通知，应认为在该期限届满之日已退出本条约。

二、（甲）如在本条约生效之日起满三十年后，任何一个其代表有权参加第九条规定的会议的缔约国用书面通知保存国政府的方式提出请求，则应尽快举行包括一切缔约国的会议，以便审查条约的实施情况。

（乙）在上述会议上，经出席会议的大多数缔约国，包括其代表有权参加第九条规定的会议的大多数缔约国，所同意的本条约的任何变更或修改，应由保存国政府在会议结束后立即通知一切缔约国，并应依照本条第一款的规定而生效。

（丙）任何这种变更或修改，如在通知所有缔约国之日以后两年内尚未依照本条第一款（甲）项的规定生效，则任何缔约国得在上述时期届满后的任何时候，向保存国政府发出其退出本条约的通知；这样的退出应在保存国政府接到通知的两年后生效。

第十三条

一、本条约须经各签字国批准。对于联合国任何会员国，或经其代表有权参加本条约第九条规定的会议的所有缔约国同意而邀请加入本条约的任何其他国家，本条约应予开放，任其加入。

二、批准或加入本条约应由各国根据其宪法程序实行。

三、批准书和加入书应交存于美利坚合众国政府，该国政府已被指定为保存国政府。

四、保存国政府应将每个批准书或加入书的交存日期、本条约的生效日期以及对本条约任何变更或修改的日期通知所有签字国和加入国。

五、当所有签字国都交存批准书时，本条约应对这些国家和已交存加入书的国家生效。此后本条约应对任何加入国在它交存其加入书时生效。

六、本条约应由保存国政府按照《联合国宪章》第一百零二条进行登记。

第十四条

本条约用英文、法文、俄文和西班牙文写成，每种文本具有同等效力。本条约应交存于美利坚合众国政府的档案库中。美利坚合众国政府应将正式核证无误的副本送交所有签字国和加入国政府。

下列正式受权的全权代表签署本条约以资证明。

1959年12月1日订于华盛顿。

附录

附录2 《南极海洋生物资源养护公约》（中译本）

各缔约方：

承认保护南极周围海域环境和生态系统完整性的重要意义；

注意到在南极水域中发现的海洋生物资源的集中度，以及对利用这些资源作为蛋白源的可能性的兴趣日益增加；

意识到保证养护南极海洋生物资源的迫切性；

考虑到必须加强对南极海洋生态系统及其组成部分的了解，以便能够根据可靠的科学信息作出捕捞决定；

相信保护海洋生物资源需要国际合作，而这种国际合作应适当考虑《南极条约》的规定，并有在南极水域从事研究和捕捞活动的所有国家的积极参与；

认识到《南极条约》协商国在保护南极环境，特别是根据《南极条约》第九条第一款第（己）项在保护和养护南极生物资源方面所负的主要责任；

忆及《南极条约》协商国业已采取的行动，特别是《南极动植物保护议定措施》及《南极海豹保护公约》的规定；

铭记协商国在第九次《南极条约》协商会议上对南极海洋生物资源养护所表示的关切和导致产生本公约的第九次《南极条约》协商会议第二项建议中各条款的重要性；

相信确保南极大陆周围水域仅用于和平目的，避免使其成为国际纷争的场所和目标，符合全人类的利益；

认识到鉴于上述考虑有必要建立适当的机制，以推荐、促进、决定和协调为养护南极海洋生物所必要的措施及科学研究；

协议如下：

第一条

一、本公约适用于南纬60°以南和该纬度与构成南极海洋生态系统一部分的南极辐合带之间区域的南极海洋生物资源。

二、南极海洋生物资源意指南极辐合带以南水域的鱼类、软体动物、甲壳动物和包括鸟类在内的所有其他生物种类。

三、南极海洋生态系统系指南极海洋生物资源相互间以及其与自然环境之间的复合关系。

四、南极辐合带应被视为连接下列经纬线各点的一条水域带：

50°S, 0°；50°S, 30°E；45°S, 30°E；45°S, 80°E；55°S, 80°E；55°S, 150°E；60°S, 150°E；60°S, 50°W；50°S, 50°W；50°S, 0°。

第二条

一、本公约之目的是养护南极海洋生物资源。

二、为本公约的目的，"养护"一词包括合理利用。

三、在本公约适用区内的任何捕捞及有关活动，都应根据本公约规定和下述养护原则进行；

（一）防止任何被捕捞种群的数量低于能保证其稳定补充的水平，为此，其数量不应低于接近能保证年最大净增量的水平；

（二）维护南极海洋生物资源中被捕捞种群数量、从属种群数量和相关种群数量之间的生态关系；使枯竭种群恢复到本款第（一）项规定的水平。

（三）考虑到目前捕捞对海洋生态系统的直接和间接影响、引进外来物种的影响、有关活动的影响、以及环境变化的影响方面的现有知识，要防止在近二三十年内南极海洋生态系统发生不可逆转的变化或减少这种变化的风险，以可持续养护南极海洋生物资源。

第三条

各缔约方，不论其是否为《南极条约》缔约国，同意不在《南极条约》地区内从事任何违背《南极条约》原则和目的的活动，并同意其相互关系受《南极条约》第一条和第五条所规定的义务的约束。

第四条

一、各缔约方，不论其是否为《南极条约》缔约国，在《南极条约》地区，其相互关系受《南极条约》第四条和第六条的约束。

二、本公约任何条款，以及在本公约有效期内发生的任何行为或活动都不得：

（一）构成主张、支持或否认《南极条约》地区内领土主权要求的基础，或在《南极条约》地区创设任何主权权利；

（二）解释为任何缔约方在本公约适用区内放弃、削弱或损害根据国际法行使沿海国管辖权的任何权利、主张或这种主张的依据；

（三）解释为损害任何缔约方承认或不承认这种权利、主张或主张的依据的立场；

（四）影响《南极条约》第四条第二款关于在《南极条约》有效期内不得对南极提出任何新的领土主权要求或扩大现有要求的规定。

第五条

一、非《南极条约》缔约国的本公约缔约方，承认《南极条约》协商国对保护和养护《南极条约》地区的环境负有的特别义务和责任。

二、非《南极条约》缔约国的本公约缔约方，同意他们在《南极条约》地区的活动将适当遵守《南极动植物养护议定措施》和《南极条约》协商国为履行其保护南极环境免受人类各种有害干扰的职责而建议的其他措施。

三、为本公约目的，"《南极条约》协商国"系指派代表参加《南极条约》第九条规定的会议的《南极条约》缔约国。

第六条

本公约的任何条款，都无损于《国际捕鲸公约》和《南极海豹保护公约》赋予缔约方的权利和义务。

第七条

一、各缔约方特此设立南极海洋生物资源养护委员会（以下简称"委员会"）。

二、委员会成员资格如下：

（一）参加通过本公约会议的各缔约方，都应成为委员会的成员；

（二）根据本公约第二十九条加入本公约的每一个国家，若从事了本公约适用的海洋生物资源的研究或捕捞活动，应有资格成为委员会成员；

（三）根据本公约第二十九条加入本公约的任何区域经济一体化组织，如其成员国有资格成为委员会成员，其应有资格成为委员会成员；

（四）依照本款第（二）项和第（三）项请求参加委员会工作的缔约方，应将其请求成为委员会成员的依据和接受现行养护措施的意愿通知公约保存国。保存国应将该通知及附带信息分送委员会各成员。委员会任何成员自收到保存国来文后2个月内，可要求召开委员会特别会议讨论这一问题。保存国收到此要求后，应召开特别会议。如果没有提出召开特别会议的要求，提交该通知的缔约方应被视为已满足委员会成员的资格要求。

三、委员会的每个成员可派一名代表、数名副代表和顾问。

第八条

委员会具有法人资格，并在各缔约方境内享有为履行其职责和实现本公约目的所必需的法律权力。委员会及其工作人员在一个缔约方境内享有的特权和豁免，应根据委员会与有关缔约方之间的协议确定。

第九条

一、委员会的职责是实现本公约第二条规定的目的和原则，为此，委员会应：

（一）促进对南极海洋生物资源和南极海洋生态系统的广泛调查研究；

（二）汇编南极海洋生物资源种群现状和变化以及影响被捕捞种类、从属或相关种类或种群之分布、集中度和生产力诸要素的资料；

（三）确保获得被捕捞种群的捕获量和努力量的统计数字；

（四）分析、分发和出版本款第（二）项和第（三）项所指信息和科学委员会的报告；

（五）确定养护需求，并分析养护措施的有效性；

（六）根据本条第五款的规定，以现有的最佳科学论证为依据，制定、通过和修订养护措施；

（七）执行依据本公约第二十四条确立的观察和检查制度；

（八）开展为实现本公约的目的所必要的其他活动。

二、本条第一款第（六）项提到的养护措施包括：

（一）确定公约适用区内任何被捕捞种类的可捕量；

（二）根据南极海洋生物资源的种群分布情况，确定区域或次区域；

（三）确定区域或次区域中种群的可捕量；

（四）确定受保护的种类；

（五）确定可捕捞种类的大小、年龄并在适当时确定性别；

（六）确定捕捞季节和禁捕季节；

（七）为科学研究或养护目的确定捕捞和禁捕地区、区域或次区域，包括用于保护和科学研究的特别区域；

（八）为避免在任何区域或次区域出现不适当的集中捕捞，规定使用的捕捞努力量和捕捞方式，包括渔具；

（九）采取委员会认为实现本公约目的所必要的其他养护措施，包括关于捕捞和相关活动对海洋生态系统中被捕捞种群以外的其他成分的影响的措施。

三、委员会应出版和保存所有现行养护措施的记录。

四、委员会在行使本条第一款规定的职能时应充分考虑科学委员会的建议和意见。

五、委员会应充分考虑根据《南极条约》第九条举行的协商会议或负责可能进入本公约适用区内之物种的渔业委员会制定或建议的任何有关措施或规定，以避免缔约方在这些规定或措施的权利和义务方面与委员会可能通过的养护措施之间出现不一致。

六、委员会根据本公约通过的养护措施，将由委员会成员按下列方式实施：

（一）委员会应将养护措施通知委员会所有成员；

（二）除本款第（三）项和第（四）项的规定之外，养护措施将在通知之后第180天起对委员会所有成员生效；

（三）如果委员会成员在收到本款第（一）项所述的通知之后90天内通知委员会，声明不能全部或部分接受该养护措施，则声明所指部分对该成员无效；

（四）如果委员会的任何成员对根据本款第（三）项提出的程序有异议，委员会可以应任一成员的要求开会审议该养护措施。在会议期间以及会后的30天内，委员会的任何成员都有权宣布不再接受该养护措施，在这种情况下，该成员不再受该养护措施的约束。

第十条

一、如果委员会认为某一非缔约方国家的国民或船只从事的任何活动，影响了本公约目标的实施，委员会应提请该国注意。

二、如果委员会认为任何活动影响了某个缔约方实施本公约目标或履行本公约义务，委员会应提请所有缔约方注意。

第十一条

对于在公约适用区和毗邻海区内同时存在的任何种群或相关种群的保护问题，委员会应寻求与可对毗邻海区行使管辖权的缔约方合作，以协调对这些种群的养护措施。

第十二条

一、委员会对实质性事项的决定应在协商一致的基础上作出，一个问题是否具有实质性性质，应当按实质性事项来对待。

二、对第一款之外其他事项的决定，应由出席会议并参加投票的委员会成员以简单多数的方式通过。

三、委员会对需要表决的任何事项进行审议时，应当明确区域经济一体化组织是否参加表决，如果参加表决，其成员是否也参加表决。参加表决的缔约方数目不应超过该区域经济一体化组织在委员会中的成员数目。

四、在根据本条进行表决时，一个区域经济一体化组织应只有一票表决权。

第十三条

一、委员会总部设在澳大利亚塔斯马尼亚的霍巴特。

二、委员会应举行例行年会。经1/3成员要求，或本公约另有规定，亦可召开其他会议。如果缔约方中有两个以上国家在公约适用区内进行了捕捞活动，则委员会首次会议应在本公约生效后三个月内举行。但无论如何，首次会议应在公约生效后一年内举行。考虑到签署国的广泛代表性对委员会的有效运作是必要的，保存国应同签署国就首次会议进行协商。

三、保存国应在委员会总部召开首次会议，除非委员会另有决定，以后各次会议均应在委员会总部举行。

四、委员会应从其成员中选举主席和副主席各一名，任期两年，并可连选连任一届。但首任主席的首届任期为三年，主席和副主席不应是同一缔约方的代表。

五、委员会应制定并在必要时修改会议议事规则，但本公约第十二条规定的事项除外。

六、委员会可根据履行其职责的需要建立必要的附属机构。

第十四条

一、缔约方特此建立南极海洋生物资源养护科学委员会（以下简称"科学委员会"）作为委员会的咨询机构。除另有决定外，科学委员会会议一般应在委员会总部举行。

二、委员会的每一成员均是科学委员会的成员，并均可指定具有适当科学资格的一名代表和数名专家、顾问。

三、根据特别需要，科学委员会可以征求其他科学家和专家的意见。

第十五条

一、在收集、研究和交换公约所适用的海洋生物资源的信息方面，科学委员会应提供一个协商和合作的论坛。为扩大对南极海洋生态系统中海洋生物资源的了解，科学委员会应鼓励并促进科学研究领域的合作。

二、科学委员会应按委员会根据本公约目的而给予的指示开展活动，并应：

（一）制定用于确定本公约第九条所述的养护措施的标准和方法；

（二）定期评估南极海洋生物资源种群的现状和趋势；

（三）分析捕捞对南极海洋生物资源种群的直接与间接影响的数据；

（四）对改变捕获方法或捕获水平的建议以及养护措施的建议的影响进行评估；

（五）按要求或主动向委员会提交对实施本公约目的的措施和研究进行的评估、分析、报告和建议；

（六）为实施国际或国家南极海洋生物资源研究规划提出建议。

三、在行使其职能的过程中，科学委员会应考虑到其他有关科学技术组织的工作和《南极条约》框架内进行的科学活动。

第十六条

一、科学委员会的首次会议，应在委员会首次会议之后的3个月内举行。其后，科学委员会可根据其履行职能的需要经常举行会议。

二、科学委员会应通过并根据需要修改议事规则。议事规则及其任何修正案，应由委员会批准。议事规则中应包括少数成员提出报告的程序。

三、经委员会批准，科学委员会可根据履行其职能的需要建立必要的附属机构。

第十七条

一、委员会应根据其确定的程序、条款和条件，任命一名执行秘书，为委员会和科学委员会服务。执行秘书的任期为4年，可以连任。

二、委员会应根据需要确定秘书处工作人员的编制，执行秘书应根据委员会确定的有关规则、程序、条款和条件，任命、指导和监督上述工作人员。

三、执行秘书和秘书处应行使委员会委托的职能。

第十八条

委员会和科学委员会的正式语言为英语、法语、俄语和西班牙语。

第十九条

一、在每次年会上，委员会应以协商一致方式通过委员会和科学委员会预算。

二、委员会、科学委员会及任何附属机构的预算草案，应由执行秘书制定，并至少在委员会年会召开前60天提交委员会各成员。

三、委员会各成员均应为预算缴款。在本公约生效后的5年内，委员会各成员的缴款应均等。其后，缴款将根据捕捞量和委员会各成员均摊这两条标准决定。委员会应按照协商一致的方式决定两条标准的适用比例。

四、委员会和科学委员会的财务活动应根据委员会通过的财务条例进行，并由委员会遴选的外聘审计员进行年度审计。

五、出席委员会和科学委员会会议的费用由委员会各成员自行负担。

六、如果委员会的一个成员连续2年不缴款，那么在违约期间，无权参加委员会的表决。

第二十条

一、委员会成员应尽其最大可能每年向委员会和科学委员会提供两委员会为行使职能所需要的统计、生物学及其他数据和信息。

二、委员会成员应按规定的方式和时间间隔提交包括捕捞区域和捕捞船舶在内的捕捞信息，以便汇编可靠的捕捞量和努力量统计数据。

三、委员会成员应按规定的时间间隔，向委员会提供为落实委员会通过的养护措施而采取的步骤。

四、委员会成员同意，在其一切捕捞活动中，应利用机会收集评估捕捞影响所需的数据。

第二十一条

一、各缔约方应尽其所能，采取适当措施，确保遵守本公约规定和委员会通过的根据本公约第九条对各成员有约束力的各项养护措施。

二、各缔约方应将根据本条第一款制定的措施，包括对任何违约行动的制裁措施，通报委员会。

附 录

第二十二条

一、在遵守《联合国宪章》的前提下，各缔约方应尽力杜绝任何违背公约目的的活动。

二、各缔约方应将其知悉的任何此种活动通报委员会。

第二十三条

一、在属于《南极条约》协商国职权范围内的事项上，委员会和科学委员会应与之合作。

二、委员会和科学委员会应酌情与联合国粮农组织及其他专门机构合作。

三、委员会和科学委员会应酌情寻求同能促进其工作的政府间和非政府组织发展合作工作关系。这些组织包括：南极研究科学委员会、海洋研究科学委员会和国际捕鲸委员会。

四、委员会可与本条提及的组织和其他适当组织达成协议。委员会和科学委员会可邀请这些组织派观察员出席其会议及其附属机构的会议。

第二十四条

一、为促进本公约目的并确保本公约条款得以遵守，缔约方同意建立观察和检查制度。

二、视察和检查制度应由委员会按下列原则确立：

（一）考虑到现行国际惯例，缔约方之间应彼此合作，确保视察和检查制度的有效实施。该制度中特别应包括委员会成员指派的观察员和检查员登临检查的程序以及船旗国根据登临检查获得的证据进行起诉和制裁的程序。进行这种起诉和制裁的报告，应包括在本公约第二十一条所述的通报内容中。

（二）为检查依据本公约制定的措施的遵守情况，委员会成员指派的观察员和检查员应按照委员会制定的条款和条件，在公约适用区内从事海洋生物资源科学研究或捕捞的船舶上进行观察和检查。

（三）指派的观察员和检查员须受其所属缔约方的管辖。他们应向指派他们的委员会成员报告，并由该委员会成员向委员会报告。

三、在建立观察和检查制度之前，委员会成员应寻求建立指派观察员和检查员的临时安排，临时指派的观察员和检查员，有权按本条第二款原则进行检查。

第二十五条

一、如果两个或两个以上缔约方之间就本公约的解释或适用发生争端，这些缔约方应在其内部进行协商，以便通过谈判、调查、调停、调解、仲裁、司法解决或他们自行选择的其他和平方式加以解决。

二、不能如此解决的任何此类性质的争端，应经争端各方同意后提交国际法院或交付仲裁解决；但如果不能就提交国际法院或交付仲裁达成协议，争端各当事方有责任继续通过本条第一款所述的各种和平方式寻求解决。

三、在争端交付仲裁的情况下，应按本公约附件的规定组成仲裁法庭。

第二十六条

一、本公约自 1980 年 8 月 1 日至 12 月 31 日在堪培拉对参加 1980 年 5 月 7 日至 20 日在堪培拉召开的南极海洋生物资源养护会议的国家开放签署。

二、上述签署国家为公约原始签署国。

第二十七条

一、本公约须经签署国的批准、接受或核准。

二、批准书、接受书或核准书应存放于澳大利亚政府，兹指定该政府为公约保管机关。

第二十八条

一、本公约应在第二十六条第一款所述国家交存了第八份批准书、接受书或核准书之日后第 30 天起生效。

二、对于在本公约生效以后交存批准书、接受书、核准书或加入书的国家和区域经济一体化组织，本公约应在其交存之日后第 30 天起生效。

第二十九条

一、本公约应向对本公约适用的海洋生物资源的研究或捕捞活动感兴趣的任何国家开放，供其加入。

二、本公约对由主权国家组成的其成员国包括一个或几个委员会成员且其成员国已向其全部或部分地让渡了本公约所涵盖问题的职能的区域经济一体化组织开放。此类区域经济一体化组织加入本公约须经委员会成员协商决定。

附录

第三十条

一、本公约可随时修正。

二、如果委员会1/3成员要求召开会议讨论一项修正建议，保存国应召集会议。

三、在保存国收到委员会所有成员对修正案的批准书、接受书或核准书时，该修正案即生效。

四、在保存国收到任何其他缔约方的批准、接受或核准通知时，修正案对该缔约方生效。在该修正案根据本条第三款的规定生效之日起一年内，任何其他缔约方如未向保存国提交此类通知，应被认为已退出本公约。

第三十一条

一、任何缔约方可在任何一年的6月30日退出本公约，但不得晚于当年1月1日以前书面通知保存国，保存国在收到退约通知后，应立即通知其他缔约方。

二、在收到退约通知副本之后的60天内，其他任何缔约方都可以向保存国提交书面退约通知，在这种情况下，公约将在当年6月30日对提交退约通知的缔约方失效。

三、委员会的任何成员退约，不影响其依照本公约规定所承担的财政义务。

第三十二条

保存国应通知各缔约方：

（一）对本公约的签署及批准书、接受书、核准书或加入书的交存；

（二）本公约及其任何修正案生效的日期。

第三十三条

一、本公约的英文、法文、俄文及西班牙文文本具有同等效力，应存放于澳大利亚政府。该政府应将核正无误的公约副本分送所有签署国和加入国。

二、本公约应由保存国根据《联合国宪章》第一百零二条予以登记。

一九八〇年五月二十日订于堪培拉

关于仲裁法庭的附件

一、第二十五条第三款中所提及的仲裁法庭，应由按下述方式指派的三名仲裁员组成：

（一）提起仲裁程序的一方应将一名仲裁员的姓名通知另一方，另一方则应在收到通知之后40天内将第二名仲裁员的姓名通知提起仲裁程序一方。在指派第二名仲裁员后60天内，当事方应指派第三名仲裁员。第三名仲裁员不应是任何当事方的国民，也不应与前两名仲裁员的任何一位同国籍。仲裁法庭将由第三名仲裁员主持。

（二）如果未能在上述规定的时间内指派第二名仲裁员，或者当事方未能在规定的时间内就第三名仲裁员的指派达成协议，该仲裁员可以应任何一方的要求，由常设仲裁法庭秘书长从不具有公约缔约国国籍的、具有国际名望的人员中选派。

二、仲裁法庭应决定其所在地，并通过其议事规则。

三、仲裁法庭裁决由其成员多数作出，其成员不得投弃权票。

四、经仲裁法庭同意，非争端当事方的任何缔约方都可以参与仲裁程序。

五、仲裁法庭的裁决为终审裁决，对争端各当事方和参与诉讼的任何缔约方都具有约束力，应予遵守，不得延误。如果争端当事方或参与诉讼的任何缔约方提出要求，仲裁法庭应对裁决作出解释。

六、除非仲裁法庭因案情特殊另有决定，仲裁的一切费用、包括仲裁员的报酬，应由争端当事方均摊。

附录3 《关于环境保护的南极条约议定书》（中译本正文）

（1991年6月23日订于马德里，中华人民共和国政府代表于1991年10月4日签署本议定书）

序言

本南极条约议定书各缔约国，以下简称各缔约国；

深信有必要加强对南极环境及依附于它的和与其相关的生态系统的保护；

确信有必要加强南极条约体系以确保南极应继续并永远专为和平目的而使用，不应成为国际纷争的场所或对象；

牢记南极特殊的法律地位与政治地位以及各南极条约协商国保证使在南极的一切活动符合《南极条约》的宗旨与原则的特殊责任；

忆及为了保护南极环境及依附于它和与其相关的生态系统，将南极确定为特别保护区以及根据南极条约体系所采取的其他措施；

进一步确认南极给科学监测与研究具有全球重要性与区域重要性的演变进程所提供的独特机会；

重申《南极海洋生物资源养护公约》的保护原则；

深信制定一个保护南极环境及依附于它的和与其相关的生态系统的综合制度是符合全人类利益的；

希望为此目的补充《南极条约》；

兹协议如下：

第一条　定义

为本议定书的目的：

（a）"南极条约"系指1959年12月1日订于华盛顿的《南极条约》；

（b）"南极条约地区"系指根据《南极条约》第六条各项规定所适用的地区；

（c）"南极条约协商会议"系指《南极条约》第九条所指的会议；

（d）"南极条约协商国"系指有权委派代表参加《南极条约》第九条所指的会议的缔约国；

(e)"南极条约体系"系指《南极条约》、根据《南极条约》实施的措施和与条约相关的单独有效的国际文书和根据此类文书实施的措施；

(f)"仲裁法庭"系指根据作为本议定书组成部分的议定书附件而设立的仲裁法庭；

(g)"委员会"系指根据第十一条设立的环境保护委员会。

第二条 目标与指定

各缔约国承诺全面保护南极环境及依附于它的和与其相关的生态系统，特兹将南极指定为自然保护区，仅用于和平与科学。

第三条 环境原则

1. 对南极环境及依附于它的和与其相关的生态系统的保护以及南极的内在价值，包括其荒野形态的价值、美学价值和南极作为从事科学研究，特别是从事认识全球环境所必需的研究的一个地区的价值应成为规划和从事南极条约地区一切活动时基本的考虑因素。

2. 为此目的：

（a）规划和从事在南极条约地区的活动应旨在限制对南极环境及依附于它的和与其相关的生态系统的不利影响；

（b）规划和从事在南极条约地区的活动应避免：

（Ⅰ）对气候或天气类型的不利影响；

（Ⅱ）对空气质地或水质的重大不良影响；

（Ⅲ）对大气环境、陆地环境（包括水中环境）、冰环境或海洋环境的重大改变；

（Ⅳ）对动植物物种或种群的分布、丰度或繁殖的有害改变；

（Ⅴ）对濒危或受到威胁的动植物种或其种群的进一步危害；或

（Ⅵ）使具有生物、科学、历史、美学或荒野意义的区域减损价值或面临重大的危险；

（c）在南极条约地区的活动应根据充分信息来规划和进行，其充分程度应足以就该活动对南极环境及依附于它的和与其相关的生态系统以及对南极用来从事科学研究的价值可能产生的影响做出预先评价和有根据的判定。此种判定应充分考虑：

（Ⅰ）该活动的范围，包括活动的地区、期限和强度；

（Ⅱ）该活动本身的累积影响和与在南极条约地区的其他活动一起产

生的累积影响；

（Ⅲ）该活动是否会对在南极条约地区的其他活动产生不利影响；

（Ⅳ）是否具备在环境方面安全作业的技术和程序；

（Ⅴ）是否具备监测关键环境参数和生态系统各组成部分的能力，以确定该话动的任何不良影响并就此提出早期预报，并且根据监测结果或对南极环境或依附于它的和与其相关的生态系统的进一步了解对作业程序进行必要的改进；并

（Ⅵ）是否具备对事故特别是对具有潜在环境影响的事故作出迅速有效反应的能力；

（d）应进行定期有效的监测，以便对正在从事的活动的影响，包括对预计产生的影响进行的核查作出评价；

（e）应进行定期有效的监测，以便有利于早期检测出在南极条约地区内外从事的活动对南极环境及依附于它的和与其相关的生态系统所可能产生的无法预见的影响。

3. 在南极条约地区规划和从事活动时，应优先考虑科学研究并且维护南极作为从事此类研究包括认识全球环境所必需的研究的一个地区的价值。

4. 根据科学研究计划在南极条约地区从事的活动、在南极条约地区的旅游及一切其他政府性和非政府性活动，根据《南极条约》第七条第五款均须事先通知；上述一切活动包括相关的后勤支援：

（a）均应遵守本条的各项原则；并且

（b）如果违背上述各项原则，对南极环境或依附于它或与其相关的生态系统产生或者可能产生影响，均应予以修改、中止或取消。

第四条　与南极条约体系其他组成部分的关系

1. 本议定书是对《南极条约》的补充，既不是对《南极条约》的修改也不是对该条约的修正。

2. 本议定书任何条款都不应损害本议定书各缔约国根据南极条约体系内其他有效的国际文书所承担的权利和义务。

第五条　与南极条约体系其他组成部分的一致性

各缔约国应与南极条约体系内其他有效的国际文书的各缔约国及各相应的机构协商并合作以保证本议定书各项目标和原则的实现，避免对实现

这些国际文书各项目标与原则的任何干扰或者执行这些国际文书与执行本议定书之间的不一致性。

第六条 合作

1. 各缔约国在规划和从事南极条约地区活动时应进行合作。为此目的，各缔约国应努力：

（a）促进具有科学、技术和教育价值的关于保护南极环境及依附于它的和与其相关的生态系统的合作性项目；

（b）在其他缔约国准备环境影响评价时向其提供适当的协助；

（c）根据请求向其他缔约国提供有关潜在环境危险的信息并提供协助，以最大程度地减少可能破坏南极环境或依附于它的和与其相关的生态系统的事故的影响；

（d）与其他缔约国就未来的南极站或其他设施的选址进行协商，以避免因过于集中在一个地方而造成累积性影响；

（e）在适当的时候共同进行考察，共同使用南极站和其他设施；并且

（f）执行南极条约协商会议一致同意的其他此类步骤。

2. 各缔约国保证尽最大可能共同享有可能有助于其他缔约国在南极条约地区规划和从事活动的信息以便保护南极环境及依附于它的和与其相关的生态系统。

3. 各缔约国应与可在南极条约地区的毗连区域行使管辖权的缔约国进行合作，以保证在南极的活动不会对那些地区产生不良的环境影响。

第七条 禁止矿产资源活动

任何有关矿产资源的活动都应予以禁止，但与科学研究有关的活动不在此限。

第八条 环境影响评价

1. 下列第2款所涉及的拟议中的活动应在依照附件一所确定的就该活动对南极环境或依附于它的或与其相关的生态系统的影响进行预先评价的程序并根据此类活动是否确定为具有下列几种影响来进行：

（a）小于轻微或短暂的影响；或

（b）轻微或短暂的影响；或

（c）大于轻微或短暂的影响。

2. 各缔约国应保证在规划阶段实行附件一所确定的评价程序，以便根

据《南极条约》第七条第五款需事先通知的并且就依据科学研究计划在南极条约地区所从事的任何活动，在南极条约地区的旅游及一切其他政府性和非政府性活动，包括与此相关的后勤支援活动作出决定。

3. 附件一确定的评价程序应适用于一项活动的任何变化而不论该变化是起因于现有活动强度的增加或减少还是起因于活动的增加，设施的拆除或者其他方面的原因。

4. 凡活动是由一个以上缔约国共同规划的，有关缔约国应提名其中一国来协调执行附件一确定的环境影响评价程序。

第九条　附件

1. 本议定书各附件均应构成本议定书的组成部分。

2. 除附件一至附件四之外，各项附件得根据《南极条约》第九条的规定予以通过和生效。

3. 各附件的修正和修改可根据《南极条约》第九条予以通过和生效，但是以任何附件本身可对修正和修改的便捷生效作出规定为限。

4. 除非附件本身对其任何修正和修改的生效另有规定，各附件及其根据上述第 2 款和第 3 款已经生效的任何修正和修改应自保存国收到非南极条约协商国的南极条约缔约国或在附件及其修正和修改通过之时尚未成为南极条约协商国的南极条约缔约国的核准书之时起对该缔约国生效。

5. 除非附件另有规定，各附件应遵循第十八条至第二十条所规定的争端解决程序。

第十条　南极条约协商会议

1. 南极条约协商会议，应吸取现有的最佳科学和技术建议：

（a）根据本议定书的规定，确定全面保护南极环境及依附于它的和与其相关的生态系统的总政策；并且

（b）根据《南极条约》第九条制定执行本议定书措施。

2. 南极条约协商会议应审查委员会的工作情况并且在执行上述第 1 款所指的任务时应充分吸取该委员会的意见和建议以及南极研究科学委员会的建议。

第十一条　环境保护委员会

1. 兹设立环境保护委员会。

2. 各缔约国都有权成为委员会成员并任命 1 名代表，该代表可辅以若干专家和顾问。

3. 委员会的观察员地位应对任何不是本议定书缔约国的南极条约缔约国开放。

4. 委员会应邀请南极研究科学委员会主席和保护南极海洋生物资源科学委员会主席作为观察员参加委员会会议。经南极条约协商会议的同意委员会亦可邀请能够对其工作作出贡献的其他有关的科学、环境和技术组织作为观察员与会。

5. 委员会应向南极条约协商会议提交其每次会议的报告。报告应包括会议审议的所有问题并反映所表达的观点。报告应分送与会的各缔约国和观察员并随即公开。

6. 委员会应制定其议事规则。该议事规则应经南极条约协商会议的批准。

第十二条　委员会的职能

1. 委员会的职能应是就本议定书的执行包括议定书附件的实施向各缔约国提供咨询和建议，以供南极条约协商会议审议；并执行南极条约协商会议可能指派的其他职能。委员会应特别就下列事项提供咨询：

（a）依照本议定书采取的措施的有效性；

（b）更新、加强或改进此类措施的必要性；

（c）采取补充措施的必要性，包括于适当时制定补充附件的必要性；

（d）第八条和附件一规定的环境影响评价程序的适用和实施；

（e）减少或减轻在南极条约地区的各类活动造成环境影响的办法；

（f）处理需采取紧急行动的情势的程序，包括在环境紧急事态下采取反应行动的程序；

（g）南极条约保护区制度的运行和进一步说明；

（h）视察程序，包括视察报告的格式和视察的项目清单；

（i）有关环境保护的信息的收集、存档、交换和评价；

（j）南极环境状况；并

（k）开展与实施本议定书有关的科学研究包括环境监测的必要性。

2. 委员会在履行其职能时应于适当时咨询南极研究科学委员会、保护南极海洋生物资源科学委员会和其他有关的科学、环境和技术组织。

附 录

第十三条 遵守本议定书

1. 各缔约国应在其权限内采取适当的措施,包括采取法律和法规,采取适当的行政行动和执行措施,以便保证遵守本议定书。

2. 各缔约国应作出符合《联合国宪章》的适当努力以使任何人不得从事违反本议定书的活动。

3. 各缔约国应将其依据上述第1款和第2款采取的措施通知所有其他缔约国。

4. 各缔约国应就其认为影响本议定书目标与原则实施的任何活动提请所有其他缔约国注意。

5. 南极条约协商会议应提请任何非本议定书缔约国的国家注意该国、其机构、部门、自然人或法人、船只、飞行器或其他运输工具所进行的任何影响本议定书目标与原则的实施的活动。

第十四条 视察

1. 为促进对南极环境和依附于它的及与其相关的生态系统的保护并保证本议定书的遵守,各南极条约协商国应单独或集体安排根据《南极条约》第七条进行的观察员的视察。

2. 观察员系指:

(a) 由任何南极条约协商国指派的观察员,他应为该协商国的国民;和

(b) 为进行依照南极条约协商会议确定的程序的视察而在南极条约协商会议上指派的任何观察员。

3. 各缔约国应与进行视察的观察员充分合作,并应保证观察员在视察期间可视察依《南极条约》第七条第3款向视察开放的站所、设施、设备、船舶和飞行器的全部以及依据本议定书在这些场所存放的所有记录。

4. 视察报告应送交该报告涉及其站所、设施、设备、船舶或飞行器的各缔约国。在这些缔约国得到机会进行评论后,报告及对报告的任何评论应分送给所有缔约国和委员会,由下届南极条约协商会议予以审议并于其后公开。

第十五条 紧急反应行动

1. 为了对南极条约地区内的环境紧急事态作出反应,各缔约国同意:

(a) 对于根据《南极条约》第七条第5款的规定需事先通知的在南极

条约地区所从事的科学研究项目、旅游及一切其他政府性和非政府性活动包括相关的后勤支援活动可能产生的紧急事态采取迅速有效的反应；并

（b）制定对南极环境或依附于它的和与其相关的生态系统有潜在不利影响的事故作出反应的应急计划。

2. 为此目的，各缔约国应：

（a）在制订和实施此类应急计划时进行合作；并

（b）确定对于环境紧急事态进行即时通知和作出共同反应的程序。

3. 各缔约国在实施本条时，应征求有关国际组织的意见。

第十六条 责任

1. 根据本议定书全面保护南极环境及依附于它的和与其相关的生态系统的目标，各缔约国承诺制定关于在南极条约地区进行的并为本议定书所涉及的活动造成损害的责任的详细规则与程序。此类规则与程序应包括在根据第九条第2款将要通过的一项或多项附件之中。

第十七条 缔约国的年度报告

1. 第一缔约国每年应就为实施本议定书所采取的步骤提交报告。该报告应包括根据第十三条第3款所作的通知、根据第十五条制订的应急计划和本议定书所要求的而又未对其分发和交换另作规定的任何其他通知和信息。

2. 根据上述第1款所提交的报告应分送所有缔约国和委员会，由下届南极条约协商会议审议并予以公开。

第十八条 争端解决

如果发生关于本议定书的解释或适用的争端，该争端各方经其中任何一方提出要求，应尽早彼此协商，以便通过谈判、调查、调解、和解、仲裁、司法解决或争端各方同意的其他和平方法解决该争端。

第十九条 争端解决程序的选择

1. 各缔约国可于签署、批准、接受、核准或加入本议定书时，或在其后任何时间，以书面声明的方式选择下列一种或两种方法来解决关于本议定书第七、第八和第十五条及任何议定书的规定（除非该附件另有规定）以及第十三条（如其与上述条款和规定有关）的解释或适用的争端：

（a）国际法院；

（b）仲裁法庭。

2. 依据上述第 1 款作出的声明不得影响第十八条和第二十条第 2 款的实施。

3. 未依据上述第 1 款作出声明或其在这方面的声明已失效的缔约国，应被视为已接受仲裁法庭的管辖权。

4. 如争端各方接受了解决争端的同一方法，除非各方另有协议，该争端仅可提交该程序。

5. 如争端各方未接受解决争端的同一方法，或它们都接受了解决争端的两种方法，则除非各方另有协议，该争端仅可提交仲裁法庭。

6. 依据上述第 1 款作出的声明在按照该声明的规定期满之前或在撤销该声明的书面通知交存于保存国后满 3 个月之前，应一直有效。

7. 新的声明、撤销声明的通知或声明的期满均不得影响国际法院或仲裁法庭中尚未终结的诉讼程序，除非争端各方另有协议。

8. 本条所指的声明和通知应交存保存国，保存国应将其副本分送所有缔约国。

第二十条　争端解决程序

1. 如关于本议定书第七条、第八条或第十五条或者任何附件的规定（除非该附件另有规定）或第十三条（视其与上述条款和规定的相关程度）的解释或适用的争端各方未能在依照上述第十八条的协商要求提出后 12 个月内就解决争端的方法达成协议，经争端任何一方提出要求，该争端应提交根据第十九条第 4 款和第 5 款的规定的程序加以解决。

2. 仲裁法庭无权裁决或裁定《南极条约》第四条范围内的任何事项。此外，本议定书任何规定不得解释为授予国际法院或其他为解决各缔约国之间争端而设立的任何法庭裁判或以其他方式裁定《南极条约》第四条范围内任何事项的权限或管辖权。

第二十一条　签字

本议定书自 1991 年 10 月 4 日在马德里此后至 1992 年 10 月 3 日在华盛顿向任何为南极条约缔约国的国家开放签字。

第二十二条　批准、接受、核准或加入

1. 本议定书须经签字国批准、接受或核准。

2. 本议定书应于 1992 年 10 月 3 日后开放由任何为南极条约缔约国的国家加入。

3. 批准书、接受书、核准书或加入书应存放于美利坚合众国政府。兹指定该国为保存国。

4. 本议定书生效之日后，南极条约各协商国不得根据关于南极条约缔约国有权依照《南极条约》第九条第 2 款委派代表参加南极条约协商会议的通知采取行动，除非该缔约国已经批准、接受、核准或加入本议定书。

第二十三条　生效

1. 本议定书应于所有在本议定书通过之日为南极条约协商国的国家交存批准书、接受书、核准书或加入书之日后第 30 天生效。

2. 对于在本议定书生效之日后交存批准书、接受书、核准书或加入书的每一个南极条约缔约国，本议定书应于交存后第 30 天生效。

第二十四条　保留

对本议定书不得作出保留。

第二十五条　修改或修正

1. 在不损害第九条规定的情况下，本议定书可在任何时候根据《南极条约》第十二条第 1 款（甲）项和（乙）项规定的程序予以修改或修正。

2. 如从本议定书生效之日起满 50 年后，任何一个南极条约协商国用书面通知保存国的方式提出请求，则应尽快举行一次会议，以便审查本议定书的实施情况。

3. 在依据上述第 2 款召开的任何审查会议上提出的修改或修正应由缔约国多数通过，其中包括在本议定书通过之时为南极条约协商国的 3/4 国家的通过。

4. 依据上述第 3 款通过的修改或修正应经 3/4 的南极条约协商国的批准、接受、核准、或加入其中包括在本议定书通过之时为南极条约协商国的所有国家的批准、接受、核准或加入而生效。

5. （a）关于第七条，除非存在一项有效的并有法律拘束力的关于南极矿产资源活动的制度，且该制度包括一项议定办法，用以判定任何此种活动可否接受；如果可以，则在何种条件下可予接受，否则该条规定的关于南极矿产资源活动的禁止应当继续有效。这一制度应充分保证南极条约第四条所指的所有国家的利益并实施第四条中的各项原则。因此，如果在上述第 2 款所指的审查会议上提出对第七条修改或修正，该修改或修正应包括该项有法律拘束力的制度。

（b）如果任何此类修改或修正在其通过之日后 3 年内尚未生效，任何缔约国在此之后可随时通知保存国退出本议定书，此种退出应在保存国收到该通知书两年之后生效。

第二十六条 保存国的通知

保存国应将下列事项通知所有南极条约缔约国：

（a）本议定书的签署及批准书、接受书、核准书或加入书的交存；

（b）本议定书及其任何附件的生效日期；

（c）本议定书任何修改或修正的生效日期；

（d）依照本议定书第十九条的声明和通知的交存，并

（e）依据第二十五条第 5 款（b）项所收到任何通知。

第二十七条 作准文本及向联合国登记

1. 本议定书用英文、法文、俄文和西班牙文写成，每种文本具有同等效力。本议定书应交存于美利坚合众国政府的档案库中。该政府应将正式核证无误的副本分送所有南极条约缔约国。

2. 保存国根据《联合国宪章》第一百零二条进行登记。

专用术语简称表

1. 《南极动植物保护议定措施》简称为《议定措施》
2. 《南极海豹保护公约》简称为《海豹公约》
3. 《南极海洋生物资源养护公约》简称为《养护公约》
4. 《南极矿产资源活动管理公约》简称为《矿产公约》
5. 《关于环境保护的南极条约议定书》简称为《议定书》
6. "国际南极旅游组织协会"简称为"旅游协会"
7. "南极海洋生物资源养护委员会"简称为"养护委员会"
8. "南极矿物资源活动管理委员会"简称为"矿产委员会"
9. "南极条约协商国"简称为"协商国"
10. "南极条约协商国会议"简称为"协商会议"

专用术语中英文参照表

非法、未报告和违规的捕鱼活动（Illegal, Unreported and Unregulated Fishing, IUU Fishing）

国际捕鲸委员会（International Whaling Commission, IWC）

国际地球物理年（International Geophysical Year, IGY）

国际电信联盟（International Telecommunication Union, ITU）

国际航道组织（International Hydrographic Organization, IHO）

国际环境与发展研究所（International Institute for Environment and Development, IIED）

国际科学联合会理事会（International Council of Scientific Unions, ICSU）

国际南极旅游组织协会（International Association of Antarctica Tour Operators, IAATO）

国际民航组织（International Civil Aviation Organization, ICAO）

国家南极局局长理事会（Council of Managers of National Antarctic Programs, COMNAP）

联合国环境规划署（United Nations Environment Programme, UNEP）

联合国粮食及农业组织（Food and Agriculture Organization, FAO）

《联合国鱼群协定》（UN Fish Stocks Agreement, UNFSA）

绿色和平组织（Greenpeace）

南极研究科学委员会（Scientific Committee on Antarctic Research, SCAR）

南极环境保护委员会（Committee for Environmental Protection, CEP）

南极和南大洋联盟（Antarctic and Southern Ocean Coalition, ASOC）

南极条约体系（Antarctic Treaty System, ATS）

《南极海豹保护公约》（Convention for the Conservation of Antarctic Seals，CCAS）

《南极海洋生物养护公约》（Convention on the Conservation of Antarctic Marine Living Resources，CCAMLR）

南极海洋生物资源养护委员会（Commission for the Conservation of Antarctic Marine Living Resources，CCAMLR）

南极海洋生物资源养护委员会科学分委员会（CCAMLR Scientific Committee，SC – CAMLR）

南极海洋生物养护委员会生态系统监测项目（CCAMLR Ecosystem Monitoring Program，CEMP）

南极海洋系统和储量的生物学调查项目组（Biological Investigations of Marine Antarctic Systems and Stocks，BIOMASS）

《南极矿产资源活动管理公约》（Convention for the Regulation of Antarctic Mineral Resource Activities，CRAMRA）

南极条约特殊协商会议（Special Antarctic Treaty Consultative Meeting，SATCM）

南极条约协商国（Antarctic Treaty Consultative Parties，ATCPs）

南极条约协商国会议（Antarctic Treaty Consultative Meeting，ATCM）

生态系统监测与管理工作组（Working Group on Ecosystem Monitoring and Management，WG – EMM）

世界气象组织（World Meteorological Organization，WMO）

世界自然保护联盟（International Union for Conservation of Nature，IUCN）

世界自然基金会（World Wide Fund，WWF）

石油输出国组织（Organization of Petroleum Exporting Countries，OPEC）

政府间海洋学委员会（Intergovernmental Oceanographic Commission，IOC）

后　记

本书是根据我的博士学位论文修改而成。南极治理是我博士入学以来跟踪研究的主要方向。进入这一相当"小众"的研究领域，缘于我加入导师陈玉刚教授主持的南极研究课题。在课题研究过程中，我发现没有人类原住民的南极充斥着激烈的权力竞争与利益博弈，同时又常常产生超越时代的价值理念。这种矛盾引发我对南极治理的研究兴趣。

本书是我进入南极治理领域的初步研究成果。尽管尚有很多不足，在本书成稿过程中，获得很多老师和专家的无私帮助。在这里，首先要感谢我的两位导师。感谢我的博士生导师陈玉刚教授，这一研究的成形离不开陈老师的肯定与指导。在复旦求学的四年时间里，陈老师严格教导我。对我许多稚嫩的想法、思路，以及论文，陈老师予以悉心点拨，在这个过程中，我逐渐踏上学术的道路。论文由最初的萌芽慢慢成形，离不开陈老师的启迪与教诲。在此，向陈老师致以深深的谢意。同时也感谢我的博士后合作导师王逸舟教授。感谢王老师对这一研究的认可，并资助此书出版，使我成为王老师所主持的国家社科基金重大项目"新时代中国特色大国外交能力建设研究"子课题"南极治理与中国角色"的承担人，这是我的荣幸。在北大做博士后期间，有幸得到王老师的指点。王老师视域辽阔深远，对学界各个领域均有独到的深邃见解，这触发我对中国深入参与南极治理更多的思考。在此，衷心感谢王老师的教导与支持。

感谢复旦大学石源华教授、苏长和教授、陈力教授、薄燕教授、信强教授、朱杰进教授和秦倩副教授。在本书最初创作的过程中，诸位老师对极地、国际制度，以及中国外交的深厚积累与专业见解让我拓宽了视野，本书的基本框架与逻辑得以确立。感谢同济大学夏立平教授、上海国际问题研究院副院长杨剑研究员、中国极地研究中心张侠研究员对本书的初稿进行评阅，老师们给出的宝贵意见让我对本书的逻辑与细节进行了充实和完善。感谢北京外国语大学李英桃教授、对外经贸大学魏玲教授、北京大学节大磊副教授和刘莲莲副教授，老师们客观的评论与中肯的建议，让我跳出南极，回归国际政治视野。在此，向诸位老师致以诚挚的谢意。

感谢国家领土主权协同研究创新中心复旦分中心，资助我赴新西兰访学。感谢新西兰坎特伯雷大学的诸位老师。坎特伯雷大学在南极研究方面实力超强，拥有丰富的南极研究资源，学校建有"南极门户"这一南极研究中心，并配有资料齐全的南极图书室。除了强大的硬件设施，该校众多老师是国际上南极研究的引领者。感谢新西兰的老师们，诸位老师热情地接待来自中国刚入门的南极爱好者，流露出对中国的兴趣，谈论着自己有关南极的见解。老师们肯定了我的论文思路，于我是极大的鼓励。在与各位老师交流的过程中，我学习到很多文献之外的知识。

感谢国家的培养，感谢一路走来的恩师们和朋友们。

感谢我的家人，永远默默地守护着我。谨以此书献给我的父母。

感谢时事出版社的苏绣芳老师和杨安喆老师为本书的出版做了大量细致的工作。感谢北京大学国际关系学院王海媚老师的协助。

由于本人能力有限，书中不足之处在所难免，欢迎各位专家与读者批评指正。

王婉潞
2021 年 5 月 27 日

图书在版编目（CIP）数据

南极治理机制变革研究/王婉潞著. —北京：时事出版社，2022.1
ISBN 978-7-5195-0460-1

Ⅰ.①南… Ⅱ.①王… Ⅲ.①南极—国际海域—管理—研究 Ⅳ.①D993.5

中国版本图书馆 CIP 数据核字（2021）第 224407 号

出 版 发 行：时事出版社
地　　　址：北京市海淀区彰化路 138 号西荣阁 B 座 G2 层
邮　　　编：100097
发 行 热 线：（010）88869831　88869832
传　　　真：（010）88869875
电 子 邮 箱：shishichubanshe@sina.com
网　　　址：www.shishishe.com
印　　　刷：北京良义印刷科技有限公司

开本：787×1092　1/16　印张：16.75　字数：266 千字
2022 年 1 月第 1 版　2022 年 1 月第 1 次印刷
定价：98.00 元

（如有印装质量问题，请与本社发行部联系调换）